디지털 노마드
33선

DIGITAL NOMAD

(주) 입시진로연구소

디지털 노마드 33선

펴 낸 날 2024년 12월 19일
펴 낸 이 김형규
펴 낸 곳 ㈜입시진로연구소
등록번호 제2017-000027호
대표전화 02-6081-8908   **홈페이지** www.ipsijinro.com
주   소 서울특별시 강서구 방화대로47가길 41, 1013호

이 책에 실린 모든 글과 사진, 일러스트를 포함한 디자인 및 편집 형태, 배포에 대한 권리는 ㈜입시진로연구소에 있으므로 무단으로 전재하거나 복제, 배포할 수 없습니다.

―― 머 리 말 ――

당신의 꿈을 노트북에 담아, 세계를 누비다

바야흐로 디지털 시대, 우리 삶은 이제 물리적 경계를 넘어 완전히 새로운 차원으로 진화하고 있습니다. 장소에 얽매이지 않고 전 세계 어디서나 자유롭게 일할 수 있는 디지털 노마드(Digital Nomad) 라이프스타일은 더 이상 특별한 선택이 아닙니다. 많은 이들에게 새로운 표준이자 꿈이 되어가고 있습니다.

이 책은 디지털 노마드로서의 삶을 꿈꾸는 당신에게 영감을 주고, 현실적인 길잡이가 되고자 합니다. 디지털 기술의 발달과 함께 나타난 다양한 직업들은 더 이상 "사무실에서 일해야 한다"는 고정관념을 깨뜨렸습니다. 재능과 기술, 열정만 있다면 지구 반대편에서도, 해변의 카페에서도, 산속의 작은 오두막에서도 일하며 수익을 창출할 수 있습니다.

그러나 많은 사람들이 한 가지 질문 앞에서 머뭇거립니다. "내가 디지털 노마드가 되기 위해 어떤 일을 해야 할까?"

이 책은 이 질문에 답하기 위해 탄생했습니다.

여기에는 원격근무가 가능한 33가지의 직업을 엄선해 담았습니다. 각 직업이 요구하는 기술, 필요한 준비물, 장단점과 함께, 디지털 노마드로서 그 일을 통해 어떤 삶을 살 수 있는지 생생하게 그려냈습니다. 단순히 정보를 나열하는 것에 그치지 않고, 각 직업이 당신에게 가져다줄 가능성과 기회를 제시하려 노력했습니다.

디지털 노마드로서의 삶은 결코 평탄하지만은 않을지 모릅니다. 그러나 당신이 원하는 자유와 유연성, 그리고 삶의 주도권을 쥘 수 있는 놀라운 기회를 제공합니다. 이 책이 당신의 새로운 출발점이 되고, 스스로의 한계를 뛰어넘는 데 필요한 용기를 북돋아주길 바랍니다.

자, 이제 노트북을 열고 당신만의 지도를 펼칠 시간입니다. 어떤 경로를 선택하든, 당신의 여정이 의미 있는 풍경으로 가득하길 기원합니다.

당신의 디지털 노마드 여정을 응원하며

차례 CONTENTS

Ⅰ 사진 & 동영상
01. 셔터스톡 ·· 9
02. 게티이미지 ·· 16
03. 어도비스톡 ·· 25

Ⅱ 창작물 & 앱
04. 레드버블 ·· 35
05. 엣시 ·· 42
06. 마플샵 ··· 50
07. 스윙투앱 ··· 57

Ⅲ 디자인 & 이모티콘
08. 제페토 ··· 65
09. 로블록스 ··· 71
10. 카카오톡 ··· 79
11. 라인 ·· 86
12. 네이버 밴드 ·· 93

Ⅳ 컨텐츠
13. 해피캠퍼스 ·· 103
14. 코멘토 ··· 110
15. 힐링 콘텐츠 스트리밍 ·· 117

Ⅴ 블로그
16. 네이버 ··· 127
17. 티스토리 ··· 135
18. 워드프레스 ·· 142

VI SNS

19. 인스타그램 ·· 153
20. 틱톡 ··· 160
21. 쿠팡 파트너스 ··· 168

VII 쇼핑몰

22. 네이버 스마트스토어 ·· 177
23. 쿠팡 마켓플레이스 ··· 185
24. 아마존 ··· 192
25. 쇼피 ··· 200

VIII 글 & 그림

26. 웹소설 ··· 211
27. 브런치 ··· 220
28. 웹툰 ··· 229

IX 글 & 그림

29. 유데미 ··· 239
30. 티처블 ··· 248
31. 온라인 한국어튜터링 ·· 256
32. 스푼 라디오 ·· 264
33. 오디오 클립 ·· 273

디지털 노마드 33선

Ⅰ. 사진 & 동영상

01. 셔터스톡

02. 게티이미지

03. 어도비스톡

#사진 & 동영상 #창작물 & 앱 #디자인 & 이모티콘 #컨텐츠
#블로그 #SNS #쇼핑몰 #글 & 그림 #교육 & 방송

디지털 노마드 33선

| 사진 & 동영상 | 창작물 & 앱 | 디자인 & 이모티콘 | 컨텐츠 | 블로그 | SNS | 쇼핑몰 | 글 & 그림 | 교육 & 방송 |

01 셔터스톡 Shutterstock

셔터스톡은 어떤 곳인가요?

셔터스톡(Shutterstock)은 스톡 사진, 비디오, 일러스트, 음악, 템플릿 등을 제공하는 디지털 자산 마켓플레이스로, 콘텐츠를 필요로 하는 사람들과 이를 제공하는 콘텐츠 제작자를 연결하는 플랫폼이다. 셔터스톡은 2003년에 설립되었으며, 전 세계에서 매우 큰 규모의 스톡 콘텐츠 라이브러리를 운영하고 있다.

주요 특징

1. **광범위한 콘텐츠**
   - 셔터스톡은 사진, 일러스트, 비디오, 벡터, 음악, 3D 모델, 템플릿 등 다양한 형태의 디지털 자산을 제공한다. 콘텐츠 제작자는 이러한 자산을 상업적 또는 개인적 용도로 라이선스하여 사용할 수 있다.

2. **사용자 친화적인 플랫폼**
   - 셔터스톡은 디자이너, 마케팅 전문가, 콘텐츠 제작자, 기업 등이 쉽게 찾고 다운로드할 수 있도록 사용자 친화적인 검색 및 필터링 시스템을 제공한다. 키워드 검색, 카테고리별 탐색, 컬렉션, 색상 등 다양한 검색 옵션을 제공하여 필요에 맞는 콘텐츠를 빠르게 찾을 수 있다.

3. **컨트리뷰터 프로그램**
   - 셔터스톡은 콘텐츠 제작자들이 자신의 작업물을 업로드하고 판매할 수 있는 컨트리뷰터 프로그램을 제공한다. 콘텐츠 제작자는 셔터스톡에 사진, 비디오, 음악 등을 제출하여 판매하고, 그에 대한 수익을 얻을 수 있다.

4. **라이선스 모델**
   - 셔터스톡은 기본적으로 로열티 프리(Royalty-Free) 라이선스를 제공한다. 즉, 사용자는 구입한 콘텐츠를 여러 번 사용할 수 있으며, 추가 비용 없이 다양한 방식으로 활용할 수 있다. 또한, 셔터스톡은 확장 라이선스(Extended License) 옵션도 제공하여 사용자가 더 큰 범위의 상업적 용도로 콘텐츠를 사용할 수 있도록 한다.

5. **가격 및 구독 모델**
   - 셔터스톡은 구독 모델과 다운로드 당 결제 방식(On-demand pricing)을 모두

제공하며, 사용자는 필요에 따라 일반 구독이나 커스텀 플랜을 선택할 수 있다. 또한, 셔터스톡은 API를 제공하여 기업들이 자체 시스템에 셔터스톡 콘텐츠를 통합하여 사용할 수 있게 한다.

6. AI 기반 검색

- 셔터스톡은 AI 기반의 이미지 검색 기능을 제공한다. 이를 통해 사용자는 이미지에서 원하는 객체를 텍스트 기반으로 검색하거나, 비슷한 이미지를 찾는 등의 기능을 사용할 수 있다.

수익화 단계별 가이드

1. 셔터스톡에 가입하기

- 회원 가입: 셔터스톡에 돈을 벌기 위해서는 콘트리뷰터(Contributor) 계정을 만들어야 한다. 셔터스톡 웹사이트에 가입하고, 필요한 정보를 입력한 후 계정을 활성화한다. 셔터스톡 웹사이트에서 "Become a Contributor" 버튼을 클릭하여 가입한다. 프로필을 설정하고, 세금 정보와 결제 방법을 입력한다.

2. 콘텐츠 업로드 준비하기

- 콘텐츠 유형 결정: 셔터스톡에서는 사진, 비디오, 벡터, 일러스트, 음악 등 다양한 유형의 콘텐츠를 업로드할 수 있다. 처음에는 자신이 잘 다룰 수 있는 콘텐츠 유형을 선택하여 시작하는 것이 좋다.
- 사진: 고품질의 이미지, 다양한 촬영 테크닉(스튜디오 촬영, 자연광 활용 등)을 활용한 사진
- 비디오: 짧은 클립, 타임랩스, 드론 촬영 영상 등
- 일러스트 및 벡터: Adobe Illustrator나 CorelDRAW와 같은 도구를 사용한 디자인
- 음악 및 사운드: 다양한 장르의 음원(배경 음악, 효과음 등)

3. 고품질 콘텐츠 제작

- 고해상도 파일: 셔터스톡은 고품질 콘텐츠를 요구한다. 사진은 최소 4MP 이상의 해상도를 권장하며, 비디오는 1080p 이상의 해상도를 요구한다. 사진의 경우, 노출, 색상, 초점이 정확해야 한다. 비디오는 자르기, 색상 보정, 자막 추가 등의 후편집 작업을 통해 품질을 향상시킬 수 있다.
- 다양한 콘텐츠: 다양한 주제와 스타일의 콘텐츠를 업로드하는게 좋다. 예를 들어, 비즈니스, 여행, 기술, 라이프스타일, 건강 등 다양한 분야에서 콘텐츠를 제공하면 더 많은 구매자들에게 노출된다.

- 고유성: 셔터스톡에 이미 많이 올라온 이미지와 비슷한 콘텐츠를 업로드하기보다는 독창적이고 새로운 콘텐츠를 만드는 것이 중요하다.

4. 태그와 키워드 최적화

- 효과적인 태그 사용: 셔터스톡에서는 최대 7개의 키워드를 추가할 수 있다. 이 키워드는 콘텐츠가 검색될 때 매우 중요하다. 사람들이 자주 검색하는 트렌드 키워드와 상세한 키워드를 활용해 콘텐츠를 최적화해야 한다.
  예: "business meeting", "modern technology", "happy family"등
- 정확한 키워드 선택: 콘텐츠에 적합한 키워드를 선택하는 것이 중요하다. 구체적이고 정확한 키워드를 사용해야 검색 결과에서 콘텐츠가 잘 노출된다.

5. 셀렉션과 라이선스 옵션 설정

- 업로드하는 콘텐츠에 대해 표준 라이선스(Standard License)와 확장 라이선스 중 하나를 선택할 수 있다.

6. 모델 및 재산 릴리스 관리

- 모델 릴리스(Model Release): 사람의 얼굴이 포함된 콘텐츠를 업로드할 때는 모델 릴리스가 필요하다. 이는 모델이 해당 이미지나 영상을 사용해도 된다는 동의서이다.
- 재산 릴리스(Property Release): 특정 상표, 건물, 상업적 재산이 포함된 콘텐츠에는 재산 릴리스가 필요하다. 이는 해당 재산의 소유자가 사용을 허가하는 문서이다.

7. 콘텐츠 업로드 및 승인

- 업로드 과정: 셔터스톡에 콘텐츠를 업로드하면 검토 과정을 거친다. 이 과정에서 셔터스톡의 팀이 콘텐츠가 품질 기준을 충족하는지 확인하고, 승인 여부를 결정한다. 승인되면 판매 준비 완료 상태가 되며, 구매자가 다운로드할 수 있다. 거부되면 이유를 확인하고, 해당 사항을 개선한 후 다시 업로드할 수 있다.

8. 성공적인 콘텐츠 판매를 위한 전략

- 트렌드 반영: 현재 트렌드나 시즌별 인기 콘텐츠를 반영하여 사진을 촬영하는 것이 중요하다. 예를 들어, 연말, 크리스마스, 여름, 대선과 같은 특정 이벤트에 맞춰 관련 콘텐츠를 업로드하면 수요가 많아질 수 있다.
- 소셜 미디어 활용: 자신의 콘텐츠를 소셜 미디어에서 홍보하여 더 많은 잠재 고객에게 노출시킬 수 있다. Instagram, Pinterest 등에서 관련 해시태그를 사용하여 팔로워를 유도하고 판매를 증가시킬 수 있다.
- 콘텐츠 업데이트: 구체적이고 다양한 콘텐츠를 업로드하는 것뿐만 아니라, 기존

의 인기 있는 콘텐츠를 업데이트하거나 새롭게 다듬어 다시 업로드하는 것도 판매 증가에 도움이 된다.

9. 판매 분석 및 전략 개선

- 대시보드 활용: 셔터스톡은 판매 대시보드와 통계를 제공한다. 이를 통해 어떤 콘텐츠가 잘 팔리는지, 어떤 키워드가 효과적인지 분석할 수 있다. 판매 트렌드를 분석하고, 그에 맞는 콘텐츠 스타일이나 주제를 조정할 수 있다.
- 피드백 반영: 셔터스톡의 리뷰 시스템을 활용하여 자신의 콘텐츠에 대한 피드백을 받고, 필요한 개선 작업을 진행해야 한다.

10. 셔터스톡의 수익 배분

- 셔터스톡에서의 수익 배분율은 15%~40%로, 판매자는 자신이 업로드한 콘텐츠가 얼마나 많이 다운로드 되었는지에 따라 수익을 얻는다. 셔터스톡은 다운로드 금액의 일정 비율을 판매자에게 로열티로 지급한다. 비디오, 음악 등 다른 유형의 콘텐츠는 사진보다 더 높은 수익률을 제공할 수 있다. 예를 들어, 비디오의 경우 더 높은 가격대를 받을 수 있다. 판매자는 판매 내역과 통계를 실시간으로 확인하고, 월별로 수익을 추적할 수 있다.

TIP

1. 고품질의 독창적인 콘텐츠 제공

- 고해상도 이미지: 셔터스톡에서는 고해상도 콘텐츠를 선호한다. 최소 4MP이상의 해상도가 필요하며, 가능한 고품질 사진을 업로드해야 한다. 기본적인 사진 편집(밝기, 대비, 색상 보정 등)을 통해 품질을 더욱 향상시킬 수 있다. 이미 많이 올라온 콘텐츠와 유사한 이미지를 업로드하기보다는 독창적이고 차별화된 콘텐츠를 제작하는 것이 중요하다. 고객들이 쉽게 찾을 수 없는 특별한 콘텐츠가 경쟁력을 가질 수 있다.

2. 트렌드에 맞춘 콘텐츠 제작

- 트렌드 반영: 시장의 흐름을 반영하는 콘텐츠를 제작하는 것이 중요하다. 예를 들어, 특정 시즌, 이벤트, 사회적 이슈에 맞춘 이미지나 비디오를 제작하면 수요가 높아진다. 예를 들어, 크리스마스 시즌, 여름 휴가, 소셜 미디어 트렌드, 지속 가능한 개발 등 최근 트렌드를 반영한 콘텐츠는 판매 가능성이 높다. Google Trends, Pinterest Trends, Instagram에서 인기를 끌고 있는 콘텐츠 스타일을 참고하여 인기 주제를 파악하고 이를 콘텐츠에 반영해야 한다.

3. 효율적인 태그 및 키워드 활용

- 태그와 키워드 최적화: 셔터스톡에서는 콘텐츠가 검색될 때 적절한 키워드와 태

그가 매우 중요하다. 최대 7개의 키워드를 사용하여 콘텐츠가 다양한 검색어로 노출될 수 있도록 해야 한다. 구체적이고 정확한 키워드를 사용하여 검색 결과에서 잘 노출되도록 해야 한다. 예를 들어, "business people meeting" 보다 "diverse business team meeting office" 같은 구체적인 키워드를 사용하는 것이 더 효과적이다. 유행하는 키워드나 인기 있는 해시태그를 사용하여 검색 가능성을 높일 수 있다.

4. 다양한 콘텐츠 업로드

- 사진과 비디오 혼합: 비디오 콘텐츠는 종종 사진보다 더 높은 수익을 제공한다. 특히 짧은 클립(5초~30초)이나 타임랩스, 드론 촬영 비디오 등은 인기가 많다. 스톡 비디오 시장은 빠르게 성장하고 있으므로 이를 활용하는 것이 좋다.
- 일러스트와 벡터: 일러스트와 벡터 그래픽도 매우 수익성이 좋다. 디지털 아트, 아이콘, 로고 디자인, 인포그래픽 등은 매우 수요가 많다. 벡터 파일은 고해상도 이미지보다 더 높은 수익을 제공할 수 있다.

5. 파일 이름과 설명에 신경 쓰기

- 파일 이름: 업로드하는 콘텐츠의 파일 이름도 검색에 영향을 미친다. 파일 이름을 설명적이고 정확하게 작성하는게 좋다. 예를 들어, "smiling-businessman-working-on-laptop"과 같이 설명적인 파일 이름을 사용하면 더 쉽게 검색된다. 사진이나 비디오에 대한 상세한 설명을 작성해야 한다. 설명은 콘텐츠의 의미를 정확하게 전달하고, 관련 키워드를 포함시켜 검색 가능성을 높인다.

6. 다양한 카테고리와 주제 다루기

- 다양한 주제 커버: 특정 분야에 국한되지 말고 다양한 카테고리를 다루는게 좋다. 예를 들어, 비즈니스, 여행, 라이프스타일, 기술, 건강 등 다양한 주제를 다루면 여러 고객층을 공략할 수 있다. 특히 고유한 문화, 취미, 사회적 이슈 등을 다루는 콘텐츠는 차별화된 경쟁력을 가질 수 있다.

7. 소셜 미디어 활용

- 소셜 미디어 홍보: 자신의 콘텐츠를 소셜 미디어에서 공유하여 더 많은 노출을 얻을 수 있다. Instagram, Pinterest, Facebook 등에서 자신의 작업을 해시태그와 함께 공유하면 팔로워들이 콘텐츠를 찾아볼 수 있게 되며, 이는 판매에 도움이 될 수 있다. Pinterest는 비주얼 콘텐츠에 강점을 가진 플랫폼으로, 셔터스톡에서 업로드한 콘텐츠를 Pinterest에 공유하여 추가적인 노출을 얻을 수 있다.

8. 판매 트렌드 분석

- 대시보드 분석: 셔터스톡은 자신의 판매 통계와 트렌드 분석을 제공한다. 이를 통해 어떤 콘텐츠가 잘 팔리고 있는지, 어떤 키워드가 효과적인지를 파악할 수

있다. 판매가 잘 되는 콘텐츠를 분석하여 그와 유사한 콘텐츠를 추가로 업로드하는 것이 좋다. 주간, 월간 성과 분석을 통해 가장 잘 팔리는 콘텐츠의 유형을 확인하고 이를 계속해서 업로드하는 것이 중요하다.

9. 수익 배분율 이해하고 전략적으로 업로드

- 수익 배분율: 셔터스톡은 판매자에게 15%~40%의 수익을 제공한다. 처음에는 낮은 비율로 시작하지만, 판매량에 따라 수익 비율이 증가할 수 있다. 이를 염두에 두고, 고품질 콘텐츠를 업로드하여 장기적으로 더 높은 비율의 수익을 목표로 해야 한다. 비디오, 음악, 벡터 파일 등은 사진보다 더 높은 수익을 얻을 수 있는 기회가 많으므로, 다양한 형태의 콘텐츠를 업로드하는 것이 유리하다.

10. 콘텐츠 업로드 빈도 높이기

- 꾸준한 업로드: 셔터스톡에서 수익을 창출하려면 꾸준히 콘텐츠를 업로드하는 것이 매우 중요하다. 한 번에 많은 양을 업로드하거나, 정기적으로 업로드하여 판매량을 늘려야 한다. 매일 또는 매주 일정한 수의 콘텐츠를 업로드하는 습관을 들이면 더 많은 노출을 얻고, 장기적으로 수익이 증가할 수 있다.

수익자 리뷰

1. 사진작가 Sophie:

- Sophie는 자연과 여행 사진을 전문으로 찍는 프리랜서 사진작가이다. 셔터스톡에 콘텐츠를 업로드하기 시작한 지 3년이 되었으며, 주로 여행지에서 촬영한 고품질 사진들을 제공하고 있다. Sophie는 셔터스톡에서 연간 수천 달러의 수익을 얻고 있으며, 특히 여행 관련 사진과 풍경 사진이 잘 팔린다고 한다. 유명한 관광지뿐만 아니라, 사람들이 잘 모르는 독특한 장소를 촬영해 셔터스톡에 올렸다. 한 달에 최소 100~150장의 사진을 업로드하며, 콘텐츠를 지속적으로 업데이트하여 점차 더 많은 판매를 유도했다. 시즌별로 여름, 겨울, 그리고 축제 시즌에 맞춰 콘텐츠를 업로드하여 수익을 극대화할 수 있었다. "셔터스톡에서 첫 몇 달은 수익이 적었지만, 꾸준히 작업을 업로드하고 사진의 품질을 향상시킨 결과, 지금은 거의 매일 한두 번 정도는 판매가 이루어집니다. 셔터스톡은 제 주요 수입원 중 하나가 되었습니다."

2. 비디오 제작자 John

- John은 비디오 콘텐츠를 주로 다루며, 셔터스톡에 단기 영상과 타임랩스 비디오를 주제로 한 작품들을 올리고 있다. John은 셔터스톡에서 주로 비디오 판매를 통해 수익을 얻고 있으며, 처음 시작했을 때는 한 달에 몇 백 달러 정도를 벌었지만, 이제는 1,000달러 이상을 매월 벌고 있다고 한다. 사람들은 짧은 클

립을 자주 찾는다. John은 5초~30초 길이의 고퀄리티 비디오를 제작하여 빠르게 소비되는 콘텐츠를 만들었다. 다른 플랫폼에서는 볼 수 없는 특별한 콘텐츠를 제공하여 구매자들에게 차별화된 선택지를 제공했다. 비디오의 색보정, 자막 추가, 효과적인 편집을 통해 더 많은 구매자들에게 어필할 수 있었다. "셔터스톡에서 비디오를 판매하면서 처음에는 예상보다 더 많은 시간을 투자해야 했습니다. 하지만 비디오의 품질을 높이고, 다양한 주제를 시도하면서 판매가 늘었습니다. 짧은 타임랩스나 드론 비디오가 특히 잘 팔리고 있습니다."

3. 디지털 아티스트 Linda

- Linda는 일러스트레이션과 벡터 디자인을 주제로 셔터스톡에 콘텐츠를 업로드하고 있으며, 주요한 판매 카테고리는 비즈니스 관련 아이콘, 인포그래픽, 그리고 기술 관련 디자인이다. Linda는 디지털 아트 및 벡터 파일을 주로 업로드하며, 셔터스톡에서 안정적인 수익을 얻고 있다. 그녀는 한 달에 500~1,000달러를 벌고 있으며, 특히 기업과 관련된 디자인이 인기가 많다고 한다. Adobe Illustrator를 활용한 정교한 벡터 디자인이 셔터스톡에서 매우 잘 팔린다고 한다. 의료, IT, 금융과 같은 특정 산업에 맞는 디자인을 제작하여 타겟 마케팅을 할 수 있었다. 벡터 디자인의 세부 사항에 신경 쓰며, 쉽게 변형할 수 있는 파일을 제공함으로써 다양한 고객의 요구를 충족시켰다. "디지털 아트는 셔터스톡에서 꾸준히 팔리는 분야 중 하나입니다. 벡터 파일은 한 번 만들고 여러 번 팔 수 있어 매우 효율적이죠. 또한, 기업용 인포그래픽 디자인은 대체로 고급 고객층을 형성합니다."

4. 포트레이트 사진작가 David

- David는 인물 사진을 주로 찍는 사진작가로, 셔터스톡에 인물 촬영 사진과 생활 사진을 올리고 있다. David는 인물 사진을 자주 업로드하며, 특히 모델 릴리스를 확보한 사진이 잘 팔린다고 한다. 그는 처음 몇 달 동안은 수익이 적었지만, 점차 판매량이 증가하며 월 300~500달러의 수익을 얻고 있다. 모델 릴리스를 확보한 사진을 올려서 더 많은 상업적 용도로 사용될 수 있게 했다. 모델들의 다양한 감정(웃는 얼굴, 진지한 표정 등)을 담아내어 구매자들이 다양한 상황에서 사용할 수 있도록 했다. 일상적인 라이프스타일 사진이 잘 팔리므로, 다양한 환경에서 촬영을 시도했다. "처음에는 모델 촬영에 대해 많은 경험이 없었지만, 조금씩 모델 릴리스를 얻고 다양한 사람들을 촬영하면서 판매가 늘었습니다. 인물 사진은 언제나 수요가 있는 분야입니다."

02 게티이미지 Getty imageserstock

게티이미지는 어떤 곳인가요?

　게티이미지(Getty Images)는 세계적인 스톡 이미지 및 비디오 제공 업체로, 고품질의 사진, 비디오, 일러스트, 벡터 파일 등을 판매하고 있는 플랫폼이다. 1995년에 설립된 게티이미지는 다양한 미디어, 광고, 마케팅, 출판, 방송 등 여러 산업 분야에서 사용되는 콘텐츠를 제공한다. 이 회사는 저작권 보호된 콘텐츠와 라이선스 모델을 기반으로 고객들에게 다양한 이미지를 제공하며, 창작물의 상업적 사용을 가능하게 해주는 라이선스 옵션을 제공한다.

주요 특징

1. **광범위한 콘텐츠 라이브러리**
   - 게티이미지는 7000만 개 이상의 이미지, 비디오, 음악 파일 등을 보유하고 있으며, 콘텐츠의 종류와 카테고리가 매우 다양하다. 제공되는 콘텐츠는 사진, 일러스트, 벡터, 3D 이미지, 타임랩스 비디오, 드론 촬영 영상 등 광범위하며, 다양한 주제를 다룬다. 예를 들어, 뉴스, 스포츠, 엔터테인먼트, 라이프스타일, 비즈니스, 과학, 건강, 환경 등 다양한 분야를 아우른다.

2. **고품질 콘텐츠**
   - 게티이미지는 상업적 및 비상업적 용도로 사용 가능한 고품질의 스톡 콘텐츠를 제공한다. 특히 뉴스 사건, 아이코닉한 인물 사진, 고급스러운 광고 이미지 등 다양한 분야에서 필요로 하는 프리미엄 이미지를 취급한다. 또한, 사진뿐만 아니라 고해상도 비디오와 음악 트랙도 제공하여, 콘텐츠 제작자들이 필요한 모든 자원을 한 곳에서 찾을 수 있다.

3. **라이선스 옵션**
   - 게티이미지는 로열티 프리(RF) 라이선스와 저작권이 보호된(시드) 라이선스 옵션을 제공한다. 이를 통해 사용자는 원하는 이미지의 사용 범위와 조건을 정확하게 선택할 수 있다.
   - 로열티 프리(RF) 라이선스: 사용자가 한 번 구매한 후, 여러 번 재사용할 수 있는 라이선스이다. 상업적, 비상업적 용도로 자유롭게 사용할 수 있다.

4. **권리화된 라이선스(Rights Managed, RM)**
   - 특정 용도와 범위에 맞춰 라이선스를 구입하는 방식으로, 특정 사용에 대한 권

리를 확보하는 방식이다. 또한, Editor's Choice와 같은 특별한 프리미엄 콘텐츠를 제공하여 사용자가 더욱 차별화된 이미지를 구매할 수 있다.

5. 글로벌 커버리지 및 콘텐츠 제공

- 게티이미지는 전 세계적인 이미지를 다루며, 특히 뉴스, 스포츠 이벤트, 정치적 사건, 엔터테인먼트 관련 콘텐츠에서 두각을 나타낸다. 예를 들어, 올림픽, 월드컵, 대형 정치 회의, 영화 촬영 현장 등 글로벌 이벤트에 대한 독점적이고 방대한 이미지 및 비디오 자료를 제공한다.

6. 전문적 사용자 지원

- 게티이미지는 브랜드와 기업 고객을 위한 맞춤형 솔루션을 제공하고, 고객이 자신에게 적합한 이미지를 찾을 수 있도록 다양한 검색 기능과 필터링 옵션을 제공한다. 또한, API 서비스를 통해 대형 플랫폼이나 애플리케이션에 이미지 및 비디오를 통합할 수 있도록 지원한다.

7. 저작권 및 보안

- 게티이미지는 저작권 보호에 매우 신경을 쓴다. 구매한 이미지나 비디오는 명확한 라이선스와 함께 제공되며, 사용자는 해당 콘텐츠를 법적으로 안전하게 사용할 수 있다. 또한, 디지털 워터마크와 같은 기술적 보호장치를 통해 불법 복제를 방지하고 있다.

8. 게티이미지의 경쟁력

- 프리미엄 콘텐츠: 게티이미지는 특히 고급스러운, 아이코닉한 이미지와 뉴스, 스포츠와 같은 시의성 있는 콘텐츠에서 매우 강력한 경쟁력을 가지고 있다.
- 품질 보장: 게티이미지의 콘텐츠는 고품질, 전문적이고 검증된 자료들이기 때문에 상업적, 비상업적 프로젝트에서 신뢰할 수 있는 자료를 제공한다.
- 다양한 카테고리: 비즈니스, 헬스케어, 테크놀로지, 사회적 이슈, 환경 등 다양한 분야에 걸친 콘텐츠를 제공하여, 모든 종류의 프로젝트에서 유용하게 활용될 수 있다.

수익화 단계별 가이드

1. Getty Images Contributor 가입

1) 게티이미지 가입

- 게티이미지에서 돈을 벌려면 먼저 Contributor(기여자)로 등록해야 한다. 이를 통해 자신의 콘텐츠를 게티이미지에 업로드하고 판매할 수 있다.

2) 가입 절차
- Getty Images Contributor 페이지로 이동하여 가입 양식을 작성한다. 사진, 비디오, 일러스트 등 제공할 콘텐츠의 유형을 선택한다. 기본적인 개인 정보, 업로드 가능한 콘텐츠 종류를 설정한다.
- 작품 샘플 제출: 게티이미지는 자격을 갖춘 기여자만 승인한다. 따라서 자신의 고품질 콘텐츠 샘플을 제출해야 한다. 이를 통해 심사가 이루어진다.

3) 심사 과정
- 게티이미지는 제출한 샘플을 전문적인 기준으로 심사한다. 승인되면 Contributor로 승인되고, 이후 콘텐츠를 업로드할 수 있다. 이때, 사진 퀄리티, 상업성, 다양성 등이 중요한 평가 요소로 작용한다.

2. 고품질 콘텐츠 제작

1) 수요가 있는 콘텐츠 제작
- 상업적으로 사용될 가능성이 높은 이미지를 제공하는 것이 중요하다. 게티이미지는 특히 뉴스, 비즈니스, 생활, 건강, 기술 등 다양한 분야에서 상업적 용도로 사용할 수 있는 이미지에 수요가 많다.
- 트렌드 파악: 최신 트렌드를 반영한 콘텐츠를 제작해야 한다. 예를 들어, 시즌별 이벤트, 인기 있는 사회적 이슈, 비즈니스 관련 이미지 등이 인기를 끌 수 있다.

2) 차별화된 콘텐츠 제공
- 다른 기여자들과 차별화된 특정 니치를 공략하는 것도 좋은 전략이다. 예를 들어, 특정 문화적 요소나 지역적 특성이 반영된 이미지, 독창적인 아이디어를 담은 콘텐츠 등이 높은 평가를 받을 수 있다. 한국적인 요소나 독특한 지역적 배경을 강조한 이미지는 특히 국제 시장에서 강점을 가질 수 있다.

3) 다양한 콘텐츠 업로드
- 사진, 비디오, 일러스트, 벡터 등 다양한 형식의 콘텐츠를 업로드하는 것이 좋다. 게티이미지는 여러 매체의 콘텐츠를 판매하므로 다양한 유형을 시도하는 것이 유리하다. 고해상도 사진과 스톡 비디오는 특히 수익성이 높다. 드론 촬영, 타임랩스, 고급 인물 사진 등도 인기가 많다.

4) 모델 릴리스 및 소품 릴리스 확보
- 모델 릴리스(model release)와 소품 릴리스(property release)가 있는 이미지는 상업적 사용이 가능하므로, 상업적 목적으로 유통될 가능성이 더 높다. 예를 들어, 인물 사진을 찍을 때 모델 릴리스를 받아야 상업적 판매가 가능하다. 건물, 상표, 예술 작품 등을 촬영할 때도 소품 릴리스를 확보해야 한다.

| 사진 & 동영상 | 창작물 & 앱 | 디자인 & 이모티콘 | 컨텐츠 | 블로그 | SNS | 쇼핑몰 | 글 & 그림 | 교육 & 방송 |

3. 콘텐츠 업로드 및 태그

1) 콘텐츠 업로드
- 콘텐츠 업로드는 게티이미지 플랫폼에서 기여자가 콘텐츠를 판매하는 첫 번째 단계이다. Getty Images Contributor 사이트를 통해 이미지를 업로드할 수 있다. 고해상도의 JPEG 파일이나 비디오 파일, AI/PSD 벡터 파일 등을 업로드할 수 있다.

2) 메타데이터 작성
- 이미지나 비디오에 대한 태그, 설명, 키워드 등을 잘 작성하는 것이 중요하다. 메타데이터가 잘 작성된 콘텐츠는 검색에서 더 쉽게 노출되며, 판매 가능성을 높이다. SEO 최적화를 염두에 두고, 검색자가 자주 찾을 수 있는 키워드를 활용해야 한다. 예를 들어, "business people working", "sunset in city"와 같은 구체적인 키워드를 넣는 것이 좋다.

3) 카테고리 선택
- 업로드한 콘텐츠가 적절한 카테고리에 속하도록 하여, 검색 시 더 많은 사람들이 찾을 수 있게 한다. 예를 들어, "business," "lifestyle," "sports," "technology" 등 세부 카테고리에 맞춰 콘텐츠를 분류한다.

4. 라이선스 및 가격 설정

1) 라이선스 유형 선택
- 게티이미지에서 제공하는 라이선스 유형은 로열티 프리(RF)와 권리화된(RM) 라이선스가 있다.
- 로열티 프리(RF): 구매자가 일정 비용을 지불하고 여러 번 사용할 수 있는 라이선스.
- 권리화된 라이선스(RM): 특정 용도와 기간에만 사용할 수 있는 라이선스, 보통 더 높은 가격을 책정할 수 있다.

2) 수익 모델 이해
- 게티이미지의 수익 배분 모델은 일반적으로 20%에서 45% 사이이다. 일반 기여자는 보통 20%에서 30%의 수익을 공유받고, 프리미엄 콘텐츠나 아이코닉 이미지는 더 높은 비율로 수익을 공유받을 수 있다.

5. 콘텐츠 홍보 및 마케팅

1) 자신의 콘텐츠 마케팅
- 게티이미지는 자체적인 마케팅 활동도 진행하지만, 개인적인 마케팅도 매우 중

요하다.

- SNS 활용: 자신의 인스타그램, 유튜브, 블로그 등을 활용해 콘텐츠를 홍보할 수 있다. 포트폴리오 사이트나 온라인 갤러리를 만들어 다양한 사람들에게 자신이 만든 작품을 노출시킬 수 있다.

2) 트렌드 반영

- 게티이미지에서 인기 있는 콘텐츠는 주로 뉴스 사건, 사회적 트렌드, 주요 기념일과 관련된 이미지이다. 최신 트렌드를 반영하여 콘텐츠를 제작하고, 상황에 맞는 이미지를 제공하는 것이 유리하다.

6. 수익 추적 및 개선

1) 판매 모니터링

- 게티이미지는 판매 대시보드를 제공하여, 자신의 콘텐츠가 얼마나 판매되었는지, 어떤 콘텐츠가 인기가 있는지 실시간으로 추적할 수 있다. 이를 통해 판매 추세를 파악하고, 더 많이 팔리는 유형을 반복적으로 업로드할 수 있다.

2) 품질 향상 및 개선

- 지속적으로 콘텐츠의 질을 높이고, 더 많은 업로드를 통해 노출 기회를 높여야 한다. 고객의 피드백을 반영하고, 가장 많이 팔리는 유형의 콘텐츠에 집중하여 수익을 극대화할 수 있다.

TIP

1. 시장 트렌드 파악과 반영

1) 핫한 주제와 트렌드 반영

- 시의성 있는 콘텐츠는 큰 인기를 끌 수 있다. 현재 뉴스, 사회적 이슈, 기념일, 유행하는 문화와 관련된 이미지는 높은 수요가 있다. 예를 들어, 팬데믹, 기후 변화, 국제 스포츠 이벤트(올림픽, 월드컵 등), 유행하는 패션이나 트렌디한 라이프스타일 관련 이미지는 많은 구매자가 찾을 가능성이 높다. 최신 사회적 운동이나 정치적 이슈와 관련된 이미지를 제공하면 고수익을 올릴 수 있는 기회가 될 수 있다.

2) 계절별 콘텐츠 업로드

- 계절에 맞는 이미지나 비디오도 큰 수요가 있다. 예를 들어, 여름 휴가, 겨울 스포츠, 연말 시즌(크리스마스, 연말 파티) 관련 콘텐츠는 매년 반복적으로 필요하다. 계절에 맞는 트렌드나 축제에 맞춰 시기적인 이미지를 업로드하면 더 많은 구매자들이 해당 콘텐츠를 찾게 된다.

2. 고품질 콘텐츠 제작

1) 상업적 사용이 가능한 콘텐츠 제공

- 비즈니스, 마케팅, 광고 용도로 사용될 수 있는 고품질의 상업적 이미지는 수요가 많다. 예를 들어, 비즈니스 회의, 직장 생활, 기업가정신, 제품 촬영 등 실용적인 이미지는 상업적 고객들 사이에서 인기가 높다. 고해상도 이미지와 정확한 메타데이터(태그, 설명)를 제공하는 것이 중요하다. 고해상도 이미지는 출판물, 광고, 웹사이트 디자인 등 다양한 상업적 용도로 사용된다.

2) 이미지 품질

- 고해상도의 이미지를 업로드하고, 세부 사항에 신경 쓰는 것이 중요하다. 이미지의 선명도, 구도, 조명 등은 상업적 가치를 높이는 요소이다. 편집 없이 원본 이미지를 제공하는 것보다는 후보정을 통해 색감, 대비, 선명도를 조정하는 것이 좋다.

3. 다양한 콘텐츠 포맷 활용

1) 사진 외에도 비디오와 일러스트 업로드

- 비디오 콘텐츠는 특히 고수익을 창출할 수 있다. 게티이미지에서 비니오는 주목받는 콘텐츠로, 특히 타임랩스, 드론 촬영 및 도시 풍경 같은 독특한 콘텐츠는 높은 수요를 자랑한다. 벡터 이미지나 일러스트도 중요한 자산이 된다. 광고, 웹 디자인, 앱 디자인 등에서 자주 사용되므로, 일러스트 또는 아이콘 같은 콘텐츠도 업로드하는 것이 좋다.

2) 모바일 콘텐츠

- 모바일 사용자의 증가로 인해 모바일 최적화된 콘텐츠도 중요하다. 특히 모바일 앱이나 웹사이트 디자인에서 사용할 수 있는 이미지나 비디오를 제작하면 수익을 늘릴 수 있다.

4. 정확한 메타데이터 작성

1) 키워드와 태그

- 메타데이터는 콘텐츠가 검색될 가능성을 높여주는 중요한 요소이다. 이미지를 업로드할 때 정확한 키워드와 태그를 달아주어야 검색에서 노출될 확률이 커진다. 세부적인 키워드를 사용하면 특정 검색어에 대한 노출이 증가한다. 예를 들어, "business team brainstorming"보다 "diverse business team brainstorming in modern office"처럼 구체적인 설명을 추가하는 것이 더 효과적이다.

2) 세부 설명 작성

- 태그뿐만 아니라 상세한 설명을 추가하는 것도 중요하다. 이미지가 어떤 상황에

서 사용될 수 있는지, 어떤 감정이나 메시지를 전달하려는 것인지를 명확하게 설명하면 더 많은 검색자들이 찾을 수 있다.

5. 모델 릴리스와 소품 릴리스

1) 모델 릴리스 확보
- 모델 릴리스(Model Release)는 인물 사진에서 매우 중요하다. 모델이 등장하는 이미지는 상업적 사용을 위한 모델 릴리스가 필요하며, 이 릴리스를 확보해야 법적 문제가 발생하지 않는다. 모델 릴리스를 받은 이미지는 상업적 광고, 마케팅에 자유롭게 사용될 수 있으므로, 이를 확보하는 것이 필수이다.

2) 소품 릴리스 확보
- 소품 릴리스는 촬영 중에 등장하는 건물, 브랜드 로고, 상징물 등에서 필요하다. 예를 들어, 상업적 용도로 사용하려는 이미지에 로고나 상징적인 건물이 포함되어 있다면 소품 릴리스를 받아야 한다.

6. 다양한 시장을 타겟팅

1) 국제 시장 겨냥
- 글로벌 마케팅을 염두에 두고, 다양한 문화적 배경을 반영한 이미지를 제공해야 한다. 예를 들어, 동양적인 요소, 유럽 스타일, 아프리카, 중동 등 다양한 지역을 반영한 콘텐츠는 글로벌 시장에서 큰 인기를 끌 수 있다.

2) 니치 시장 타겟팅
- 특정 산업에 초점을 맞춘 이미지나 비디오를 제작하는 것도 좋은 전략이다. 예를 들어, 기술, 헬스케어, 교육, 환경 분야에 특화된 콘텐츠는 매우 수요가 많다. 각 산업에 특화된 이미지를 제공하면 더욱 구체적인 고객층을 타겟팅할 수 있다.

7. 꾸준한 업로드와 포트폴리오 확장

1) 정기적인 콘텐츠 업로드
- 꾸준히 콘텐츠를 업로드하는 것이 중요하다. 게티이미지는 다양한 주제와 스타일의 이미지를 판매하는 플랫폼이므로, 지속적으로 다양한 콘텐츠를 업로드하여 노출 기회를 높이는 것이 좋다. 한 번에 많은 이미지를 업로드하는 것도 중요하지만, 일정한 업로드 주기를 유지하는 것이 더 효과적일 수 있다.

2) 포트폴리오 확대
- 자신의 포트폴리오를 다양화하는 것이 좋다. 예를 들어, 다양한 촬영 장비를 사용하거나 다양한 스타일(예: 흑백 사진, 자연광, 실내 촬영 등)을 시도하여 더욱 많은 유형의 콘텐츠를 업로드해야 한다.

8. 사진 스타일과 주제의 차별화

- 경쟁이 치열한 스톡 사진 시장에서 차별화된 콘텐츠를 만드는 것이 중요하다. 독특한 촬영 기법이나 참신한 아이디어로 차별화된 이미지를 제작하면 눈에 띄게 될 가능성이 높다. 예를 들어, 일반적인 비즈니스 회의 장면 대신 소규모 팀의 창의적인 협업 장면, 부유한 사람들 대신 중소기업 직원들의 현실적인 모습 등을 담으면 더욱 특색 있는 콘텐츠가 될 수 있다.

9. 가격 전략

- 게티이미지에서 콘텐츠를 판매할 때 가격 책정은 중요한 요소이다. 너무 낮은 가격은 가치를 낮게 평가받을 수 있고, 너무 높은 가격은 경쟁에서 밀릴 수 있다. 시장 가격을 고려하여 적절한 가격을 책정하는 것이 중요하다.

수익자 리뷰

1. Alyssa M. 사진작가

- Alyssa는 3년 전부터 게티이미지에 사진을 업로드하기 시작했다. 처음에는 큰 기대 없이 시작했지만, 꾸준히 고해상도 이미지를 업로드하고 최신 트렌드를 반영하면서 점점 더 많은 다운로드가 이루어졌다. 특히 비즈니스 환경이나 팀워크와 같은 주제에 대한 수요가 높다는 것을 알게 되었다. 그녀의 경험에서 가장 중요한 점은 시장의 트렌드를 파악하고 이에 맞춰 콘텐츠를 정기적으로 업로드하는 것이었다. "시장에서 어떤 콘텐츠가 필요하고 어떤 스타일이 유행하는지 계속 연구하는 것이 중요합니다."라고 말한다. 또한, 그녀는 인물 사진을 많이 찍기 때문에, 모델 릴리스를 항상 확보하는 것이 필수적이라고 강조한다. "비즈니스나 직장 생활을 반영한 이미지는 꾸준히 인기 있습니다. 모델 릴리스를 제대로 준비하고, 타겟 시장을 이해하는 것이 중요하죠."

2. John D. 스톡 비디오 제작자

- John은 주로 드론 촬영 비디오를 제작하는 스톡 비디오 제작자이다. 처음에는 몇 개의 비디오를 업로드했지만, 품질이 뛰어난 드론 촬영과 도시의 경치를 다룬 영상들이 빠르게 판매되기 시작했다. John은 비디오 콘텐츠에 특히 수요가 많다고 말한다. 특히 타임랩스, 드론 영상, 자연을 다룬 비디오들이 상업적 광고, 영화 제작 등에서 큰 인기를 끌고 있다고 설명한다. "게티이미지는 비디오 콘텐츠에 대한 수요가 매우 크고, 가격도 일반적으로 사진보다 더 높은 경우가 많습니다. 비디오 콘텐츠는 특히 고해상도로 촬영하는 것이 중요하며, 비디오의 길이가 10초에서 2분 이내로 적당한 경우가 많습니다." "고해상도와 안정적인 촬영이 핵심입니다. 또한, 트렌드에 맞는 도시 풍경, 자연 촬영, 타임랩스 비디

오를 제작하면 수익이 더 빠르게 발생할 수 있습니다."

3. Sarah L. 디지털 아티스트 및 일러스트레이터

- Sarah는 디지털 아트와 벡터 일러스트를 전문으로 하고 있다. 게티이미지에서 일러스트 콘텐츠의 수요가 매우 많다는 사실을 알게 된 후, 그녀는 다양한 스타일의 일러스트와 아이콘을 업로드하기 시작했다. 특히 앱 디자인이나 웹 디자인, 소셜 미디어 콘텐츠에 자주 사용되는 아이콘 스타일의 이미지들이 큰 인기를 끌었다. Sarah는 또한 기술과 의료 분야에 특화된 일러스트를 많이 작업하여 성공을 거두었다. 그녀는 "기술과 관련된 이미지나 비즈니스 프로세스를 묘사한 일러스트의 수요가 큽니다."라고 말한다. 또, 게티이미지에서 판매되는 일러스트는 일반적으로 로열티 프리 라이선스를 제공하기 때문에 사용 범위가 넓고, 다양한 클라이언트가 이를 구매한다고 설명한다. "독특하고 실용적인 일러스트를 제작해야 합니다. 특히 비즈니스와 기술 관련한 일러스트는 매우 수요가 많습니다."

4. Emma W. 여행 사진작가

- Emma는 여행 사진을 주제로 활동하는 게티이미지 기여자이다. 처음에는 사진을 취미로 찍었지만, 여행지에서 찍은 고해상도 풍경 사진을 게티이미지에 업로드하면서 수익을 창출하기 시작했다. 자연 풍경, 국가 공원, 특정 여행지에 대한 사진들이 매우 잘 팔리고 있다. "여행 사진은 특히 지리적 특성이나 문화적 배경이 중요한 요소가 됩니다. 예를 들어, 동양과 서양의 여행지에 대한 사진이 각각 다르게 반응하는 경향이 있죠. 고해상도로 촬영하고 자연광을 활용하는 것이 좋은 전략입니다." Emma는 여행을 떠날 때마다 상업적으로 유용한 콘텐츠를 계획적으로 찍으려고 노력한다. "여행 사진에서 특정 장소와 문화적 요소를 강조하는 것이 중요합니다. 또한, 편집 없이 자연스러운 풍경을 촬영하는 것이 좋습니다."

| 사진 & 동영상 | 창작물 & 앱 | 디자인 & 이모티콘 | 컨텐츠 | 블로그 | SNS | 쇼핑몰 | 글 & 그림 | 교육 & 방송 |

03 어도비스톡 adobestock

어도비스톡은 어떤 곳인가요?

어도비스톡(Adobe Stock)은 Adobe Systems에서 운영하는 스톡 사진, 비디오, 일러스트레이션, 벡터 이미지 등을 제공하는 디지털 자산 마켓플레이스이다. 이 플랫폼은 디자인, 마케팅, 광고 등 다양한 분야에서 필요로 하는 상업용 콘텐츠를 구매할 수 있는 곳으로, 크리에이티브 전문가들(디자이너, 마케팅 팀, 콘텐츠 제작자 등)에게 유용한 자원이다. 또한, 콘텐츠 제공자(사진작가, 영상 제작자, 일러스트레이터 등)는 Adobe Stock을 통해 디지털 콘텐츠를 판매하고 수익을 올릴 수 있다.

주요 특징

1. **Adobe와의 통합**
   - 어도비스톡은 Adobe Creative Cloud와 긴밀하게 통합되어 있어, Photoshop, Illustrator, Premiere Pro 등 Adobe 소프트웨어 사용자가 직접 프로그램 내에서 이미지나 비디오를 검색하고 구매할 수 있다. 이 통합 덕분에 디자인 작업을 하는 사람들이 더 쉽게 콘텐츠를 찾고 사용할 수 있다.

2. **다양한 콘텐츠 유형**
   - 사진: 고품질의 상업용 사진 이미지
   - 비디오: 영화, 광고, 유튜브 등에서 사용할 수 있는 고해상도 비디오
   - 일러스트: 벡터, 디지털 일러스트레이션 등
   - 템플릿: 포스터, 프레젠테이션, 웹 디자인 등 다양한 템플릿
   - 3D 모델: 3D 객체 및 디자인 파일

3. **커뮤니티 및 크리에이터 지원**
   - 어도비스톡은 크리에이터(사진작가, 비디오 제작자, 일러스트레이터 등)에게 자신의 콘텐츠를 판매하고 수익을 올릴 수 있는 기회를 제공한다. 크리에이터는 자신의 작품을 업로드하고, 구매된 콘텐츠에 대해 로열티를 받는다. Adobe Stock Contributor Portal을 통해 콘텐츠를 쉽게 업로드하고 관리할 수 있으며, 작품에 대한 매출 추적도 가능하다.

4. **고해상도 이미지와 편리한 라이선스 제공**
   - 어도비스톡에서 제공하는 이미지는 모두 고해상도이며, 상업적 사용이 가능하도

록 다양한 라이선스 옵션을 제공한다. 사용자는 Standard License 또는 Extended License를 선택할 수 있으며, 상업적 프로젝트, 웹 디자인, 광고 등 다양한 용도로 활용할 수 있다.

5. 대규모 고객층

- Adobe의 광범위한 사용자 네트워크 덕분에 어도비스톡은 디자이너, 영상 제작자, 마케팅 전문가 등에게 인기 있는 플랫폼이다. 이러한 고객층은 꾸준한 수요를 제공하므로, 콘텐츠 제공자에게 안정적인 판매 기회를 제공한다.

6. 판매 수익 모델

- 콘텐츠 제공자는 판매된 이미지나 비디오에 대해 일정 비율의 로열티를 받는다. 판매액의 30%에서 35% 정도가 제공자에게 지급되며, 더 많은 콘텐츠가 판매되면 더 높은 비율의 로열티를 받게 된다.

7. 상업적 용도와 자유로운 라이선스

- 어도비스톡에서 제공되는 콘텐츠는 광고, 웹사이트 디자인, 마케팅, 인쇄물, 영화 등 다양한 상업적 프로젝트에 사용될 수 있으며, 각 사용자의 필요에 맞는 라이선스를 선택할 수 있다.

8. 퀄리티와 신뢰성

- Adobe는 콘텐츠의 품질과 신뢰성에 대해 매우 높은 기준을 가지고 있으며, 이로 인해 사용자는 높은 퀄리티의 정확한 키워드와 메타데이터를 갖춘 콘텐츠를 제공받을 수 있다. 또한, 어도비스톡은 모델 릴리스나 소품 릴리스가 필요한 콘텐츠도 쉽게 관리할 수 있는 기능을 제공한다.

9. 고급 검색 및 필터링 기능

- Adobe Stock은 사용자가 원하는 이미지를 찾기 쉽도록 강력한 검색 기능과 다양한 필터링 옵션을 제공한다. 예를 들어, 사용자는 원하는 이미지의 색상, 스타일, 키워드 등으로 검색할 수 있다.

수익화 단계별 가이드

1. 어도비스톡 계정 만들기

- 어도비스톡에서 돈을 벌기 위한 첫 번째 단계는 어도비 계정을 만드는 것이다. 이미 어도비 제품을 사용하고 있다면 해당 계정으로 로그인하면 된다. 그렇지 않다면, 어도비 계정을 새로 만들고 어도비스톡에 가입해야 한다.
- Adobe ID 만들기: 어도비 웹사이트에서 무료 Adobe ID를 만들고 로그인한다.
- Adobe Stock Contributor 가입: 어도비스톡 웹사이트에서 'Contributor'로

| 사진 & 동영상 | 창작물 & 앱 | 디자인 & 이모티콘 | 컨텐츠 | 블로그 | SNS | 쇼핑몰 | 글 & 그림 | 교육 & 방송 |

등록해 판매자 계정을 생성한다.

2. 콘텐츠 업로드 준비

- 어도비스톡에서 판매할 콘텐츠는 사진, 일러스트, 벡터, 비디오, 템플릿, 3D 모델 등 다양한 형식으로 제공될 수 있다. 콘텐츠의 품질은 매우 중요하며, 업로드 전에 다음의 몇 가지 준비 사항을 확인해야 한다.
- 고해상도: 사진이나 비디오는 고해상도(최소 4MP 이상)여야 한다. 일반적으로 12MP 이상의 고해상도를 권장한다.
- 저작권 문제 해결: 콘텐츠에 다른 사람의 저작물이 포함되어 있다면, 저작권에 문제가 되지 않도록 모델 릴리스(model release)나 재산 릴리스(property release) 등을 확보해야 한다.
- 흠집 없는 콘텐츠: 콘텐츠는 기본적으로 선명하고 깨끗해야 하며, 노출 과다나 부족, 초점이 맞지 않는 이미지는 피하는 것이 좋다.
- 비디오 규격: 비디오는 1080p 이상, H.264 코덱으로 압축된 mp4 형식으로 업로드해야 한다.

3. 콘텐츠 업로드 및 태그 추가

- 콘텐츠가 준비되면 어도비스톡에 업로드할 수 있다. 업로드 후에는 해당 콘텐츠를 설명하고 적절한 태그를 추가해야 한다.
- 파일 업로드: 콘텐츠를 드래그 앤 드롭 방식으로 업로드한다. 여러 개의 파일을 한 번에 업로드할 수 있다.
- 제목과 설명 작성: 파일에 대한 제목과 설명을 정확히 작성해야 한다. 제목은 짧고 간결하면서도 검색에 도움이 될 수 있도록 관련 키워드를 포함해야 한다.
- 태그 추가: 검색에 잘 노출되기 위해서는 관련 키워드를 태그로 추가해야 한다. 예를 들어, "nature landscape"라는 이미지를 업로드했다면 "nature", "landscape", "forest", "green", "outdoor" 같은 태그를 추가한다.
- 카테고리 선택: 해당 콘텐츠가 어떤 카테고리에 속하는지 선택한다. 예를 들어, "사진", "비디오", "3D", "일러스트" 등.

4. 콘텐츠 심사

- 업로드한 콘텐츠는 어도비스톡 심사팀에 의해 검토된다. 심사는 대개 1~3일 정도 소요되며, 심사팀이 콘텐츠의 품질과 규격을 확인한다. 심사에서 통과한 콘텐츠만 판매 가능한 상태로 전환된다.
- 승인: 심사를 통과하면 콘텐츠가 어도비스톡에서 판매 가능한 상태가 된다.
- 반려: 만약 콘텐츠가 승인을 받지 못하면, 어도비스톡에서 요구하는 사항을 개

선하고 재업로드할 수 있다.

5. 판매 및 수익 관리

- 심사를 통과한 후, 콘텐츠가 어도비스톡의 라이브러리에 등록되면 판매가 시작된다. 각 콘텐츠의 판매 가격은 라이선스 유형에 따라 다르며, 판매 시에는 수익을 얻게 된다.
- 판매 유형:
  - 소형 라이선스(Small License): 저렴한 가격에 구매되는 라이선스.
  - 표준 라이선스(Standard License): 대부분의 콘텐츠가 이 라이선스를 선택받으며, 상업적 사용도 가능.
  - 확장 라이선스(Extended License): 더 넓은 사용 범위(예: 대규모 배포)에 필요한 라이선스로, 더 높은 수익을 얻을 수 있다.
- 수익률: 어도비스톡에서 판매자가 얻는 수익은 판매 가격의 33%~35% 정도이다. 이 수익률은 판매자의 콘텐츠 판매 실적에 따라 다를 수 있다.
- 기본 지불 방식: 어도비스톡은 PayPal이나 은행 송금 등을 통해 정기적으로 수익을 지급한다. 지급은 최소 25달러 이상이 되어야 가능하다.

6. 판매 증가를 위한 전략

- 수익을 극대화하려면 지속적으로 콘텐츠를 추가하고, 판매가 잘 될 수 있도록 전략적으로 접근하는 것이 중요하다.
- 콘텐츠 지속적 업로드: 판매자가 될 수 있는 기회는 많을수록 좋다. 지속적으로 새로운 콘텐츠를 업로드하여 라이브러리를 확장해야 한다.
- 트렌드 파악: 인기 있는 트렌드를 파악하고 그에 맞는 콘텐츠를 제작하면 판매 기회를 늘릴 수 있다. 예를 들어, 계절적 트렌드, 최신 기술, 사회적 이슈 등을 반영한 콘텐츠를 제작한다.
- 키워드 최적화: 콘텐츠에 대한 설명과 태그는 중요하다. 검색 최적화(SEO)를 고려하여 사람들이 자주 찾는 키워드를 사용해야 한다.
- 고객 피드백 반영: 고객의 요구사항이나 피드백을 반영하여 더 나은 콘텐츠를 제작해 나가는 것이 중요하다.

TIP

1. 고품질 콘텐츠 제공

- 고해상도 이미지: 어도비스톡은 고품질의 사진과 비디오를 요구한다. 가능한 한 고해상도 파일을 업로드해야 한다. 사진의 해상도는 최소 4MP 이상이어야 하

며, 비디오는 1080p 이상의 해상도를 권장한다.
- 전문적인 촬영 및 편집: 이미지의 초점이 맞지 않거나 색상, 노출이 부족한 콘텐츠는 판매에 실패할 확률이 높다. 적절한 조명과 구도를 사용하고, 후편집(예: 색 보정, 선명도 조정)을 통해 전문적인 느낌을 주는 것이 중요하다.

2. 키워드 및 태그 최적화
- 효과적인 태그 사용: 콘텐츠에 대한 설명과 태그는 검색 가능성을 높이기 위한 중요한 요소이다. 사람들이 자주 검색할 법한 키워드를 사용하고, 관련성과 정확성을 높여 검색에 잘 노출되도록 한다. 예를 들어, "business", "technology", "teamwork", "diversity" 등 구체적인 키워드를 사용해야 한다.
- 최대 50개의 태그 사용: 어도비스톡에서는 최대 50개의 키워드를 추가할 수 있다. 적절한 태그를 많이 사용하는 것이 검색에서 유리하므로, 가능한 한 많은 관련 키워드를 활용해야 한다.

3. 트렌드에 맞춘 콘텐츠 제작
- 현재 트렌드 반영: 시장에서 인기 있는 트렌드를 반영한 콘텐츠는 더욱 많이 판매될 가능성이 높다. 예를 들어, 특정 계절에 맞는 이미지(가을, 겨울), 혹은 최신 사회적 이슈나 테크놀로지 관련 콘텐츠(AI, 지속 가능성, 원격 근무 등) 등은 수요가 많다.
- 시즌성 콘텐츠: 특정 계절이나 휴일에 맞춰 관련 이미지를 준비하는 것도 좋은 전략이다. 예를 들어, 크리스마스나 설날 같은 연휴 관련 이미지, 여름 휴가나 가을 풍경 등의 테마는 시즌마다 큰 수요를 창출할 수 있다.

4. 다양한 콘텐츠 유형 업로드
- 사진, 일러스트, 벡터 이미지뿐만 아니라 비디오, 3D 모델, 템플릿도 업로드할 수 있다. 다양한 콘텐츠를 제공함으로써 더 많은 시장을 대상으로 할 수 있다.
- 동영상 콘텐츠: 비디오 콘텐츠의 수요는 꾸준히 증가하고 있다. 특히 짧은 클립, 텍스트 오버레이나 로고 애니메이션, 상업적인 비디오(광고용, 설명용) 등은 특히 인기 있다.

5. 모델 및 재산 릴리스 활용
- 모델 릴리스(Model Release): 사람들이 얼굴이 나오는 이미지나 영상에 대한 모델 릴리스가 필요하다. 모델 릴리스를 작성하면 해당 콘텐츠를 상업적으로 사용할 수 있게 되어 판매 가능성이 높아진다.
- 재산 릴리스(Property Release): 상업적 사용을 위한 건물이나 상표 이미지에는 재산 릴리스가 필요하다. 이 문서는 해당 장소나 상표의 소유자로부터 작성된다. 이 릴리스를 확보하면 해당 이미지를 안전하게 판매할 수 있다.

6. 콘텐츠 주제와 다양성 확대

- **다양한 주제와 스타일**: 가능한 다양한 주제와 스타일의 이미지를 업로드하는 것이 중요하다. 한 가지 분야에만 집중하지 말고, 여러 카테고리(예: 비즈니스, 자연, 여행, 건강 등)와 스타일(예: 미니멀리즘, 고급스러움, 빈티지 등)을 다루는 게 좋다.
- **틈새 시장 노리기**: 특정 틈새 시장을 목표로 한 콘텐츠(예: 특수한 직업군, 특정 지역, 특정 제품의 사용 사례 등)는 큰 경쟁 없이 판매될 가능성이 높다. 특정 타겟 시장을 겨냥하여 더 많은 판매를 노릴 수 있다.

7. 콘텐츠 업데이트와 관리

- **기존 콘텐츠의 갱신**: 과거에 업로드한 콘텐츠를 주기적으로 업데이트하고, 수정하여 다시 업로드하는 것도 좋은 방법이다. 예를 들어, 색상 보정, 트렌드에 맞게 스타일을 수정하는 등의 방법으로 더욱 최신의 콘텐츠를 제공한다.
- **대량 업로드**: 처음에 몇 개의 콘텐츠로 시작했다면 점차 업로드 양을 늘려야 한다. 한 달에 50개, 100개 이상의 콘텐츠를 지속적으로 업로드하면 판매 기회를 높일 수 있다. 더 많은 콘텐츠가 등록되면 노출 기회도 많아지기 때문이다.

8. 동적 라이선스 옵션 활용

- **확장 라이선스 제공**: 콘텐츠를 확장 라이선스(Extended License)로 제공하면, 기본 라이선스보다 더 높은 가격을 받을 수 있다. 확장 라이선스는 콘텐츠를 더 많은 상업적 용도로 사용할 수 있도록 허용하는 라이선스이다.
- **가격 설정**: Adobe Stock에서 판매하는 대부분의 콘텐츠는 가격이 자동으로 설정되지만, 일부 가격이 상향 조정되는 경우가 있으므로 라이선스 선택 시 신중하게 고려해야 한다.

9. 어도비 소프트웨어와 통합 활용

- **어도비 제품과 연계**: 어도비의 Creative Cloud 사용자는 바로 어도비스톡에서 직접 콘텐츠를 구매하거나 판매할 수 있다. Adobe Photoshop, Illustrator, Premiere Pro 등의 툴을 사용해 작업한 후, 콘텐츠를 바로 업로드할 수 있는 통합된 환경을 활용해보는게 좋다.
- **템플릿 판매**: 어도비 프로그램(예: Adobe InDesign, Adobe Premiere Pro, After Effects 등)의 템플릿을 만들어 판매하면, 이 또한 인기 있는 항목으로 수익을 창출할 수 있다.

10. 성공적인 판매자와의 네트워크 형성

- **커뮤니티 참여**: 어도비스톡에는 콘트리뷰터 커뮤니티가 존재한다. 다른 판매자

| 사진 & 동영상 | 창작물 & 앱 | 디자인 & 이모티콘 | 컨텐츠 | 블로그 | SNS | 쇼핑몰 | 글 & 그림 | 교육 & 방송 |

들과 정보를 교환하고, 판매 전략을 공유하는 등의 방식으로 서로의 경험을 나누면 더 많은 정보를 얻고 성공 확률을 높일 수 있다.
- 학습과 실험: 어도비스톡에서 성공한 다른 판매자들의 콘텐츠와 전략을 분석하고, 이를 참고하여 본인의 스타일을 발전시켜 나가세요. 또한, 어떤 콘텐츠가 더 잘 팔리는지에 대한 데이터를 분석하고, 지속적으로 개선해 나가는 것이 중요하다.

수익자 리뷰

1. **James M. 사진작가**
- James는 5년 전부터 어도비스톡에 콘텐츠를 업로드하기 시작했다. 처음에는 큰 수익을 기대하지 않았지만, 자연 풍경과 도시 풍경 사진을 꾸준히 업로드하면서 점차 판매가 이루어졌다. 특히 고해상도로 촬영한 도시 풍경, 자연의 아름다움을 강조한 이미지는 꾸준히 다운로드되고 있다. 그는 주로 해시태그와 키워드에 신경을 써서 검색에 잘 노출되게끔 했다. 그의 주요 전략은 상업적 사용이 가능한 실용적인 사진을 찍는 것이었다. "상업적 용도로 사용될 수 있는 이미지를 제공하는 것이 가장 중요합니다."라고 말하며, 사업 회의, 여행, 라이프스타일 등 실용적인 카테고리에 집중했다고 설명한다. "트렌드에 맞는 이미지를 제작하고, 정확한 키워드와 메타데이터를 작성하는 것이 중요합니다. 상업적 용도에 적합한 사진을 찍는 것만으로도 큰 수익을 올릴 수 있습니다."

2. **Sophie R. 일러스트레이터**
- Sophie는 디지털 일러스트와 벡터 아트를 전문으로 하는 일러스트레이터이다. 어도비스톡에 처음 업로드한 후, 디지털 디자인과 아이콘과 같은 벡터 이미지가 수요가 많다는 것을 알게 되었다. 그녀는 특히 간결하고 직관적인 아이콘과 웹 디자인 요소를 많이 제작하여 판매하였다. "어도비스톡의 벡터 이미지와 일러스트는 정말 잘 팔린다고 느꼈어요. 디지털 마케팅과 웹 디자인에서 필요한 이미지가 많기 때문에, 이러한 카테고리의 콘텐츠는 빠르게 팔렸어요."라고 Sophie는 말한다. 또한, 작업 속도를 빠르게 유지하며 여러 가지 스타일의 벡터 아트를 꾸준히 업로드했다고 한다. "간단하면서도 직관적인 스타일의 아이콘과 웹 디자인 요소를 만들어 보세요. 플랫 디자인이나 모던한 스타일은 특히 인기가 많아요."

3. **David P. 비디오 콘텐츠 제작자**
- David는 드론을 이용해 촬영한 도시 풍경과 자연 비디오로 유명한 콘텐츠 제작자이다. 그는 처음에는 주로 개인적인 프로젝트로 비디오를 찍었지만, 어도비스톡에 업로드하면서 큰 수익을 얻었다. 특히 고해상도 드론 비디오와 타임랩스 영상이 많이 팔리고 있다. "어도비스톡은 비디오 콘텐츠에서 좋은 기회를 제공해 줍니다. 드론 촬영이나 타임랩스 비디오는 상업적 용도로 자주 사용되기 때

문에 많은 고객들이 이를 찾습니다."라고 David는 말한다. 그는 상업적 용도로 사용할 수 있는 클린하고 선명한 비디오를 제공하는 것이 중요하다고 강조한다. "비디오 콘텐츠는 고해상도가 필수이며, 특히 드론 비디오나 타임랩스 같은 고유한 촬영 기법이 필요합니다. 비디오는 더 높은 가격에 팔리기 때문에 한 번 업로드하면 상당한 수익을 올릴 수 있습니다."

4. Katherine T. 모델 촬영 전문가

- Katherine은 주로 모델 촬영을 전문으로 하며, 어도비스톡에서 모델 사진을 판매하여 수익을 얻고 있다. 그녀는 모델 릴리스를 확보하여 상업적으로 사용할 수 있는 인물 사진을 제공하며, 인물 중심의 상업용 이미지에 특화된 콘텐츠를 제작한다. "인물 사진은 모델 릴리스를 확보해야 하기 때문에 법적으로 안전한 콘텐츠를 제공하는 것이 중요합니다. 저는 주로 비즈니스 환경에서 활동하는 모델들을 촬영하여, 광고, 웹사이트 디자인, 마케팅 등의 다양한 분야에서 사용할 수 있도록 했습니다." Katherine은 인물 사진을 주제로 한 콘텐츠가 꾸준히 팔렸다고 말한다. "모델 릴리스를 확실히 준비하고, 비즈니스 환경 또는 다양한 라이프스타일을 반영한 사진을 제공하면 상업적 수요가 많습니다."

디지털 노마드 33선

Ⅱ. 창작물 & 앱

04. 레드버블

05. 엣시

06. 마플샵

07. 스윙투앱

#사진 & 동영상 **#창작물 & 앱** #디자인 & 이모티콘 #컨텐츠
#블로그 #SNS #쇼핑몰 #글 & 그림 #교육 & 방송

디지털 노마드 33선

04 레드버블 Redbubble

레드버블은 어떤 곳인가요?

레드버블(Redbubble)은 디지털 아트와 디자인을 프린트하고 판매할 수 있는 온라인 플랫폼으로, 아티스트와 디자이너들이 자신이 만든 디자인을 다양한 제품에 적용하여 전 세계 소비자에게 판매할 수 있도록 도와주는 마켓플레이스이다. 이 플랫폼은 T셔츠, 스티커, 핸드폰 케이스, 머그컵, 벽 예술 등 다양한 상품에 아티스트의 디자인을 인쇄하여 판매한다.

주요 특징

1. **디자이너 중심 플랫폼**
   - 레드버블은 디자이너, 일러스트레이터, 예술가들이 자신의 디자인을 쉽게 업로드하고, 이를 제품에 인쇄하여 전 세계의 소비자에게 판매할 수 있도록 지원하는 플랫폼이다. 즉, 디자이너는 생산, 배송, 고객 관리를 걱정할 필요 없이 디자인 작업에 집중할 수 있다.

2. **제품의 다양성**
   - 레드버블에서 제공하는 제품에는 의류, 홈 데코, 전자기기 액세서리, 포스터, 스티커, 가방, 침대보, 쿠션 등 다양한 제품이 있다. 디자이너는 하나의 디자인을 여러 가지 제품에 적용해 판매할 수 있다.

3. **글로벌 마켓**
   - 레드버블은 전 세계 고객에게 다가갈 수 있는 플랫폼으로, 디자이너가 만든 디자인을 다양한 언어와 통화로 제공하며, 세계 여러 나라로 배송을 한다.

4. **로열티 시스템**
   - 레드버블은 제품이 판매될 때마다 로열티를 지급하는 시스템을 운영한다. 디자이너는 제품 가격의 20%에서 30% 정도를 로열티로 받을 수 있다. 디자이너는 가격 책정에 일정 부분 참여할 수 있어, 자신이 원하는 가격에 제품을 설정할 수 있다.

5. **간편한 업로드**
   - 디자인을 레드버블에 업로드하는 과정은 매우 간단한다. 디자이너는 디자인을

이미지 파일(주로 PNG, JPEG, GIF 등) 형태로 업로드하고, 해당 디자인을 다양한 제품에 적용할 수 있다. 시스템이 자동으로 디자인을 최적화하여 제품에 맞는 형태로 배치해준다.

6. 커뮤니티 및 피드백

- 레드버블은 디자이너들에게 다른 아티스트들과의 교류와 피드백을 받을 수 있는 커뮤니티 공간을 제공한다. 디자이너들은 서로의 작품을 공유하고 피드백을 주고받으며 영감을 얻을 수 있다.

수익화 단계별 가이드

1. 레드버블 계정 만들기

- 가입하기: 먼저 레드버블 계정을 만들어야 한다. 이는 간단한 과정으로, 이메일 주소를 통해 가입하고 비밀번호를 설정하면 된다.
- 프로필 설정: 아티스트로서 자신을 잘 표현할 수 있도록 프로필 사진과 설명을 추가해야 한다. 이 설명은 잠재적인 고객들이 당신을 신뢰하고 작품을 살 때 중요한 요소가 된다.

2. 디자인 준비

- 디자인 주제 정하기: 어떤 주제로 디자인할지 고민하는게 좋다. 레드버블에서 판매되는 디자인은 다양한 카테고리와 스타일에 걸쳐 있기 때문에, 자신의 관심사나 전문성을 반영할 수 있다.
- 유행하는 스타일: 플랫 디자인, 미니멀리즘, 레트로 스타일 등
- 특정 니치 마켓: 애완동물, 환경, 과학, 영화 팬 아트 등
- 계절적/이벤트적 디자인: 크리스마스, 할로윈, 발렌타인데이 등
- 디자인 툴 활용: 디자인 작업은 Photoshop, Illustrator, Procreate와 같은 툴을 사용하거나, Canva, GIMP 등 무료 툴을 사용하여 작업할 수 있다.
- 고해상도 디자인: 레드버블에서는 고해상도의 디자인 파일을 업로드해야 한다. 300dpi 이상의 해상도를 권장하며, 투명 배경(PNG) 파일 형식이 가장 적합하다.
- 저작권 및 상업적 사용에 대한 주의: 다른 사람의 디자인을 무단으로 사용하는 것은 불법이며, 레드버블에서 판매가 차단될 수 있다. 저작권을 위반하지 않도록 주의해야 한다.

3. 디자인 업로드

- 디자인 파일 업로드: 레드버블의 업로드 기능을 이용하여 디자인 파일을 업로드한다. 한 번에 여러 개의 디자인을 업로드할 수 있으므로, 다양한 제품에 맞게

디자인을 적용할 수 있다.
- **제품 선택**: 업로드한 디자인을 여러 가지 제품에 적용할 수 있다. 예를 들어, 티셔츠, 머그컵, 스티커 등 다양한 제품에 맞게 디자인을 배치하고 미리보기 이미지를 확인할 수 있다.
- **디자인 최적화**: 레드버블은 업로드한 디자인을 자동으로 여러 제품에 맞게 조정해주지만, 각 제품에 맞게 디자인의 위치나 크기를 조절하는 것이 좋다. 예를 들어, 티셔츠 디자인은 가슴 부분에 잘 맞게 조정해야 한다.

4. 메타데이터 및 키워드 설정
- **타겟팅 키워드 추가**: 디자인을 업로드한 후에는 관련 키워드와 설명을 추가해야 한다. 이를 통해 사용자가 검색할 때 디자인이 더 잘 노출될 수 있다. 예를 들어, "고양이 스티커"라는 디자인을 업로드했다면, 키워드에는 "고양이, 애완동물, 귀여운 고양이, 스티커, 아트워크"와 같은 관련된 단어들을 추가해야 한다.
- **카테고리 지정**: 디자인의 주제나 스타일에 맞는 카테고리를 설정하는 것도 중요하다. 예를 들어, "패션", "홈 데코", "전자기기 액세서리" 등의 카테고리를 선택한다.
- **디자인 설명 작성**: 제품 설명을 간단하고 명확하게 작성하여 잠재 고객이 디자인을 이해하고 쉽게 구매할 수 있도록 도와야 한다. 이 디자인이 어떤 상황에서 유용할지, 특별한 의미를 강조하는 것도 좋은 방법이다.

5. 가격 책정
- **가격 설정**: 레드버블에서는 가격을 자유롭게 설정할 수 있다. 기본적으로 제품의 가격은 레드버블에서 정하지만, 디자이너는 로열티 비율을 조정하여 최종 가격을 설정할 수 있다. 가격을 너무 높게 설정하면 경쟁력이 떨어지고, 너무 낮게 설정하면 수익이 적어진다. 적당한 가격을 설정하여 판매 가능성을 높이고, 수익을 극대화하는 것이 중요하다.
- **로열티 설정**: 레드버블에서는 제품 가격에 대한 로열티(일반적으로 20~30%)를 설정할 수 있다. 로열티는 판매된 제품 가격에서 디자이너가 받을 금액을 의미한다.

6. 판매 및 홍보
- **소셜 미디어 활용**: 자신의 디자인을 인스타그램, 페이스북, 핀터레스트와 같은 소셜 미디어 플랫폼을 통해 적극적으로 홍보해야 한다. 특히 해시태그를 활용하여 타겟 시장에 노출될 수 있도록 한다. 예를 들어, #디지털아트, #레드버블 또는 #디자이너와 같은 해시태그를 사용하여 더 많은 사람들이 디자인을 발견할 수 있도록 한다.

- 블로그나 웹사이트 개설: 자신의 작품을 소개하는 개인 블로그나 웹사이트를 운영하면서 레드버블 링크를 공유하는 방법도 유용한다. Google SEO 최적화를 활용하여 자신의 디자인을 찾는 사람들을 유도할 수 있다.
- Pinterest 활용: Pinterest는 디자인 작품을 찾는 사람들이 많이 이용하는 플랫폼이므로, 디자인을 업로드하고 관련 보드(board)에 저장하여 많은 이들이 찾을 수 있도록 한다.

7. 분석 및 개선

- 판매 데이터 분석: 레드버블의 대시보드에서는 자신의 판매 현황을 쉽게 확인할 수 있다. 어떤 디자인이 잘 팔리는지, 어떤 제품이 가장 인기가 있는지 파악하여 앞으로의 디자인 방향을 설정할 수 있다.
- 고객 피드백: 고객들이 남긴 리뷰를 살펴보는 것도 중요하다. 긍정적인 피드백은 자신감을 줄 수 있고, 개선할 점은 디자인 수정에 반영하여 더 나은 작품을 만들 수 있는 기회가 된다.

8. 지속적인 업로드와 마케팅

- 꾸준한 업로드: 한번에 많은 디자인을 업로드하기보다는 꾸준히 디자인을 추가하는 것이 중요하다. 새로운 디자인을 정기적으로 업로드하면 검색에 노출될 기회가 많아지고, 판매도 자연스럽게 증가할 수 있다.
- 트렌드에 맞는 디자인: 시즌별 또는 인기 있는 트렌드를 반영한 디자인을 만들어 꾸준히 새로운 고객을 유치한다. 예를 들어, 할로윈, 크리스마스, 여름 휴가 시즌 등 계절적인 요소를 반영한 디자인은 항상 수요가 많다.

TIP

1. 창의적이고 유니크한 디자인 제작

- 트렌드를 반영한 디자인: 현재 인기 있는 트렌드나 시즌을 반영한 디자인을 만드는 것이 중요하다. 예를 들어, 할로윈, 크리스마스, 발렌타인데이와 같은 시즌에 맞는 디자인은 항상 수요가 많다. 또한, 인터넷 문화나 사회적 이슈를 반영한 디자인도 효과적일 수 있다. 트렌드와 이슈를 빠르게 반영하는 것이 중요하다. 예를 들어, 인기 있는 영화나 TV쇼, 유명 인물 등과 관련된 디자인은 빠르게 인기를 끌 수 있다. 독창적인 아이디어와 다른 사람과 차별화된 스타일을 유지하는 것이 중요하다. 다른 아티스트들이 많이 사용하는 스타일을 따라가는 것보다는, 자신만의 독특한 스타일을 유지하는 것이 더 큰 성공을 가져온다. 자기만의 고유한 스타일을 개발하고, 그것을 지속적으로 유지해야 한다. 사람들이 "이 디자인은 이 아티스트의 작품"이라고 인식할 수 있게 해야 한다.

2. 고해상도 이미지와 품질 관리

- 고해상도 파일 사용: 레드버블에서는 고해상도의 디자인을 요구한다. 300dpi 이상의 해상도로 이미지를 제작하면 제품 인쇄 품질이 높아진다. 디자인이 고품질일수록 고객 만족도도 높고, 리뷰와 추천이 이어질 가능성이 커진다. PNG 또는 JPEG 파일을 사용하되, 투명 배경(PNG)을 사용하는 것이 다양한 제품에 잘 맞는다. 해상도가 낮으면 인쇄 품질에 문제가 생길 수 있다. 다양한 제품에 맞는 디자인 최적화: 레드버블에 업로드한 디자인이 각 제품에 어떻게 적용되는지 확인하고 최적화해야 한다. 예를 들어, 티셔츠의 디자인 위치나 크기는 머그컵과 다르게 적용될 수 있다. 디자인을 여러 제품에 맞게 배치하고, 미리보기 이미지를 잘 만들어 고객이 어떤 제품에 어떻게 디자인이 적용될지 알 수 있도록 해야 한다.

3. 키워드와 태그 전략 활용

- 정확한 키워드 설정: 디자인의 타겟층을 정확하게 반영하는 키워드를 사용하면 더 많은 사람들이 검색을 통해 찾을 수 있다. 예를 들어, 강아지 디자인을 만들었다면, "강아지, 애완동물, 귀여운 강아지, 스티커"와 같은 관련 키워드를 포함시켜야 한다. 구체적이고 관련성 있는 키워드를 사용하고, 검색 트렌드를 파악하여 자주 검색되는 키워드를 추가하는 것이 중요하다. 제품과 관련된 태그를 잘 활용하면 고객들이 디자인을 쉽게 찾을 수 있다. 제품의 주제, 스타일, 색상 등과 관련된 태그를 설정해야 한다. 한 디자인에 대해 최소 10개 이상의 태그를 설정하여 검색 가능성을 높여야 한다. 일반적인 키워드와 구체적인 키워드를 혼합하여 사용해야 한다.

4. 마케팅과 홍보 전략

- 소셜 미디어 활용: Instagram, Pinterest, Facebook 등을 활용하여 자신의 작품을 홍보해야 한다. 소셜 미디어는 매우 강력한 도구이다. 특히, 해시태그를 잘 활용하면 잠재 고객들에게 노출될 수 있다. Instagram에서 작품을 공유할 때 고유 해시태그와 함께 작품의 스토리나 제작 과정을 공유하는 것도 사람들의 관심을 끌 수 있는 좋은 방법이다. Pinterest는 시각적인 콘텐츠가 주를 이루는 플랫폼으로, 디자인 작품을 공유하기에 매우 적합하다. 디자인을 업로드하고 관련된 보드(board)에 저장하여 더 많은 사람들에게 노출될 수 있다. Pinterest의 핀(pins)을 활용하여 더 많은 사람들이 디자인을 찾을 수 있도록 해야 한다. 디자인을 보드에 저장하고 관련된 키워드를 넣어 검색 가능성을 높이다. 개인 웹사이트나 블로그를 운영하여 자신의 디자인을 더 많은 사람들에게 알릴 수 있다. 웹사이트에 레드버블 링크를 추가하고, 디자인과 관련된 SEO 최적화를 통해 더 많은 방문자를 유도할 수 있다. SEO 최적화를 통해 구글 검색 결과에서

더 높은 위치에 노출되도록 해야 한다. 예를 들어, "유니크한 고양이 티셔츠"와 같은 검색어를 타겟팅하는 것이다.

5. 트렌드와 시즌에 맞춘 디자인 제작

- 계절적 디자인: 크리스마스, 할로윈, 추석, 발렌타인데이 등 계절적 이벤트에 맞춘 디자인을 제작하면 큰 수요를 얻을 수 있다. 고객들은 이벤트가 다가올 때 특정 테마나 시즌 관련 디자인을 찾기 시작한다. 계절별 디자인을 미리 준비하여 이벤트나 기념일에 맞춰 출시하면 판매가 급증할 수 있다. 트렌디한 영화, TV 프로그램, 밈(meme), 유명 인물 등과 관련된 디자인은 빠르게 인기를 끌 수 있다. 이러한 주제를 반영한 디자인을 제작해 보는게 좋다. 영화 팬 아트, 사회적 이슈, 밈 관련 디자인은 항상 빠르게 팔리는 경향이 있으므로, 인기 있는 주제에 대한 디자인을 제작하는 것이 좋다.

6. 제품 다양화

- 여러 제품에 디자인 적용: 한 디자인을 여러 제품에 적용할 수 있다. 예를 들어, 티셔츠, 스티커, 머그컵, 배낭 등 다양한 제품에 적용하여 판매할 수 있다. 다양한 제품을 제공하면 다양한 고객층을 공략할 수 있다. 한 가지 디자인을 여러 가지 제품에 맞게 조정하고 적용하여 더 많은 제품군에서 판매를 유도해야 한다. 예를 들어, 귀여운 동물 디자인을 티셔츠, 머그컵, 스티커, 베개 등 여러 제품에 적용할 수 있다. 벡터 디자인은 다양한 크기와 형태로 쉽게 조정할 수 있어 여러 제품에 유연하게 적용된다. 벡터 디자인을 제작하면 더 다양한 제품에서 활용될 수 있다. 벡터 디자인을 활용하여 다양한 크기와 제품에 적합한 디자인을 만드는게 좋다.

7. 팬층 구축

- 고객과의 관계 강화: 레드버블에서는 고객들이 당신의 디자인을 발견하고 좋아할 경우 팔로우를 할 수 있다. 이런 팔로워들이 늘어나면 꾸준한 판매로 이어질 수 있다. 고객들이 다시 방문하도록 유도하는 것이 중요하다. 소셜 미디어나 블로그에서 자신의 팬과 소통하고, 구매자들에게 감사 메시지를 남기는 등의 방법으로 고객과의 관계를 강화해야 한다.

수익자 리뷰

1. "처음에는 조금 느리지만 꾸준한 업로드가 중요해요!" – Mary T.
   - "레드버블에 처음 가입했을 때는 제품이 거의 팔리지 않았어요. 하지만 꾸준히 디자인을 업로드하고, 트렌디한 주제를 반영한 후부터 서서히 판매가 늘기 시작했어요. 초반에 팔리지 않더라도 낙담하지 않고 계속해서 새로운 디자인을 추가

하는 것이 중요해요. 특히 저는 트렌드에 맞춘 디자인을 많이 만들었고, 그것이 효과를 봤어요." 처음에는 판매가 적더라도 꾸준히 디자인을 업로드하는 것이 중요하다. 현재 유행하는 주제를 반영한 디자인을 만드는 것이 유리하다.

2. **"소셜 미디어 홍보가 큰 도움이 되었어요!" – John H.**

    - "저는 디자인을 Instagram과 Pinterest에 공유하며 홍보를 했습니다. 소셜 미디어에서 제 디자인을 발견한 사람들이 점점 더 많아졌고, 그 덕분에 판매가 급증했습니다. 특히 Instagram에서 #레드버블 해시태그를 사용하면서 더 많은 팔로워들이 제 작품을 보게 되었습니다." Instagram과 Pinterest 등에서 디자인을 홍보하고, 해시태그를 사용해 더 많은 사람들에게 노출시키는 것이 효과적이다. 관련된 해시태그를 사용하여 검색에 노출되도록 해야 한다.

3. **"고해상도 파일과 다양한 제품에 맞춘 디자인 최적화가 중요해요." – Sophie L.**

    - "레드버블에 업로드할 때, 고해상도의 300dpi 이미지를 사용하는 것이 중요하다는 것을 깨달았습니다. 또한, 디자인이 여러 제품에 잘 어울리도록 최적화하는 것 역시 중요한 포인트이죠. 처음에는 디자인을 너무 작은 크기로 올렸더니 티셔츠와 머그컵 같은 제품에서 이미지 품질이 떨어졌어요. 이후에 해상도와 크기 조정을 통해 품질을 높였더니 판매가 늘었어요." 300dpi 이상의 해상도를 사용하여 인쇄 품질을 높이는 것이 중요하다. 다양한 제품에 맞게 디자인을 조정하고, 품질을 체크하는 것이 필수적이다.

4. **"첫 몇 개의 판매 후에는 팬층이 형성되었어요." – Rachel D.**

    - "처음에는 판매가 미미했지만, 첫 판매가 이루어진 후에는 사람들의 관심이 늘기 시작했어요. 그 후 몇 개의 추가 판매가 이루어졌고, 몇 명의 팬들이 제 디자인을 팔로우하기 시작했어요. 팬들이 생기고 나니 지속적으로 제 디자인을 찾고 구매하는 고객들이 생겼어요. 그래서 고객과의 관계가 얼마나 중요한지 깨달았어요." 첫 판매가 이루어진 후 팬들이 형성되고, 그들이 지속적으로 내 작품을 찾을 가능성이 커진다. 고객과 연결된 관계를 유지하고, 팬층을 형성하는 것이 장기적으로 유리하다.

05 엣시 Etsy

엣시는 어떤 곳인가요?

엣시(Etsy)는 핸드메이드, 빈티지, 자유로운 창작 제품 등을 주제로 하는 온라인 마켓플레이스이다. 개인이나 소규모 비즈니스가 독특하고 창의적인 제품을 판매할 수 있도록 돕는 플랫폼으로, 핸드메이드 제품뿐만 아니라 디지털 다운로드, 빈티지 아이템, 공예 재료 등도 판매 가능하다. 엣시는 전 세계적인 창작자와 소비자를 연결하는 역할을 하며, 아티스트와 수공예가들, 그리고 독특한 제품을 찾는 소비자들 사이에서 인기를 끌고 있다.

주요 특징

1. **핸드메이드 제품**
   - 엣시는 핸드메이드 제품을 판매하는 아티스트와 공예가들을 위한 온라인 시장이다. 장인정신이 담긴 고유한 제품들을 찾을 수 있는 곳으로, 대량 생산품과 차별화되는 독특한 매력을 지니고 있다.

2. **빈티지 아이템**
   - 엣시에서는 20년 이상 된 빈티지 아이템도 판매할 수 있다. 예를 들어, 오래된 책, 장난감, 의류 등 다양한 종류의 빈티지 상품들이 거래된다.

3. **디지털 제품**
   - 디지털 아트, 디자인, 템플릿, 프린트 가능한 파일(PDF, JPG, PNG) 등 디지털 제품을 판매할 수 있는 옵션도 제공된다. 예를 들어, 디지털 일러스트나 캘리그래피, 프린트 가능한 다이어리 등의 파일을 판매하는 것도 가능하다.

4. **소규모 비즈니스 지원**
   - 엣시는 개인 셀러나 소규모 창업자들이 자신의 제품을 전 세계 시장에 소개하고 판매할 수 있도록 돕는 플랫폼이다. 판매자는 자신의 쇼핑몰을 개설하고 제품을 판매할 수 있다.

5. **커스터마이징 제품**
   - 판매자는 소비자 맞춤형 제품을 만들 수 있다. 예를 들어, 이름이 새겨진 액세서리나, 특정 요청에 따라 디자인이 조정되는 의류 등을 판매할 수 있다.

| 사진 & 동영상 | 창작물 & 앱 | 디자인 & 이모티콘 | 컨텐츠 | 블로그 | SNS | 쇼핑몰 | 글 & 그림 | 교육 & 방송 |

수익화 단계별 가이드

1. 엣시 계정 개설 및 상점 세팅

1) 엣시 계정 만들기
- 엣시에 판매자로 활동하려면 먼저 엣시 계정을 만들어야 한다. Etsy.com에 접속하여 계정을 생성한다. 개인 정보를 입력하고, 판매자 계정을 활성화한다.

2) 상점 이름 설정
- 상점 이름은 브랜드의 아이덴티티가 되므로 독창적이고 기억하기 쉬운 이름을 선택해야 한다. 상점 이름은 최대 20자까지 가능하며, 다른 판매자와 겹치지 않도록 확인해야 한다. 상점 이름이 너무 일반적이지 않도록, 자신의 디자인 스타일을 반영하는 이름을 선택하는 것이 좋다.

3) 상점 정책 설정
- 배송, 환불, 고객 지원 정책을 미리 설정하여 고객과의 신뢰를 구축해야 한다.
- 배송 정책: 배송 시간, 배송 방법, 배송비 등을 명확하게 설정한다.
- 환불 정책: 고객의 반품이나 환불 조건을 명확히 하여 불필요한 분쟁을 방지한다.
- 고객 지원: 문의 사항에 대한 응답 시간을 설정하고, 고객에게 친절하게 대답하는 것이 중요하다.

2. 매력적인 제품 만들기 및 업로드

1) 고유한 디자인 및 품질 있는 제품 제작
- 엣시에서 성공하려면 독창적이고 고유한 제품을 만들어야 한다. 엣시의 주요 고객은 핸드메이드나 개인화된 아이템을 찾는 사람들이기 때문에, 다른 사람들과 차별화된 제품을 만들어야 한다.
  예: 핸드메이드 액세서리, 커스터마이징 티셔츠, 디지털 일러스트 등

2) 제품 사진 촬영
- 고해상도의 제품 사진을 여러 각도에서 찍어 제품의 특징을 잘 보여줘야 한다. 사진은 제품 판매에 중요한 역할을 한다. 배경은 간단하고 깔끔한 것이 좋다. 자연광을 활용하거나 조명을 잘 맞춰서 고품질 사진을 찍어야 한다. 제품의 크기나 사용 방법을 보여주는 사진도 포함시키는게 좋다.

3) 제품 설명 작성
- 제품 설명은 고객이 제품을 구매하기 전에 필요한 정보를 제공한다. 간단하지만 상세하게 설명해야 한다. 소재, 크기, 색상, 특징 등을 명확히 기입한다. 제품의

용도나 사용법도 자세히 설명하고, 고객이 느낄 수 있는 가치나 스토리를 추가하는 것도 좋다.

4) 가격 책정
- 제품의 가격을 책정할 때는 원가를 고려하면서도 경쟁력 있는 가격을 설정해야 한다. 시장 조사를 통해 비슷한 제품의 가격대를 확인하고 적당한 가격을 설정해야 한다. 세금과 배송비를 고려한 가격 책정이 필요하다.

3. SEO 최적화 및 키워드 설정

1) 키워드 선택
- 엣시에서 제품이 잘 노출되려면 검색 최적화(SEO)가 매우 중요하다. 적절한 키워드를 제품 제목, 설명, 태그에 포함시켜야 한다. 핸드메이드 귀걸이를 팔고 있다면, "0핸드메이드 귀걸이", "유니크 귀걸이", "맞춤형 액세서리"와 같은 키워드를 사용해야 한다.

2) 제품 제목 최적화
- 제품 제목은 짧고 간결하면서도 설명적이어야 한다. 중요한 키워드를 제목 앞에 배치하는 것이 좋다.
  예: "Handmade Silver Earrings - Customizable Design, Unique Gift Idea"

3) 태그 설정
- 엣시에서는 제품당 13개의 태그를 설정할 수 있다. 관련성 높은 태그를 사용하여 제품을 더 많은 고객에게 노출시켜야 한다.
  예: "Silver earrings", "custom jewelry", "gift for mom" 등

4) 카테고리 및 속성 설정
- 엣시의 카테고리와 속성을 적절하게 설정하여 검색 결과에서 잘 노출되도록 한다.
  예: 귀걸이 → 액세서리, 주얼리 카테고리로 설정하고, 재질이나 색상 등 속성도 선택한다.

4. 효과적인 마케팅 및 홍보

1) 소셜 미디어 활용
- Instagram, Pinterest, Facebook 등을 활용하여 엣시 상점을 홍보해야 한다.
  예: Instagram에서 #엣시 #핸드메이드 #디지털아트 해시태그를 사용하여 제품을 알리고, 고객이 자신의 구매 후기를 올릴 수 있도록 유도하는 것이 중

요하다.

2) Etsy 광고 활용
- 엣시 내부 광고 프로그램인 Etsy Ads를 활용하여 더 많은 고객에게 노출시킬 수 있다. 광고 예산을 설정하여 제품을 엣시의 검색 결과나 홈 페이지에 노출시키는게 좋다.

3) 프로모션과 할인
- 세일이나 할인 코드를 제공하여 고객의 구매를 유도할 수 있다.
  예: 첫 구매 고객에게 10% 할인 쿠폰을 제공하거나, 특정 기간에 한정 세일을 진행하는 것이 효과적이다.

4) Pinterest 마케팅
- Pinterest는 시각적 요소가 중요한 플랫폼으로, 엣시의 제품을 핀으로 공유하고 보드를 만들어 제품을 카테고리별로 정리해두는게 좋다. Pinterest는 매우 검색 친화적이라 관련 태그와 키워드를 잘 활용하면 많은 트래픽을 유도할 수 있다.

5. 고객 서비스 및 리뷰 관리

1) 고객 응대
- 빠르고 친절한 응대는 고객의 만족도를 높이고, 재구매로 이어질 확률을 높인다. 배송 기간, 제품에 대한 질문 등 고객의 질문에 신속하게 답변하고, 불만이나 문제가 발생한 경우 적극적으로 해결하는 태도가 중요하다.

2) 고객 리뷰 요청
- 고객이 제품을 구매한 후, 리뷰를 남기도록 유도해야 한다. 리뷰는 다른 잠재 고객들에게 신뢰를 줄 수 있다. 제품에 대한 후기 요청 메시지를 보내거나, 패키지에 리뷰를 남길 수 있도록 안내하는 카드를 추가할 수 있다.

3) 구매 후 경험 관리
- 고객이 제품을 받은 후, 구매 경험을 개선하기 위해 피드백을 요청하거나, 고객 만족도를 체크하는 것이 중요하다.

6. 지속적인 업로드 및 개선

1) 정기적인 제품 업데이트
- 새롭고 다양한 디자인과 제품을 지속적으로 업로드하여 고객들이 자주 방문하도록 유도해야 한다. 계절별, 특별한 이벤트(예: 할로윈, 크리스마스)나 최신 트렌드를 반영한 제품을 추가하면 효과적이다.

2) 트렌드 분석 및 반영
- 현재 유행하는 디자인이나 소비자들의 필요를 반영한 제품을 만들면 매출 증가에 도움이 된다. 예를 들어, 요즘 인기 있는 디지털 아트나 친환경 제품을 판매하는 것도 좋은 전략이다.

3) 판매 통계 분석
- 엣시는 판매 통계와 고객 행동에 대한 데이터를 제공한다. 이를 분석하여 어떤 제품이 잘 팔리는지, 어떤 마케팅 전략이 효과적인지 확인하고 개선해야 한다.

TIP

1. 고유하고 창의적인 제품 만들기

1) 차별화된 제품 만들기
- 엣시는 창의적이고 독특한 제품을 원하는 사람들이 많다. 대량 생산 제품과는 차별화되는 고유한 스타일이나 컨셉을 강조해야 한다. 예를 들어, 핸드메이드 주얼리, 디지털 일러스트, 커스터마이징 액세서리 등은 엣시에서 큰 인기를 끌 수 있다. 개인화 가능한 제품은 특히 잘 팔린다. 고객이 자신의 이름이나 문구를 넣을 수 있는 제품을 제공하면 유니크하고 개인적인 가치를 제공할 수 있다.

2) 디지털 제품 판매
- 디지털 제품(디지털 아트, 프린트, 템플릿 등)은 비용과 시간을 절감하면서도 계속해서 판매가 가능하다는 장점이 있다. 한 번 만들어 놓으면 반복적으로 판매될 수 있기 때문에 수익성을 높일 수 있다.
    예: 디지털 플래너, 포스터 디자인, 초대장 템플릿, 그래픽 디자인 파일 등을 판매하는게 좋다.

2. 고해상도 사진과 상세한 제품 설명

1) 고품질의 사진
- 엣시에서 제품 사진은 가장 중요한 요소이다. 고해상도의 깨끗하고 매력적인 사진을 사용하는 것이 필수이다. 여러 각도에서 촬영하고, 배경을 깔끔하게 유지하여 제품이 잘 보이도록 해야 한다. 예를 들어, 자연광을 활용하여 사진의 퀄리티를 높이고, 제품의 디테일을 잘 보여주도록 해야 한다. 스타일링을 통해 제품을 사용하는 상황을 보여주는 사진도 매우 효과적이다. 예를 들어, 액세서리를 실제로 착용한 사진을 제공하거나, 디지털 아트의 활용 예시를 보여주는 등의 방식이다.

2) 상세하고 매력적인 제품 설명

- 제품에 대한 상세한 설명을 작성해야 한다. 고객은 구매 전 제품의 소재, 사이즈, 사용 방법, 특징 등을 알고 싶어한다. 예를 들어, 핸드메이드 주얼리라면 어떤 재료로 만들어졌는지, 어떻게 손으로 제작했는지를 강조할 수 있다. 스토리를 추가하여 감성적으로 접근하는 것도 좋은 전략이다. 제품이 어떻게 만들어졌는지, 어떤 영감을 받았는지를 설명하면서 고객의 관심을 끌 수 있다.

3. SEO 최적화와 키워드 사용

1) 제품 제목에 키워드 사용

- 엣시에서 제품이 잘 노출되려면 키워드 최적화가 매우 중요하다. 제품 제목에 상세하고 관련성 높은 키워드를 포함시켜야 한다. 예를 들어, "핸드메이드 실버 귀걸이 - 맞춤형 디자인"처럼 핵심 키워드를 제목에 포함시켜 검색에 잘 노출되도록 해야 한다.

2) 태그와 카테고리 활용

- 엣시에서는 제품당 13개의 태그를 설정할 수 있다. 관련성 높은 태그를 사용하여 제품이 더 많은 고객에게 노출되도록 해야 한다. 예를 들어, "빈티지 주얼리", "수공예 팔찌", "맞춤형 기념일 선물" 등의 키워드를 사용하여 제품을 찾는 고객이 쉽게 발견할 수 있게 한다.

3) 카테고리 및 속성 설정

- 제품을 적절한 카테고리에 분류하고, 제품의 속성(색상, 재질, 크기 등)을 정확히 설정하여 고객이 쉽게 원하는 제품을 찾을 수 있도록 한다.

4. 소셜 미디어와 마케팅 활용

1) 소셜 미디어 홍보

- 엣시에서 성공적으로 돈을 벌려면 소셜 미디어를 활용하는 것이 매우 중요하다. Instagram, Pinterest, Facebook 등에서 자신의 제품을 홍보하여 더 많은 고객을 유입시킬 수 있다. 예를 들어, Instagram에서 제품을 스타일링해서 사진을 공유하고, #Etsy, #handmade, #customdesign 등의 해시태그를 사용하여 더 많은 사람들이 볼 수 있게 해야 한다. Pinterest에서 핀을 만들어 자신의 제품을 링크하고, 보드를 만들어 관심 있는 사람들을 끌어들여야 한다.

2) 이메일 마케팅

- 이메일 뉴스레터를 통해 신제품 출시, 할인 혜택, 특별 이벤트 등을 고객에게 알리는게 좋다. 기존 고객들을 대상으로 재구매 유도를 할 수 있다. 고객의 이메일 리스트를 수집하고, 정기적으로 연락을 취할 수 있다.

3) 세일과 프로모션
- 할인 코드나 한정 기간 세일을 통해 판매를 촉진할 수 있다. 예를 들어, 첫 구매 고객에게 10% 할인, 시즌별 세일 등을 제공하면 고객의 관심을 끌 수 있다. 무료 배송을 제공하면 고객이 구매를 고려할 가능성이 더 높아진다. 엣시에서 무료 배송은 경쟁력을 높일 수 있는 요소이다.

5. 고객 서비스 및 리뷰 관리

1) 빠르고 친절한 응대
- 고객 응대는 매우 중요하다. 고객의 질문에 빠르고 친절하게 답변하고, 문제가 발생한 경우에는 적극적으로 해결하는 태도가 중요하다. 고객이 불편을 느끼지 않도록 항상 세심하게 대응해야 한다. 예를 들어, 배송 지연이나 제품 불량 등의 문제가 발생했을 때, 즉각적으로 대응하고 사후 관리에 신경을 써야 한다.

2) 리뷰 관리
- 고객이 만족하면 리뷰를 남기도록 유도해야 한다. 긍정적인 리뷰는 다른 고객들에게 신뢰를 줄 수 있다. 엣시에서는 고객 리뷰가 판매에 중요한 영향을 미친다. 구매 후 리뷰를 요청하는 메시지를 보내거나, 패키지 안에 작은 카드나 메시지를 넣어 리뷰를 유도할 수 있다. 부정적인 리뷰가 달리면 정중하고 책임감 있게 대응하고, 고객 문제를 해결하려는 노력한다는 것을 보여줘야 한다.

6. 지속적인 개선과 분석

1) 판매 통계 분석
- 엣시는 판매 통계와 고객 행동에 대한 데이터를 제공한다. 이를 분석하여 어떤 제품이 잘 팔리는지, 어떤 마케팅 전략이 효과적인지 파악하고, 개선할 수 있다. 예를 들어, 어떤 키워드가 잘 작동하는지, 어느 지역에서 많이 구매하는지 등을 분석하여 그에 맞는 전략을 세울 수 있다.

2) 트렌드 반영
- 시장 트렌드나 고객의 수요를 파악하여 최신 트렌드를 반영한 제품을 만드는게 좋다. 예를 들어, 친환경 제품, 개인화된 선물, 디지털 아트와 같은 트렌드를 반영하는 것이 좋다.

3) 정기적인 제품 업데이트
- 새로운 디자인이나 제품 라인을 추가하여 상점을 활성화시키는게 좋다. 고객들이 자주 방문할 수 있도록 항상 신상품을 제공하고, 시즌별, 특별한 이벤트에 맞는 제품을 업데이트해야 한다.

| 사진 & 동영상 | **창작물 & 앱** | 디자인 & 이모티콘 | 컨텐츠 | 블로그 | SNS | 쇼핑몰 | 글 & 그림 | 교육 & 방송 |

수익자 리뷰

1. **"핸드메이드 주얼리로 월 2천 달러 벌기"**
   - "나는 항상 예술과 디자인에 관심이 많았고, 엣시에서 나만의 핸드메이드 주얼리 라인을 시작하게 되었습니다. 처음에는 판매가 잘 되지 않았지만, 꾸준히 작업하며 점차 제품의 질을 높이고, 더 많은 고객들에게 내 제품을 알리기 위해 Instagram과 Pinterest를 활용했습니다. 지금은 매달 2천 달러 이상을 벌고 있고, 고객들이 내 디자인을 사랑해줘서 너무 기쁩니다. 가장 중요한 것은 지속적으로 제품 사진을 개선하고, 고객 리뷰를 빠르게 응답하는 것입니다." SNS를 통한 마케팅, 고해상도 제품 사진과 지속적인 제품 개선, 고객 응대가 중요하다.

2. **"디지털 아트 판매로 안정적인 수익 얻기"**
   - "디지털 아트를 만드는 걸 좋아해서 엣시에서 판매를 시작했어요. 처음에는 사람들이 나의 작품을 잘 몰랐고, 판매도 몇 건 안 되었어요. 하지만, SEO 최적화에 신경을 쓰고, 인기 있는 디자인 트렌드를 반영하여 다양한 테마의 작품을 만들기 시작했어요. 그러면서 점차 구매자들이 늘어나고, 매달 500달러에서 1000달러 정도의 수익을 얻고 있어요. 디지털 제품은 재고 부담이 없어서 매우 효율적이에요." 트렌드를 반영한 디자인, SEO 최적화와 키워드 활용이 중요하다.

3. **"빈티지 제품으로 독특한 매출 기록하기"**
   - "엣시에서 빈티지 아이템을 판매하는 것이 처음에는 어렵게 느껴졌어요. 하지만, 내가 찾은 비밀은 내 제품이 가진 스토리를 강조하는 것이었어요. 예를 들어, 1960년대에 제작된 빈티지 의자나 장식품을 소개할 때 그 시대의 문화와 배경을 함께 설명하면서 고객들에게 감성적인 연결을 시도했어요. 고객들이 제 제품을 구입하고, 그 스토리를 좋아하는 경우가 많았고, 이제는 월 1,500달러 이상을 벌고 있어요." 제품에 스토리 부여, 빈티지 아이템의 특성 강조, 고객에게 감성적 연결 제공이 중요하다.

4. **"맞춤형 선물로 높은 매출 올리기"**
   - "저는 맞춤형 선물을 만드는 것을 좋아합니다. 예를 들어, 이름을 새길 수 있는 맞춤형 캔들, 컵, 그리고 타올을 만들었고, 엣시에서 판매를 시작했습니다. 시즌에 맞춰 크리스마스 선물, 어머니날 선물 등으로 마케팅을 진행했고, 구매자들이 이런 맞춤형 아이템을 선호하는 것을 알게 되었습니다. 최근에는 매달 약 2,000달러 정도의 수익을 얻고 있습니다." 맞춤형 제품으로 개인화된 경험 제공, 시즌별 마케팅 활용, 고객의 감동을 주는 선물 아이템 제공이 중요하다.

06 마플샵 Marple Shop

마플샵은 어떤 곳인가요?

마플샵(Marple Shop)은 프린트 온 디맨드(Print on Demand) 서비스를 제공하는 온라인 플랫폼이다. 이 플랫폼은 창작자들이 자신만의 디자인을 다양한 제품에 적용하여 판매할 수 있도록 도와주는 서비스이다. 프린트 온 디맨드는 고객이 주문할 때마다 제품을 제작하는 방식으로, 재고 부담 없이 자신의 디자인을 상품화할 수 있다는 장점이 있다.

주요 특징

1. 다양한 제품 옵션
- 마플샵은 의류, 액세서리, 디지털 제품 등 다양한 카테고리의 제품에 디자인을 적용하여 판매할 수 있는 플랫폼이다. 예를 들어, 티셔츠, 후드티, 머그컵, 에코백, 핸드폰 케이스, 스티커 등 여러 가지 상품에 디자인을 넣어 판매할 수 있다.

2. 프린트 온 디맨드
- 마플샵은 프린트 온 디맨드(POD) 모델을 사용하므로, 판매자가 사전에 재고를 준비할 필요 없이 주문을 받는 즉시 해당 제품을 제작하고 고객에게 배송된다. 이 모델은 초기 비용이 거의 들지 않고, 재고 관리나 배송에 신경 쓸 필요가 없어 부담이 적다.

3. 사용자 친화적인 인터페이스
- 마플샵은 누구나 쉽게 자신의 디자인을 업로드하고 제품을 제작할 수 있도록 직관적인 사용자 인터페이스를 제공한다. 디자인을 업로드하고, 제품 옵션을 선택한 후, 자신의 상점을 만들고 판매를 시작하는 것이 간단하다.

4. 온라인 마켓플레이스
- 마플샵은 자체 마켓플레이스를 운영하며, 판매자들은 마플샵 플랫폼 내에서 직접 제품을 홍보하고 판매할 수 있다. 또한, 외부 웹사이트나 소셜 미디어를 통해 자신의 마플샵 링크를 공유하고, 다양한 채널에서 판매를 촉진할 수 있다.

5. 디자인 커스터마이징
- 마플샵은 창작자들이 디자인을 자유롭게 커스터마이징할 수 있는 도구를 제공한다. 다양한 템플릿과 디자인 툴을 사용하여 자신만의 독특한 디자인을 제품에

적용할 수 있다.

6. 국제 배송
- 마플샵은 국제 배송을 지원하며, 전 세계 고객들에게 상품을 배송할 수 있다. 이는 창작자들에게 해외 시장을 대상으로 한 판매 기회를 제공한다.

수익화 단계별 가이드

1. 마플샵 계정 만들기 및 상점 설정

1) 회원 가입
- 마플샵 웹사이트에 방문하여 회원 가입을 한다. 기본적인 개인정보와 상점 정보를 입력해야 하며, 판매자 계정을 설정한다. 상점 이름을 신중하게 선택해야 한다. 브랜드로서 인식될 수 있도록 간단하고 기억하기 쉬운 이름이 좋다.

2) 상점 꾸미기
- 마플샵의 상점은 디자인과 사용자 경험을 중요하게 생각한다. 상점 로고와 배너 이미지를 업로드하여 상점의 브랜드 이미지를 만든다. 상점 소개 및 스토리를 작성하여, 고객에게 친근하게 다가가는 것이 좋다. 자신만의 디자인이나 창작 철학, 판매하고자 하는 제품에 대해 간단한 설명을 덧붙이는 것이 좋다.

2. 디자인 제작 및 업로드

1) 디자인 아이디어 구상
- 트렌드를 반영한 디자인을 만드는 것이 중요하다. 인기 있는 디자인 아이디어나 테마를 고려하여 고객이 좋아할만한 스타일을 구상한다. 예를 들어, 유머러스한 문구, 애니메이션 캐릭터, 이모지 디자인, 심플한 기하학적 패턴 등 다양한 스타일을 고려할 수 있다. 시장 조사를 통해 인기 있는 디자인을 찾아보고, 자신만의 스타일로 차별화된 디자인을 만들어 보는게 좋다.

2) 디자인 툴 사용
- Canva, Adobe Illustrator, Procreate와 같은 디자인 툴을 사용해 고품질의 디자인을 만든다. 디자인 파일은 보통 PNG 형식으로, 투명 배경을 설정하여 업로드한다. 마플샵에서 요구하는 최소 해상도를 준수하여 제품에 적용될 때 선명하게 보일 수 있도록 한다.

3) 디자인 업로드
- 디자인이 준비되면 마플샵 플랫폼에 디자인을 업로드하고, 이를 다양한 제품(티셔츠, 후드티, 머그컵, 핸드폰 케이스 등)에 적용할 수 있다. 각 제품의 사이즈와 디자인 위치를 신중하게 설정해야 한다. 모든 제품에서 디자인이 어떻게 보일지

미리 미리 확인하는 것이 중요하다.

3. 제품 설정 및 가격 책정

1) 제품 선택
- 마플샵은 다양한 제품에 디자인을 적용할 수 있는 기능을 제공한다. 원하는 제품을 선택하고, 해당 제품에 디자인을 추가한다. 예를 들어, 티셔츠, 후드티, 스티커, 머그컵, 에코백, 핸드폰 케이스 등 다양한 카테고리가 있다. 자신의 타겟 고객에 맞는 제품을 선택해야 한다. 예를 들어, 젊은 층을 타겟으로 할 경우, 트렌디한 티셔츠나 엽서와 같은 제품이 인기가 있을 수 있다.

2) 가격 책정
- 가격을 설정할 때 원가와 마플샵의 수수료를 고려하여 이윤을 남길 수 있는 가격을 책정해야 한다. 마플샵은 제품을 주문 시 제작비와 배송비를 포함하여 계산된다. 따라서 판매자가 원하는 이윤을 고려하여 최종 가격을 설정한다. 경쟁 제품과 가격을 비교해보고, 너무 비싸거나 저렴하지 않도록 적정 가격을 설정해야 한다.

4. 상점 홍보 및 마케팅

1) 소셜 미디어 활용
- Instagram, Pinterest, TikTok 등에서 자신의 상점을 홍보해야 한다. 특히 Instagram은 이미지 중심의 플랫폼이기 때문에, 시각적인 제품을 홍보하기에 적합하다. 자신의 디자인을 다양한 방식으로 스타일링하여 제품을 보여주는 포스팅을 하는게 좋다. 해시태그를 활용하여 더 많은 사람들이 제품을 발견할 수 있도록 해야 한다.
  예: #프린트온디맨드 #디지털디자인 #마플샵디자인 등.

2) 브랜딩과 일관성 유지
- 상점의 브랜딩을 일관되게 유지해야 한다. 로고, 제품 디자인, 상점 소개 등에서 일관된 스타일을 유지하는 것이 중요하다. 브랜드 이미지가 고객에게 친근하고 신뢰감을 주게 해야 한다.

3) 특별 이벤트와 프로모션
- 할인 코드나 특별 이벤트를 제공하여 고객의 관심을 끌 수 있다. 예를 들어, 첫 구매 고객 할인, 특정 제품군 세일, 한정판 제품 출시 등을 통해 판매를 촉진할 수 있다. 구매 유도를 위해 무료 배송 옵션을 제공하는 것도 좋은 전략이다.

4) SEO 최적화
- 마플샵 내에서 검색 최적화(SEO)를 고려하여 제품의 제목, 설명, 태그를 작성해

야 한다. 고객들이 검색을 통해 쉽게 발견할 수 있도록 관련 키워드를 제품 제목과 설명에 포함시키는 것이 중요하다. 예를 들어, "여름 티셔츠", "유니크 디자인 머그컵", "개인화된 선물"과 같은 키워드를 활용해야 한다.

5. 고객 관리 및 서비스

1) 고객 응대

- 고객들이 상점에 대해 궁금해하는 점에 빠르고 친절한 답변을 해줘야 한다. 빠른 대응은 고객의 신뢰를 얻고, 재구매를 유도하는 데 중요한 역할을 한다. 후기를 요청하고, 고객이 만족할 수 있도록 서비스 품질을 높여야 한다.

2) 리뷰 관리

- 고객이 제품을 구매하고 만족했을 경우 리뷰를 남기도록 유도해야 한다. 긍정적인 리뷰는 새로운 고객들에게 신뢰감을 줄 수 있다. 부정적인 리뷰가 달렸을 경우, 정중하고 책임감 있는 대응을 통해 문제를 해결하고 신뢰를 회복해야 한다.

6. 지속적인 상점 운영 및 분석

1) 디자인 업데이트

- 고객의 피드백이나 트렌드를 반영하여 주기적으로 새로운 디자인을 업로드해야 한다. 시즌에 맞는 디자인이나 특별한 이벤트에 맞춘 제품을 출시하는 것이 중요하다.

2) 판매 통계 분석

- 마플샵은 판매 통계를 제공한다. 이를 분석하여 어떤 디자인이 잘 팔리고 있는지, 어떤 제품군이 인기 있는지 파악할 수 있다. 이 데이터를 기반으로 인기 있는 디자인을 더 많이 만들거나, 효율적인 마케팅 전략을 조정할 수 있다.

3) 상품 개선

- 시장과 고객의 반응을 기반으로, 기존 제품에 대한 개선을 고려해야 한다. 예를 들어, 디자인을 더욱 정교하게 하거나, 새로운 색상과 스타일을 추가하는 등의 작업을 통해 매출을 증대시킬 수 있다.

TIP

1. 트렌드를 반영한 디자인 만들기

- 트렌디한 디자인은 고객의 관심을 끌 수 있는 중요한 요소이다. 최신 패션, 유행하는 문구, 인기 있는 색상 등을 반영한 디자인을 제작해야 한다. 예를 들어, 명절, 특정 이벤트(예: 할로윈, 크리스마스), 패션 트렌드 등을 고려한 디자인. 소셜 미디어나 Google Trends, Pinterest 등을 활용해 현재 인기 있는 트렌드를

파악해야 한다.

2. 시즌별 마케팅 활용

- 계절에 맞는 디자인을 판매하는 것은 매우 효과적이다. 예를 들어, 여름에는 더운 날씨에 맞는 티셔츠나 에코백을, 겨울에는 따뜻한 옷이나 크리스마스 관련 아이템을 출시하는 방법이다. 할로윈, 추석, 크리스마스, 어버이날 등 특별한 날을 타겟으로 디자인을 출시하는게 좋다. 기간 한정 할인이나 이벤트를 통해 시즌 상품에 대한 고객의 구매욕구를 자극할 수 있다.

3. SEO(검색 최적화) 전략

- 마플샵에서 검색 최적화(SEO)를 잘 활용하면 더 많은 고객들에게 노출될 수 있다. 제품 제목, 설명, 태그를 신중하게 작성하여 고객이 원하는 제품을 쉽게 찾을 수 있도록 해야 한다. 예를 들어, "여름 티셔츠"와 같은 구체적인 키워드를 사용하여 검색 시 상위에 노출되도록 할 수 있다. 구체적인 제품 설명과 고객의 니즈에 맞는 키워드를 활용하는 것이 중요하다.

4. 소셜 미디어와 크리에이터 마케팅

- Instagram, TikTok, Pinterest와 같은 시각적 요소가 강한 소셜 미디어 플랫폼을 활용하여 자신의 디자인을 홍보해야 한다. Instagram 쇼핑 기능을 활용하여 직접적으로 판매를 유도할 수 있다. 인기 있는 인플루언서와 협업하여 더 많은 팔로워들에게 노출되게 할 수 있다. 해시태그를 잘 활용하여 더 많은 사람들이 제품을 발견하도록 유도해야 한다.
  예: #프린트온디맨드 #티셔츠디자인 #맞춤형선물.

5. 고객 맞춤화 제공

- 개인화된 제품은 고객에게 큰 인기를 끌 수 있다. 이름이나 메시지 등을 추가할 수 있는 커스터마이징 옵션을 제공하면 고객이 더 많이 구매할 가능성이 높다. 예를 들어, 이름을 새길 수 있는 티셔츠, 특별한 메시지를 담은 머그컵 등을 제공해야 한다. 고객 맞춤형 제품은 가격을 높게 책정할 수 있어 더 높은 이익을 얻을 수 있다.

6. 디지털 제품 판매

- 마플샵은 디지털 다운로드 제품도 판매할 수 있는 기능을 제공한다. 디지털 아트, 프린트 가능한 디자인 파일(예: 포스터, 스티커, 달력 등)을 판매하면 물리적 재고를 관리할 필요가 없고, 반복적인 수익을 얻을 수 있다. 디지털 디자인은 물리적 제품과 달리 배송 비용이나 재고 걱정 없이 판매가 가능하고, 고객이 다운로드하면 바로 판매가 이루어지므로 매우 효율적이다.

7. 고해상도 및 품질 높은 디자인

- 제품이 고객에게 전달될 때 최상의 품질을 유지할 수 있도록, 고해상도 디자인을 업로드해야 한다. 디자인의 품질이 떨어지면 고객 만족도가 낮아지고, 부정적인 리뷰를 받을 수 있다. 디자인의 해상도는 최소한 300dpi 이상을 유지해야 하며, 마플샵이 요구하는 이미지 크기를 확인하고 이에 맞게 업로드해야 한다.

8. 상점의 브랜드화

- 마플샵에서 성공하려면 브랜딩이 매우 중요하다. 고유한 스타일과 일관된 디자인을 통해 고객들이 쉽게 인식할 수 있도록 해야 한다. 상점의 로고와 상점 배너, 제품 패키징 등이 브랜드 아이덴티티를 잘 반영하도록 디자인한다. 일관된 디자인 스타일을 유지하면 고객들이 브랜드에 대한 신뢰를 갖고 반복 구매할 가능성이 높아진다.

9. 리뷰 관리 및 고객 피드백 반영

- 고객 리뷰는 새로운 고객들에게 신뢰를 줄 수 있는 중요한 요소이다. 좋은 리뷰를 받으면 다른 고객들에게도 제품을 추천할 가능성이 높다. 빠른 고객 대응과 친절한 서비스는 긍정적인 리뷰를 유도할 수 있다. 피드백을 반영하여 제품을 개선하거나 새로운 디자인을 추가하는 것도 중요하다.

10. 다양한 제품 카테고리 활용

- 마플샵은 다양한 제품에 디자인을 적용할 수 있기 때문에, 여러 가지 제품군을 다양하게 시도해 보세요. 티셔츠, 후드티, 머그컵, 에코백 외에도, 휴대폰 케이스, 노트북 스티커, 포스터 등 다양한 제품을 추가할 수 있다. 다양한 고객층을 타겟으로 하는 제품을 만들어 다양한 수익원을 확보해야 한다.

수익자 리뷰

1. 성공적인 시작과 적은 초기 투자

- "마플샵은 제게 완벽한 시작점이었어요. 프린트 온 디맨드 모델을 통해 별도의 재고나 초기 비용 없이 사업을 시작할 수 있어서 매우 좋았어요. 제 디자인을 업로드하고, 제품을 판매하는 것만으로 수익을 올릴 수 있다는 점이 정말 매력적이에요. 처음에는 매출이 적었지만, 몇 달 후에는 꾸준한 판매가 이루어졌어요." 초기 투자 없이 시작할 수 있어 부담이 적고, 디자인만 있으면 판매 가능하다는 점에서 장점이 있다.

2. 디자인 차별화와 타겟팅

- "마플샵에서 첫 번째 디자인을 판매했을 때, 저는 남들과 다른 독특한 아이템을

만들어야 한다고 생각했어요. 저는 개인화된 디자인을 제공했는데, 그게 정말 효과적이었어요. 이름을 새길 수 있는 티셔츠를 만들었고, 그게 많이 팔렸어요. 저의 타겟은 주로 개인화된 선물을 찾는 사람들이었죠." 개인화나 특별한 맞춤형 디자인이 고객에게 매력적으로 다가가고, 타겟 마케팅이 중요하다.

3. 소셜 미디어 활용

- "마플샵에서 수익을 얻기 시작한 것은 Instagram 덕분이에요. 처음에는 그냥 업로드만 했지만, 조금씩 팔리기 시작하면서 더 열심히 홍보했어요. 제품에 대한 고객의 피드백을 받으면서 점점 더 개선해갔고, Instagram과 Pinterest에서 홍보를 하면서 팔로워들이 점차 늘었죠. 그때부터 꾸준한 수익을 올릴 수 있었어요." 소셜 미디어(특히 Instagram, Pinterest)를 활용한 홍보와 고객 피드백을 통한 개선이 효과적이다.

4. 다양한 제품군 판매

- "저는 마플샵에서 다양한 제품을 판매해보았어요. 티셔츠뿐만 아니라, 머그컵, 에코백, 휴대폰 케이스 등 여러 가지 제품을 만들어 봤어요. 특히 머그컵은 예상보다 많이 팔렸고, 고객들도 개인화된 디자인을 매우 좋아했어요. 다양한 제품을 제공하면서, 나만의 특화된 라인을 만들 수 있었어요." 다양한 제품군을 판매하여 수익의 다각화를 이룰 수 있다.

07 스윙투앱 Swing2App

스윙투앱은 어떤 곳인가요?

　스윙투앱(Swing2App)은 앱 개발 플랫폼으로, 코딩 지식 없이 누구나 손쉽게 모바일 애플리케이션을 만들 수 있는 서비스이다. 이 플랫폼은 주로 중소기업, 개인 개발자, 교육기관 등 앱 개발에 필요한 기술적 지식이 부족한 사람들을 위한 도구로 제공된다. 사용자는 드래그 앤 드롭 방식으로 간단한 UI를 구성하고, 다양한 기능을 추가하여 자신만의 모바일 앱을 만들 수 있다. 스윙투앱은 iOS와 Android 두 가지 주요 모바일 운영 체제에서 앱을 배포할 수 있도록 지원하며, 앱을 만들고 나면 앱 마켓(구글 플레이, 애플 앱스토어)에 배포하거나, 직접 다운로드 링크를 제공할 수 있다.

주요 특징

1. **코딩 없이 앱 제작**
   - 스윙투앱은 코딩 지식이 없어도 앱을 만들 수 있도록 돕는 플랫폼으로, 드래그 앤 드롭 방식으로 레이아웃을 디자인하고, 다양한 기능을 추가할 수 있다.

2. **템플릿 제공**
   - 다양한 앱 템플릿을 제공하여, 사용자가 원하는 앱 유형에 맞는 템플릿을 선택하고, 이를 바탕으로 수정하면서 자신만의 앱을 빠르게 만들 수 있다. 예를 들어, 쇼핑몰 앱, 커뮤니티 앱, 업체용 앱, 블로그 앱 등 다양한 카테고리의 템플릿을 제공한다.

3. **앱 배포 기능**
   - 완성된 앱은 Google Play와 Apple App Store에 배포할 수 있다. 또한, APK 파일을 다운로드하여 직접 배포하거나, 웹 링크 형태로 배포할 수도 있다.

4. **웹과 모바일 호환**
   - 앱 제작뿐만 아니라, 웹 애플리케이션도 생성할 수 있어서, 웹사이트와 앱을 동시에 운영할 수 있는 장점이 있다.

5. **모바일 알림 기능**
   - 앱을 사용하여 푸시 알림 기능을 제공할 수 있으며, 이를 통해 사용자는 새로운 소식이나 특별한 이벤트를 앱 사용자에게 전달할 수 있다.

6. 앱 기능 확장
- 다양한 외부 API나, 자체적인 앱 기능을 추가할 수 있는 기능도 제공된다. 예를 들어, 채팅 시스템, 결제 시스템, GPS 기능, 이벤트 관리 시스템 등을 추가할 수 있다.

7. 관리자 대시보드 제공
- 앱을 만들고 난 후, 관리자는 앱 데이터를 관리할 수 있는 대시보드(관리자 페이지)를 통해 사용자의 활동을 모니터링하고, 앱을 업데이트할 수 있다.

수익화 단계별 가이드

1. 앱 아이디어 구상
- 먼저, 어떤 앱을 만들 것인지 명확하게 정하는 것이 중요하다. 돈을 벌 수 있는 앱을 만들기 위해서는 시장의 수요와 타겟층을 잘 파악해야 한다.
- 쇼핑몰 앱: 제품을 판매하고 광고 수익을 올리는 방식.
- 교육용 앱: 유료 강의, 과제 제출 시스템 등을 통해 수익을 창출.
- 헬스케어 앱: 운동, 식단 관리 등과 관련된 유료 서비스를 제공.
- 커뮤니티 앱: 광고, 프리미엄 콘텐츠 제공.

2. 앱 디자인 및 기능 구성
- 스윙투앱은 드래그 앤 드롭 방식으로 쉽게 앱을 만들 수 있기 때문에, 디자인과 기능 구성이 매우 중요하다. 사용자 경험(UX)과 디자인이 잘 되어 있어야 사용자가 꾸준히 앱을 사용하고, 수익 창출에도 긍정적인 영향을 미친다.
- 템플릿 선택: 스윙투앱에서는 여러 가지 템플릿을 제공하므로, 자신이 만들고자 하는 앱에 적합한 템플릿을 선택해야 한다. 예를 들어, 쇼핑몰 템플릿, 커뮤니티 템플릿, 포트폴리오 템플릿 등.
- 앱 기능 추가: 기본적인 푸시 알림, 회원 가입/로그인, 결제 시스템, 상품 리스트 등의 기능을 추가한다. 스윙투앱에서는 다양한 외부 API도 연동할 수 있으므로, 필요한 기능을 추가할 수 있다. 예를 들어, 구글 맵 API, 카카오톡 로그인, 결제 시스템(카드 결제, 페이팔 등).

3. 앱 수익 모델 설정
- 앱을 통해 수익을 얻기 위해서는 수익 모델을 설정해야 한다. 수익을 얻을 수 있는 다양한 방법이 있으니, 자신의 앱의 특성에 맞는 모델을 선택해야 한다.

1) 광고 수익
- 앱에 광고를 삽입하여 수익을 올릴 수 있다. 스윙투앱에서는 구글 애드몹, 네이버 애드포스트와 같은 광고 네트워크와 연동할 수 있다. 앱 사용자들이 광고를 클릭하거나 앱 내에서 광고가 노출되면 광고 수익이 발생한다.

2) 유료 앱 다운로드
- 앱을 유료로 배포하여 다운로드할 때마다 수익을 얻을 수 있다. 그러나 이는 유료 앱을 사용하려는 사용자가 많아야 하기 때문에 시장 분석이 중요하다.

3) 프리미엄 콘텐츠 제공
- 앱 내에서 일부 기능을 유료화하거나, 프리미엄 콘텐츠를 제공할 수 있다. 예를 들어, 프리미엄 회원을 가입시키고, 프리미엄 기능에 접근할 수 있도록 설정하는 방식이다. 예를 들어, 유료 강의, 회원 전용 콘텐츠, 고급 기능 등.

4) 인앱 결제
- 앱 내에서 아이템을 판매하거나 서비스 이용료를 받을 수 있다. 예를 들어, 쇼핑몰 앱에서 상품 구매나 구독 서비스를 통해 수익을 창출할 수 있다. 예를 들어, 구독 서비스, 유료 상품 등.

5) 제휴 마케팅
- 제휴 마케팅을 통해, 다른 브랜드나 상품을 추천하고 수수료를 얻을 수 있다. 제휴 광고나 링크를 통해 사용자가 제품을 구매하면 수수료가 지급된다. 예를 들어, 아마존 제휴 마케팅, 쿠팡 파트너스 등.

4. 앱 마케팅 및 홍보

1) 소셜 미디어 홍보
- Instagram, Facebook 등 소셜 미디어 플랫폼을 통해 앱을 홍보해야 한다. 앱에 관련된 해시태그나 이벤트를 활용해 더 많은 사람들에게 앱을 알릴 수 있다. 예: 사용자 리뷰나 앱 사용법을 동영상으로 만들어 공유하기.

2) ASO (앱스토어 최적화)
- 앱이 구글 플레이나 애플 앱스토어에 올라가면, 앱스토어 최적화(ASO)를 통해 더 많은 사람들이 앱을 검색하고 다운로드할 수 있도록 해야 한다. 앱의 제목, 설명, 스크린샷, 키워드를 잘 설정하여 검색 노출을 최적화해야 한다.

3) 블로그 및 유튜브 마케팅
- 앱에 관련된 블로그 글이나 유튜브 동영상을 제작해 앱의 기능과 사용법을 설명하고, 앱을 사용해볼 수 있도록 유도해야 한다. 리뷰나 튜토리얼 영상을 통해

관심을 유도할 수 있다.

4) 프로모션과 이벤트
- 앱 출시 초기에는 할인 이벤트나 사용자 참여형 이벤트(예: 경품 추첨)를 통해 초기 사용자들을 끌어모을 수 있다.
  예: 앱 다운로드 후 첫 구매 시 할인 제공, 추천인 코드 이벤트 등을 활용.

TIP

1. 적절한 수익 모델 선택

- 광고 수익: 구글 애드몹(Google AdMob), 네이버 애드포스트(Naver AdPost)와 같은 광고 네트워크를 앱에 통합하여, 광고가 노출될 때마다 수익을 올릴 수 있다. 광고 위치와 배너 크기 등을 전략적으로 설정하여 사용자 경험을 해치지 않도록 해야 한다. 간헐적 광고보다는 광고 클릭을 유도할 수 있는 요소(예: 보상형 광고)를 활용하는 것이 좋다.
- 유료 앱: 앱을 유료로 출시하여 다운로드 시 수익을 올릴 수 있다. 특히, 앱의 내용이 독특하거나 특별한 기능을 제공할 경우 유료 앱으로 설정하는 것이 효과적이다. 사용자가 가격 대비 가치를 느낄 수 있도록 앱의 기능과 디자인을 신경 써야 한다.
- 프리미엄 콘텐츠 및 기능 제공: 기본 앱은 무료로 제공하되, 추가 기능이나 프리미엄 콘텐츠를 유료로 제공하는 프리미엄 모델을 채택할 수 있다. 예를 들어, 유료 강의, VIP 기능, 프리미엄 디자인, 광고 제거 등의 기능을 유료로 설정한다.
- 인앱 결제: 유료 아이템이나 서비스를 판매하여 수익을 올릴 수 있다. 예를 들어, 아이템을 구매하거나 구독 서비스를 제공하는 방식이다. 게임 앱이나 라이프스타일 앱, 헬스케어 앱 등에서 자주 사용된다.
- 제휴 마케팅: 제휴 마케팅을 통해 다른 기업이나 브랜드의 제품을 추천하고, 사용자가 구매할 때마다 수수료를 받을 수 있다. 예를 들어, 쿠팡 파트너스, 아마존 제휴 프로그램 등을 활용하여 추천 링크를 제공하고, 사용자들이 제품을 구매하면 수익을 얻을 수 있다.

2. 앱 사용자 확보 전략

- 소셜 미디어 활용: Instagram, Facebook와 같은 소셜 미디어를 통해 앱을 적극적으로 홍보해야 한다. 앱과 관련된 콘텐츠(사용법, 기능, 유저 후기 등)를 정기적으로 업로드하면, 사용자들에게 자연스럽게 앱을 알릴 수 있다. 해시태그나 인플루언서 마케팅을 활용하여 앱의 존재감을 키워야 한다.

- 앱스토어 최적화(ASO): 앱스토어에서 앱의 노출을 높이기 위해 앱 이름, 설명, 키워드 등을 최적화하는 것이 중요하다. 앱 설명에 주요 기능과 장점을 강조하고, 사용자가 찾을 수 있는 관련 키워드를 포함시켜야 한다. 스크린샷과 동영상을 활용하여 앱의 매력을 강조해야 한다. 구글 애널리틱스나 Firebase를 활용해 사용자 행동 분석을 통해 마케팅 전략을 세울 수 있다. 이를 통해 어떤 채널이 가장 효과적인지 파악하고, 예산을 최적화할 수 있다.

3. 앱의 품질과 사용성 최적화

- 사용자 피드백 반영: 앱 사용자들이 남긴 리뷰와 피드백을 적극적으로 반영하여 앱을 개선해야 한다. 사용자가 불편을 느끼는 부분을 빠르게 수정하고, 더 나은 사용자 경험을 제공하면, 좋은 리뷰를 얻을 수 있다. 피드백을 적극적으로 반영하고 앱의 기능을 업데이트하는 것이 중요하다. 앱이 느리거나 버벅거리는 경우 사용자가 이탈할 확률이 높다. 앱의 속도와 성능을 최적화하여 사용자 만족도를 높여야 한다. 다양한 기기에서 잘 작동하도록 앱을 최적화해야 한다. 화면 크기, 해상도, 버전에 관계없이 일관된 경험을 제공할 수 있도록 설계해야 한다.

4. 커스터마이징과 브랜딩 활용

- 맞춤형 디자인: 스윙투앱에서는 템플릿을 제공하지만, 자신만의 독창적인 디자인을 추가하면 더 많은 사용자가 끌릴 수 있다. 색상, 아이콘, 레이아웃 등을 브랜드 이미지에 맞게 설정해야 한다. 앱 내에서 로고, 슬로건, 앱의 테마 색상 등을 일관되게 사용하여 브랜드를 강화해야 한다. 앱을 다운로드한 사용자들이 브랜드를 인식할 수 있도록 돕는 요소를 제공한다.

5. 지속적인 업데이트 및 마케팅

- 주기적인 업데이트: 앱에 새로운 기능을 추가하거나 버그를 수정하여, 사용자의 관심을 끌고, 지속적으로 사용하도록 유도해야 한다. 예를 들어, 계절이나 이벤트에 맞춰 새로운 콘텐츠나 기능을 추가하는 방법이 있다. 앱 사용자가 늘어나고, 앱을 통해 수익을 올리기 위해서는 이벤트나 프로모션을 자주 진행하는 것이 유효하다. 앱 다운로드 기념 할인, 기프트 카드 증정 이벤트, 한정 시간 동안 무료 제공 등을 활용하는 것이 좋다.

`수익자 리뷰`

1. "나만의 맞춤형 앱을 통해 소상공인들에게 서비스를 제공하고 수익을 창출했어요."

- "저는 소상공인을 대상으로 하는 온라인 예약 시스템 앱을 만들었습니다. 스윙투앱은 코딩 없이 앱을 만들 수 있어서, 비전문가인 저에게 매우 유용했습니다. 예약 시스템을 통해 손쉽게 고객들의 예약을 받고, 광고와 프리미엄 서비스(우

선 예약권)를 제공하면서 수익을 창출할 수 있었습니다. 앱을 만들고 6개월 만에 월 100만원 이상의 수익을 올렸습니다. 수익 모델이 광고와 인앱 결제였고, 지역 타겟팅을 통해 고객들에게 유용한 서비스를 제공하니, 꾸준한 이용자층이 생겼습니다."

2. **"학원 앱을 만들고 강의료와 수업 예약으로 수익을 얻었어요."**

- "학원 운영을 하고 있는데, 학생들의 수업 예약과 결제를 앱으로 처리하고 싶어서 스윙투앱을 사용했어요. 처음엔 수업 예약 시스템을 만들고, 그 다음엔 유료 강의 콘텐츠를 추가했어요. 앱을 통해 학생들은 손쉽게 수업을 예약하고 결제까지 할 수 있었어요. 덕분에 오프라인으로 이루어지던 결제 과정이 디지털화되었고, 학생 수가 늘어났어요. 또한, 앱 내에서 광고를 게재하면서 추가 수익도 창출할 수 있었어요."

3. **"디지털 제품을 판매하는 쇼핑몰 앱을 통해 꾸준한 수익을 올렸어요."**

- "디지털 제품을 판매하는 쇼핑몰 앱을 만들었습니다. 스윙투앱에서 제공하는 쇼핑몰 템플릿을 활용해서 간편하게 제품을 등록하고 판매를 시작할 수 있었습니다. 앱 내에서 상품 구매 및 구독 모델을 통해 지속적인 수익을 얻고 있으며, 특히 이벤트성 할인과 추천인 프로그램을 통해 더 많은 사용자들이 유입되고 있습니다. 현재 앱은 월 50만 원 이상의 수익을 꾸준히 창출하고 있습니다."

4. **"푸시 알림과 프리미엄 콘텐츠로 수익을 크게 늘렸어요."**

- "앱을 만들고 나서, 푸시 알림과 프리미엄 콘텐츠를 적극적으로 활용했습니다. 예를 들어, 중요한 할인 이벤트나 신제품 출시를 푸시 알림을 통해 알리면서 재구매율이 높아졌습니다. 또한, 앱 내에서 VIP 콘텐츠를 유료로 제공하고, 회원 전용 기능을 활성화하여 수익을 증대시킬 수 있었습니다. 프리미엄 기능이 추가된 후, 유료 회원 수가 늘어나며 월간 수익이 약 150만 원으로 증가했습니다."

디지털 노마드 33선

Ⅲ. 디자인 & 이모티콘

08. 제페토

09. 로블록스

10. 카카오톡

11. 라인

12. 네이버 밴드

#사진 & 동영상   #창작물 & 앱   **#디자인 & 이모티콘**   #컨텐츠
#블로그   #SNS   #쇼핑몰   #글 & 그림   #교육 & 방송

디지털 노마드 33선

08 제페토 ZEPETO

제페토는 어떤 곳인가요?

제페토(ZEPETO)는 네이버 Z(구 네이버의 자회사)에서 개발한 3D 아바타 기반의 소셜 네트워크 서비스이다. 제페토는 사용자들이 개인화된 아바타를 만들어 가상 공간에서 활동할 수 있는 플랫폼으로, 게임, 소셜 미디어, 메타버스 요소가 결합된 형태이다. 제페토는 아이폰, 안드로이드, 그리고 PC에서 모두 이용할 수 있으며, 특히 10대 및 20대 사용자층을 중심으로 인기를 끌고 있다.

주요 기능

1. 아바타 생성
- 제페토는 사용자가 자신의 아바타를 만들어 다양한 스타일을 적용할 수 있도록 도와준다. 사용자는 얼굴을 커스터마이즈하거나, 다양한 옷과 액세서리를 입힐 수 있으며, 이 아바타는 실제 자신을 표현하는 방식으로 매우 인기 있는 기능이다.

2. 가상 세계 탐험
- 제페토는 가상 월드와 같은 다양한 장소에서 활동할 수 있는 공간을 제공한다. 사용자는 자신만의 아바타를 이용해 여러 가상 공간을 탐험하거나, 다른 사람들과 소셜 활동을 할 수 있다.

3. 소셜 기능
- 친구 추가, 채팅, 모임 등을 통해 다른 사용자들과 소통할 수 있다. 또한, 제페토 내에서 만든 콘텐츠를 공유하거나, 다른 사람의 콘텐츠를 볼 수 있는 피드 기능도 제공한다.

4. 게임 및 퀘스트
- 제페토는 다양한 미니게임과 퀘스트를 제공하여 사용자들이 즐겁게 게임을 하며 보상을 얻을 수 있게 한다. 이 게임을 통해 얻은 보상은 아바타 꾸미기나 아이템을 구매하는 데 사용할 수 있다.

5. 아이템과 의상
- 제페토는 사용자가 디지털 의상이나 액세서리를 구매하거나 제작할 수 있도록 한다. 이를 통해 자신만의 독특한 스타일을 연출할 수 있다. 또한, 제페토 내 상점에서는 다양한 아이템을 구매할 수 있다.

6. 크리에이터 경제

- 제페토는 사용자들이 자신의 의상, 아이템, 모션 등을 만들고 이를 제페토 플랫폼 내에서 판매할 수 있는 크리에이터 시스템을 제공한다. 사용자는 자신만의 디자인을 만들고 이를 제페토 스토어에 등록해 다른 사용자들에게 판매할 수 있으며, 수익을 얻을 수 있다.

7. 브랜드 협업

- 제페토는 다양한 브랜드와 협업을 통해 공식 의상이나 아이템을 출시하고 있다. 유명 브랜드와의 협업을 통해 제페토 내에서만 구매할 수 있는 한정판 아이템들을 제공하기도 한다.

8. 제페토의 인기와 사회적 영향

- 10대와 20대를 중심으로 인기를 끌고 있으며, 사용자들이 가상 공간에서 상호 작용하고 자신을 표현하는 방식이 많은 관심을 받고 있다. 특히 가상 아이템에 대한 수요가 급증하면서, 제페토 내에서 디지털 경제가 활성화되고 있다. 브랜드 협업과 아바타 커스터마이징을 통해 사용자들이 돈을 벌 수 있는 기회도 늘어나고 있다.

수익화 단계별 가이드

1. 제페토 크리에이터 프로그램에 가입하기

- 제페토에서 돈을 벌기 위한 첫 번째 단계는 크리에이터 프로그램에 가입하는 것이다. 크리에이터 프로그램을 통해, 자신만의 아이템(의상, 액세서리, 아이템 등)을 제작하여 제페토 플랫폼에 판매할 수 있다.
- 제페토 앱 다운로드: 제페토는 모바일 앱(안드로이드 및 iOS)과 PC에서 사용 가능하다. 앱을 다운로드하여 설치한다.
- 회원 가입: 제페토에 로그인하여 계정을 만들고, 기본적인 아바타와 프로필을 설정한다.
- 크리에이터 계정 등록: 제페토의 크리에이터 플랫폼에 등록하여 자신만의 아이템을 만들 수 있는 권한을 부여받다. 이때, 제페토가 제공하는 크리에이터 도구나 디지털 디자인 툴을 활용한다.

2. 디지털 아이템 디자인 및 제작

- 제페토에서 수익을 창출하려면, 디지털 아이템(의상, 액세서리, 모션 등)을 제작해야 한다. 제페토는 사용자에게 디지털 디자인과 관련된 도구와 템플릿을 제공한다. 이를 통해 자신만의 개성 있는 아이템을 만들어 판매할 수 있다.
- 디자인 아이디어 구상: 먼저 어떤 아이템을 만들지 구상한다. 예를 들어, 의상,

악세서리, 헤어스타일, 가방, 신발, 모자 등 다양한 아이템을 만들 수 있다.
- 디지털 디자인 툴 사용: 제페토는 크리에이터에게 디지털 아이템 디자인 툴을 제공한다. 이를 활용해 자신만의 아이템을 디자인한다. 3D 모델링이나 2D 그래픽 디자인을 통해 아이템을 만들어낼 수 있다.
- 템플릿 사용: 제페토는 기본적인 템플릿을 제공하므로, 이를 수정하여 자신만의 아이템을 만들 수도 있다. 템플릿을 사용하면, 더 빠르고 쉽게 아이템을 만들 수 있다.
- 업로드: 디자인이 완료되면 제페토 플랫폼에 아이템을 업로드하고, 판매 준비를 한다. 가격을 설정하고, 아이템의 설명을 추가하는 과정도 필요하다.

3. 아이템 판매 및 수익 창출
- 제페토에서 만든 디지털 아이템은 제페토 스토어에서 판매된다. 사용자가 해당 아이템을 구매하면 수익을 창출할 수 있다.
- 아이템 등록: 만든 아이템을 제페토 스토어에 등록한다. 제페토의 상점에서 판매가 이루어지도록 설정한다. 아이템 설명과 가격을 신중하게 설정한다.
- 판매 활성화: 판매할 아이템을 제페토 내에서 적극적으로 홍보하고, 사용자들이 쉽게 찾을 수 있도록 해야 한다. 앱 내에서의 노출을 늘리기 위한 마케팅도 고려해야 한다.
- 수익 확인: 아이템이 판매되면 제페토에서 일정 비율의 수익을 지급받을 수 있다. 제페토는 크리에이터에게 판매 금액의 일부를 수수료로 받으며, 나머지 금액을 크리에이터에게 지급한다.
- 수익 인출: 제페토에서 발생한 수익은 정해진 방식에 따라 현금화하거나 다른 아이템을 구매하는 데 사용할 수 있다.

4. 제페토 내에서의 마케팅 및 홍보
- 자신이 만든 아이템을 판매하기 위해서는 홍보와 마케팅이 중요하다. 제페토 내에서 자신의 작품을 잘 알리는 것이 필요하다.
- SNS 활용: 제페토와 관련된 콘텐츠를 Instagram, TikTok 등 다양한 소셜 미디어에 공유하여, 자신이 만든 아이템을 홍보해야 한다. 해시태그를 활용하면 더 많은 사람들에게 노출될 수 있다.
- 제페토 내 홍보: 제페토 내에서 인플루언서나 다른 사용자와 협력하여 자신의 아이템을 피쳐링할 수 있다. 이를 통해 더 많은 사용자가 구매하게 만들 수 있다.
- 이벤트 참여: 제페토는 가끔 이벤트를 개최하여, 크리에이터들이 특별한 아이템을 판매하거나, 할인 이벤트를 진행할 수 있는 기회를 제공한다. 이런 기회를 잘 활용해야 한다.

- 커뮤니티 활동: 제페토 내 커뮤니티에 적극적으로 참여하고, 자신의 아이템을 소개하거나 피드백을 받을 수 있다. 커뮤니티 내 활동을 통해 상호작용과 추천을 유도해야 한다.

5. 제페토 크리에이터로서의 확장

- 제페토에서 수익을 증대시키기 위해서는 단기적 수익을 넘어서 장기적인 브랜드 구축을 목표로 해야 한다. 자신만의 아이템 라인이나 상점을 운영하며, 지속 가능한 수익 모델을 만들 수 있다.
- 다양한 아이템 개발: 한 가지 아이템만 판매하는 것보다는 다양한 카테고리의 아이템을 만들어 다양한 소비층을 공략하는 것이 좋다. 예를 들어, 여성용 의상, 남성용 의상, 장신구, 헤어스타일 등 여러 가지를 제작하여 판매할 수 있다.
- 브랜드화: 자신의 아이템에 브랜드화를 적용해, 특별한 아이템 컬렉션을 선보이는 방법이 있다. 예를 들어, 한정판 아이템을 출시하거나, 컬렉션을 테마로 한 아이템을 판매하는 방식이다.
- 수익 다각화: 제페토에서 단순히 아이템을 판매하는 것 외에도, 특정 아이템을 활용한 유료 콘텐츠나 프리미엄 서비스를 제공할 수도 있다.
- 크리에이터 파트너십: 다른 유명 크리에이터나 브랜드와 협업하여 더 많은 수익을 올릴 수 있다. 제페토는 브랜드와의 협업을 통한 광고 수익이나 협업 아이템 출시도 가능하다.

6. 게임 개발 및 모션, 애니메이션 콘텐츠

- 게임이나 모션 콘텐츠를 만들 수 있는 창작의 기회도 제페토에서 수익을 창출하는 방법 중 하나이다. 제페토는 3D 콘텐츠와 애니메이션을 활용할 수 있는 기능도 제공하므로, 창의적인 콘텐츠로 수익을 얻을 수 있다.
- 모션 제작: 제페토에서 아바타의 모션(춤, 표정 등)을 만들어 판매할 수 있다.
- 게임 아이템: 제페토 내의 게임 환경에서 사용할 수 있는 아이템이나 아이템 팩을 만들어 판매할 수도 있다.
- 애니메이션 콘텐츠 제작: 아바타의 애니메이션 콘텐츠를 만들어 제페토에서 제공할 수 있다. 애니메이션을 구매한 사용자들이 자신의 아바타에 적용할 수 있다.

TIP

1. 고유한 아이템 제작

- 최신 유행을 반영한 스타일이나 아이템을 만들면 더 많은 구매자가 관심을 가질 수 있다. 특히 유명 연예인이나 인플루언서가 입는 의상 스타일을 참고하는 것이 좋다. 다른 크리에이터들과 차별화되는 독특한 디자인을 창작해야 한다. 예

를 들어, 특정 테마(예: 자연, 스페이스, 레트로 등)로 아이템을 디자인하면 특정 소비층을 타겟팅할 수 있다.

2. 한정판 아이템 출시

- 특정 아이템의 수량을 제한하여, 희소성으로 인한 수요 급증을 유도해야 한다. 특별한 이벤트 기간에 맞춰 한정판 아이템을 출시하면 더 많은 유저들이 구매하게 된다.

3. SNS 활용하기

- 제페토 관련 해시태그를 사용하여 검색 결과에서 노출될 수 있도록 해야 한다. 예를 들어, #ZEPETO, #ZEPETOshop, #ZEPETOCreator 등의 해시태그를 활용한다. TikTok에서는 짧은 동영상을 통해 아이템을 소개하거나 애니메이션을 제작하여 아바타의 스타일을 강조할 수 있다. 제페토 인플루언서와 협업하여 자신의 아이템을 소개하거나, 그들이 사용할 수 있도록 아이템을 제공하면 더 많은 노출을 얻을 수 있다.

4. 사용자 맞춤형 아이템 제공

- 제페토 내 커뮤니티에서 인기 있는 요청사항을 반영하여 아이템을 디자인해야 한다. 예를 들어, 특정 색상이나 스타일을 선호하는 그룹을 타겟팅할 수 있다. 특정 사용자를 위한 맞춤형 아이템을 판매하면, 개성 있는 아이템을 원하는 사람들의 관심을 끌 수 있다.

5. 게임 아이템 판매

- 제페토 내에서 제공하는 게임 퀘스트를 완료한 후 사용할 수 있는 아이템(예: 특별한 배경, 아이템, 의상 등)을 디자인하여 판매한다. 게임 내 아이템을 유료로 판매하고, 이를 통해 인앱 구매를 유도할 수 있다.

6. 크리에이터 네트워크 확장

- 다른 크리에이터와 협업하여 공동 아이템을 만들거나, 이벤트를 개최하면 더 많은 사람들에게 노출되고, 판매도 늘어날 수 있다. 서로의 SNS 계정을 활용해 상호 프로모션을 진행하면 더 많은 사람들에게 아이템을 알릴 수 있다.

7. 팬과의 소통을 통한 수익 증대

- 제페토 내에서 팬들과 자주 소통하며, 그들이 원하는 아이템을 제안받고 이를 제작해 팔 수 있다. 자신의 아이템을 구매한 팬들과 팬 커뮤니티를 만들어 특별 이벤트나 할인 혜택을 제공하여 팬층을 강화한다.

8. 트렌드 분석과 아이템 업데이트

- 여름, 겨울, 할로윈, 크리스마스 등 시즌별 아이템을 만들어 타이밍에 맞춰 판매

하면 더 많은 관심을 끌 수 있다. 제페토 내에서 진행되는 이벤트에 맞춰 아이템을 제작하고, 해당 이벤트에 참여하는 유저들을 타겟팅하여 아이템을 판매한다.

9. 제페토 유료 아이템과 크레딧 활용
- 무료 아이템에 대한 수요가 많지만, 프리미엄 아이템을 만들어 구매 유도를 할 수 있다. 제페토에서 제공하는 크레딧을 아이템 판매나 서비스 제공에 활용하여 수익을 극대화한다.

수익자 리뷰

1. 디지털 아이템 판매로 수익을 올린 크리에이터 - A. Lee, 제페토 크리에이터
- "제페토에서 처음 시작했을 때, 단순히 재미로 시작했어요. 그런데 제 아이템이 조금씩 팔리기 시작하더라고요. 특히 한정판 아이템을 출시했을 때, 몇 시간 만에 모두 판매되었어요. 그때부터는 제 아이템을 디자인하는 데 더 많은 시간을 투자하게 되었죠. 제페토에서 판매된 의상은 다른 사용자들이 좋아할 수 있도록 트렌드를 반영했어요. 그 결과, 월 평균 수백 달러를 벌 수 있게 되었어요."

2. SNS 홍보를 통해 제페토 아이템 판매 증가 - J. Park, 제페토 크리에이터
- "SNS에서 제페토 아이템을 홍보하기 시작하면서 판매가 급증했어요. TikTok과 Instagram에서 제 아이템을 소개하는 짧은 동영상을 올렸는데, 사람들이 제 디자인에 대해 관심을 많이 가지더라고요. 그 덕분에 제 아이템을 구매하는 사람들이 늘었어요. TikTok에서 하루에 수천 명이 제 아이템을 보고 팔로우해 주었고, 결국 제페토 내에서 큰 인기를 얻었어요."

3. 브랜드 협업을 통해 수익을 창출한 크리에이터 - H. Choi, 제페토 크리에이터
- "제페토는 브랜드와 협업할 수 있는 기회를 제공해서 좋았어요. 유명 브랜드와 협력하여 한정판 아이템을 만들었는데, 그때의 판매량은 상상 이상이었어요. 제페토 내에서 그 브랜드와의 콜라보레이션을 홍보하자, 더 많은 사용자들이 제 아이템을 구매하게 되었죠. 제 아이템이 인기를 끌면서 다른 브랜드와도 협업 기회를 얻었어요."

4. 팬 커뮤니티 운영과 수익 증가 - S. Kim, 제페토 크리에이터
- "저는 제페토에서 팬들과의 관계를 중시했어요. 제 아이템을 구매한 사람들과 소통하고, 그들이 원하는 스타일의 아이템을 만들기 시작했죠. 그렇게 팬 커뮤니티가 생겼고, 그들은 제 아이템을 계속 구매하면서 저를 응원해 주었어요. 팬들과 소통하는 것도 수익을 늘리는 데 중요한 요소였어요. 매달 꾸준히 수익을 올릴 수 있었고, 팬들에게는 특별 할인 혜택도 제공했어요."

09 로블록스 Roblox

로블록스는 어떤 곳인가요?

로블록스(Roblox)는 전 세계적으로 인기 있는 게임 플랫폼이자 게임 제작 시스템으로, 사용자들이 게임을 만들고, 공유하며, 즐길 수 있는 공간을 제공한다. 2006년에 출시된 로블록스는 지금까지 수많은 사용자들이 창의력을 발휘하여 게임을 개발하고 이를 통해 돈을 버는 기회도 제공하고 있다.

주요 특징

1. 게임 제작 플랫폼
- 로블록스는 단순히 게임을 즐기는 곳만이 아니라, 게임을 만들고 이를 다른 사람들과 공유할 수 있는 플랫폼이다. 로블록스 스튜디오(Roblox Studio)라는 도구를 사용하면 코딩 경험이 없어도 자신만의 게임을 쉽게 만들 수 있다. 이를 통해 개인이나 팀이 게임을 만들고, 이를 플랫폼에서 수많은 유저들과 공유할 수 있다.

2. 게임 내 경제 시스템
- 로블록스에서는 가상 화폐인 로블록스 코인(Robux)을 사용하여 게임 아이템을 구매하거나, 게임 개발자들이 만든 게임 내 콘텐츠를 판매할 수 있다. 로벅스(Robux)는 로블록스 플랫폼 내에서 아이템을 구매하고, 개발자들이 수익을 올릴 수 있도록 돕는 중요한 화폐이다.

3. 소셜 기능
- 로블록스는 소셜 네트워크의 요소를 갖추고 있어, 사용자는 친구를 추가하고, 게임에서 함께 플레이하거나, 다른 유저들이 만든 게임을 즐길 수 있다. 또한, 유저들은 버츄얼 아바타를 만들어 자신을 표현하고, 다양한 아바타 아이템을 구매하거나 제작할 수 있다.

4. 커뮤니티 중심
- 로블록스는 매우 활발한 사용자 커뮤니티가 존재하며, 사용자는 다양한 방식으로 서로 소통하고 협력할 수 있다. 개발자들은 커뮤니티 피드백을 받아 게임을 개선하고, 게임 내 이벤트를 통해 유저들에게 보상을 제공하는 등 지속적으로 관계를 형성한다.

5. 멀티 플랫폼
- 로블록스는 PC, 모바일, Xbox, 그리고 VR 기기 등 다양한 플랫폼에서 플레이 할 수 있다. 이는 더 많은 유저들이 손쉽게 게임에 접근할 수 있도록 만든다.

수익화 단계별 가이드

1. 로블록스 계정 만들기 및 로블록스 스튜디오 설치
- 계정 만들기: 로블록스 웹사이트에서 계정을 생성한다. 이를 통해 게임을 개발하고, 아이템을 만들고, 판매할 수 있는 기본적인 권한을 얻는다.
- 로블록스 스튜디오 설치: 로블록스에서 게임을 개발하려면 로블록스 스튜디오를 설치해야 한다. 이는 로블록스에서 제공하는 게임 개발 도구로, 다양한 기능을 활용해 게임을 만들 수 있다. 로블록스 스튜디오는 사용이 간편하고, 코드 작성 없이도 게임을 만들 수 있는 기능을 제공한다.

2. 게임 개발 또는 아바타 아이템 제작
- 로블록스에서 돈을 버는 가장 기본적인 방법은 게임을 만들거나 아바타 아이템을 제작하는 것이다.

1) 게임 개발
- 게임 아이디어 구상: 게임의 주제, 목표 및 게임의 재미 요소를 구상한다. 게임은 모험, 전략, 롤플레잉 등 다양한 장르로 만들 수 있다.
- 게임 개발: 로블록스 스튜디오를 사용해 게임을 개발한다. 로블록스는 스크립트 언어(Lua)를 사용하여 게임에 다양한 기능을 추가할 수 있다. 만약 코딩에 자신이 없다면, 템플릿을 활용해 쉽게 시작할 수 있다.
- 게임 패스(Game Pass): 유저가 구매할 수 있는 특수 능력이나 기능을 제공하는 아이템을 만들 수 있다. 예를 들어, 유저가 게임 내에서 빠르게 진행할 수 있는 아이템이나, 특수 능력을 얻을 수 있는 패스를 판매할 수 있다.
- 아이템 판매: 게임 내에서 사용할 수 있는 아이템(의상, 무기, 액세서리 등)을 판매하여 로벅스를 얻을 수 있다.

2) 아바타 아이템 제작
- 아바타 아이템을 제작하여 판매하는 방법도 인기 있다. 이는 유저들이 자신의 아바타를 꾸미는 데 사용할 수 있는 의상, 액세서리, 헤어 스타일 등을 포함한다. 아이템을 로블록스 마켓플레이스에 업로드하고 판매할 수 있다. 인기 있는 아이템을 만들면 많은 사람들이 구매하게 되므로 수익을 창출할 수 있다.

3. 로벅스 얻기

로블록스 내에서 만든 게임 아이템이나 패스를 판매하여 로벅스를 얻을 수 있다. 로벅스는 로블록스 내에서만 사용되는 가상 화폐로, 이를 통해 현금화가 가능하다. 수익을 올리려면 게임의 인기와 유저의 관심을 끌어야 한다.

1) 게임 아이템 판매
- 게임 내 아이템(코스튬, 무기, 스킨 등)을 만들고 판매하여 로벅스를 얻다. 이를 통해 수익을 올릴 수 있으며, 유저들이 자주 구매하는 인기 아이템을 제작하는 것이 중요하다. 한정판 아이템을 만들거나, 특별 이벤트에 맞춰 아이템을 판매하면 더 많은 유저가 구매할 가능성이 높다.

2) 게임 패스 판매
- 게임 패스는 게임 내에서 특수 기능이나 혜택을 제공하는 아이템이다. 예를 들어, 새로운 레벨을 잠금 해제하거나, 유저에게 특별한 능력을 부여하는 등의 기능을 포함시킬 수 있다. 게임 패스는 로블록스에서 유료로 판매할 수 있으며, 구매한 유저들은 게임을 진행하면서 유용하게 사용할 수 있다.

4. 로벅스 현금화 (DevEx)

로벅스를 통해 돈을 벌기 위한 중요한 단계는 로벅스를 현금으로 전환하는 것이다. 로블록스의 DevEx(Developer Exchange) 프로그램을 통해 로벅스를 현금으로 교환할 수 있다.

1) DevEx 프로그램 자격 요건:
- 1만 로벅스 이상 보유: 현금으로 교환하려면 최소 1만 로벅스가 필요하다.
- 로블록스 프리미엄 회원: DevEx 프로그램에 참여하려면 로블록스 프리미엄 회원이어야 한다.
- 유효한 페이팔 계정: 로벅스를 현금으로 교환하려면 PayPal 계정이 필요하다.
- 로벅스를 현금으로 바꾸는 방법: 1만 로벅스는 약 35달러에 해당한다. 로블록스는 로벅스를 현금으로 교환할 때, 일정 비율의 수수료를 차감한다. DevEx 프로그램에 참여하려면 로블록스 개발자 계정에서 DevEx 신청을 해야 한다. 승인이 되면 로벅스를 현금으로 교환할 수 있다.

5. SNS 및 마케팅 활용

- 로블록스에서 만든 게임이나 아이템을 홍보하기 위해 SNS나 유튜브 등 외부 채널을 활용하는 것이 중요하다. 로블록스에서 많은 유저가 게임을 즐기고, 아이템을 구매하려면 마케팅 활동이 필요하다.

1) SNS 활용
- Twitter, Instagram, TikTok 등에서 자신의 게임이나 아이템을 홍보해야 한다. 게임에 대한 스니크 픽(미리보기)을 공개하거나, 업데이트 소식을 알리면 많은 유저들의 관심을 끌 수 있다. 인기 있는 로블록스 유튜버와 협력하여 게임 리뷰나 게임 플레이 영상을 만들어 노출도를 높일 수 있다.

2) 게임 이벤트 및 대회 개최
- 게임 이벤트나 대회를 개최하여 참여 유저를 끌어모을 수 있다. 이벤트에서 특별한 아이템을 제공하거나, 상금을 제공하는 방식으로 유저들이 적극적으로 참여하도록 유도할 수 있다. 로블록스 공식 이벤트나 커뮤니티 이벤트에 참여하면 더 많은 유저들에게 노출될 수 있다.

6. 유저 피드백 받고 개선하기
- 게임이나 아이템이 인기 있는지, 유저들이 원하는 기능이 무엇인지 파악하려면 유저 피드백을 잘 관리해야 한다. 로블록스에서 성공적인 크리에이터는 유저들의 의견을 반영하여 게임을 지속적으로 업데이트하고 개선한다. 유저들이 제시하는 개선사항이나 버그 수정을 반영하여 게임의 품질을 높이고, 유저들이 지속적으로 돌아오게 할 수 있다. 새로운 컨텐츠 업데이트를 통해 유저들의 관심을 끌고, 게임에 대한 활발한 참여를 유도할 수 있다.

TIP

1. 게임의 퀄리티와 창의성에 집중
- 게임의 재미와 독창성: 로블록스에는 이미 수많은 게임들이 존재하기 때문에, 차별화된 아이디어가 중요하다. 유저들이 재밌다고 느낄 만한 새로운 게임 장르나 창의적인 스토리를 제공하면 더 많은 유저들이 게임을 즐기게 된다.
- 퀄리티 높은 게임 만들기: 기본적인 그래픽, 게임 디자인, 인터페이스(UI), 음향 등에서 높은 퀄리티를 유지하는 것이 중요하다. 게임의 전반적인 품질이 낮으면 유저들이 지속적으로 플레이하지 않을 가능성이 크다.

2. 로벅스 수익화 방법 활용
- 게임 패스(Game Pass) 활용: 게임 패스는 유저들이 특정 기능이나 특수 아이템을 사용할 수 있도록 하는 유료 아이템이다. 예를 들어, 특별한 능력을 추가하거나, 고급 레벨에 접근할 수 있는 패스를 판매하면 지속적인 수익을 얻을 수 있다.
- 아이템 판매: 게임 내에서 유저들이 사용할 수 있는 아이템(의상, 무기, 스킨 등)

을 판매하여 로벅스를 얻을 수 있다. 유저들이 원하는 아이템을 만들어 제공하면 꾸준히 판매가 이루어질 수 있다.
- 프리미엄 게임 패스: 로블록스 프리미엄 유저를 대상으로 특별한 혜택을 제공하는 패스를 만들면, 프리미엄 사용자들이 이를 구매하게 되어 더 많은 수익을 올릴 수 있다.

3. 인기 있는 게임 이벤트와 대회 개최
- 정기적인 이벤트: 게임 내에서 특별한 이벤트나 시즌 이벤트를 개최하면 유저들의 관심을 끌 수 있다. 예를 들어, 할로윈 이벤트, 크리스마스 이벤트 등을 만들어 특별 아이템을 판매하거나, 유저가 참여할 수 있는 도전 과제를 추가하면 재미를 더할 수 있다.
- 게임 대회: 경쟁적인 게임 대회나 리더보드를 만들어 상금을 제공하면 유저들이 더욱 활발하게 참여할 것이다. 상금이나 특별 보상은 로벅스로 지급할 수 있으며, 대회를 통해 유저들의 참여를 유도하고 게임의 유저 수를 증가시킬 수 있다.

4. 아바타 아이템 제작 및 판매
- 유니크한 이비디 아이템 디자인: 로블록스에서 아바타는 중요한 요소이므로, 의상, 액세서리, 헤어 스타일 등과 같은 아바타 아이템을 제작하여 판매하면 수익을 얻을 수 있다. 독특하고 트렌디한 디자인이 유저들에게 인기를 끌게 된다.
- 한정판 아이템 제작: 한정판 아바타 아이템을 제작하고, 특정 기간 동안만 판매하면 희소성 덕분에 더 많은 사람들이 구매하려 할 것이다. 이를 통해 단기간에 많은 로벅스를 얻을 수 있다.

5. 로블록스 프리미엄 활용
- 로블록스 프리미엄 회원 혜택: 로블록스의 프리미엄 회원은 매달 로벅스를 지급받고, 프리미엄 전용 아이템이나 기능을 사용할 수 있다. 프리미엄 전용 아이템을 만들어 판매하면 로벅스를 얻을 수 있다.
- 프리미엄 유저 대상으로 혜택 제공: 프리미엄 유저들에게만 제공되는 특수 아이템이나 혜택을 제공하면 유료 사용자에게 큰 인기를 얻을 수 있다. 예를 들어, 프리미엄 유저만 사용할 수 있는 특별한 능력이나 아이템을 추가할 수 있다.

6. 게임의 업데이트와 지속적인 개선
- 게임의 업데이트: 게임이 한번 출시되었다고 끝나는 것이 아니다. 꾸준히 업데이트를 진행하여 유저들이 계속해서 관심을 갖고 플레이할 수 있도록 해야 한다. 신규 맵, 레벨, 캐릭터, 아이템 등을 추가하여 유저들에게 신선한 경험을 제공한다.
- 버그 수정 및 개선: 유저들이 게임을 플레이하면서 발생하는 버그를 빠르게 수

정하고, 피드백을 반영하여 게임을 개선하는 것이 중요하다. 유저들이 더 즐겁고 원활하게 게임을 할 수 있도록 게임의 품질을 높여야 한다.

7. SNS와 커뮤니티 마케팅

- **SNS 활용**: 트위터, 인스타그램, 틱톡 등의 SNS에서 자신의 게임이나 아이템을 적극적으로 홍보해야 한다. 유저들에게 게임에 대한 정보를 제공하고, 게임의 업데이트 소식이나 이벤트를 알리면 더 많은 사람들이 관심을 가질 수 있다.
- **유튜버와의 협업**: 인기 있는 로블록스 유튜버와 협업하여 게임을 소개하거나, 게임 플레이 영상을 올리도록 유도하면 더 많은 유저들이 게임을 알게 될 수 있다. 유튜버와의 협업은 빠르게 유저 기반을 확대하는 좋은 방법이다.
- **커뮤니티 피드백**: 유저들의 피드백을 적극적으로 받아들여 게임을 개선하고, 유저와의 상호작용을 강화해야 한다. 팬들과의 소통은 게임의 충성도 높은 팬층을 형성하는 데 도움이 된다.

8. 게임의 광고 및 유료 배너 활용

- **게임 내 광고**: 로블록스는 게임 내에서 광고를 삽입할 수 있는 기능을 제공한다. 게임을 플레이하는 유저가 광고를 보도록 유도하고, 그에 따라 로벅스를 얻을 수 있다.
- **게임을 홍보할 때 광고 활용**: 로블록스의 게임 광고를 통해 자신의 게임을 다른 유저들에게 홍보할 수 있다. 유료로 광고를 집행하면, 더 많은 사람들이 게임을 발견하게 되고, 게임을 다운로드할 가능성이 높아진다.

9. DevEx(Developer Exchange) 프로그램 활용

- **로벅스를 현금으로 전환**: 게임에서 얻은 로벅스를 DevEx(Developer Exchange) 프로그램을 통해 현금으로 바꿀 수 있다. 이 프로그램에 참여하려면 로블록스에서 요구하는 조건을 충족해야 하며, 최소 1만 로벅스가 있어야 한다. 현금으로 바꿀 수 있는 비율은 로벅스 1만 개당 약 35달러(수수료 차감) 정도이다.

10. 협업과 팀 구성

- **협업 및 팀 구성**: 다른 개발자들과 협업하거나 팀을 만들어 게임을 개발하면, 더 큰 규모의 프로젝트를 진행할 수 있다. 예를 들어, 그래픽 디자이너, 코딩 전문가, 음악 작곡가 등과 협업하여 게임의 품질을 높이고, 다양한 전문성을 결합할 수 있다.
- **팀 프로젝트와 수익 분배**: 여러 명의 개발자가 협력하여 만든 게임에서 얻은 수익을 분배하는 시스템을 잘 설정해야 한다. 팀원들과의 원활한 협력이 게임의 성공을 도울 수 있다.

| 사진 & 동영상 | 창작물 & 앱 | **디자인 & 이모티콘** | 컨텐츠 | 블로그 | SNS | 쇼핑몰 | 글 & 그림 | 교육 & 방송 |

수익자 리뷰

1. 게임 개발자로서 로블록스에서 돈을 벌고 있는 K1_Dev의 리뷰

- 게임 개발자 K1_Dev는 로블록스에서 게임 개발을 통해 꾸준히 수익을 올리고 있다. 그는 주로 "게임 패스"와 "아이템 판매"를 통해 로벅스를 얻고 있으며, 수익화 전략으로 게임 이벤트와 주기적인 업데이트를 잘 활용하고 있다. "저는 게임 내에서 특별한 아이템을 판매하거나, 게임 패스를 제공하여 유저들이 더 많은 기능을 사용할 수 있도록 유도합니다. 그리고 주기적으로 게임 업데이트를 통해 유저들에게 새롭고 흥미로운 요소를 제공합니다. 이러한 전략 덕분에 많은 유저들이 게임을 자주 방문하게 됩니다." "저는 게임을 런칭한 후 첫 번째 큰 업데이트에서 한정판 아이템을 판매했을 때 가장 많은 로벅스를 벌었습니다. 유저들이 한정판 아이템에 큰 관심을 보였고, 그 덕분에 빠르게 매출이 증가했습니다." "게임을 잘 만들고, 그 다음으로 중요한 것은 마케팅입니다. SNS와 유튜버를 활용해 게임을 홍보하면 더 많은 사람들이 게임을 알게 되고, 이는 수익으로 이어집니다."

2. 아이템 판매를 통한 수익을 얻은 개발자 "PixelArtCreator"의 경험

- PixelArtCreator는 로블록스에서 아바타 아이템을 디자인하고 판매하는 데 주력하는 개발자이다. 그녀는 아바타 아이템의 디자인을 통해 꾸준히 수익을 창출하고 있다. "저는 아바타 아이템을 주로 디자인하고 있습니다. 의상, 액세서리, 헤어 스타일 등 다양한 아이템을 제작하여 로블록스 마켓에 판매하고 있습니다. 특히, 한정판 아이템이나 인기 있는 트렌드를 반영한 디자인은 큰 인기를 끌었습니다." "아이템을 판매할 때는 유행을 파악하고, 최신 트렌드를 반영하는 것이 중요합니다. 또한, SNS와 커뮤니티를 통해 아이템을 홍보하고, 유저들과 소통하는 것이 수익을 증대시키는 데 큰 도움이 됩니다." "아이템을 만든 후 정기적인 프로모션을 활용하거나, 할인 이벤트를 진행하면 더 많은 유저들이 구매할 확률이 높아집니다."

3. 게임 광고와 프로모션으로 성공한 "GameMasterX"의 리뷰

- GameMasterX는 로블록스에서 게임 내 광고와 프로모션을 통해 수익을 올리고 있는 개발자이다. 그는 자신의 게임을 잘 홍보하고, 다른 유저들이 광고를 보고 로벅스를 얻는 방식으로 수익을 창출하고 있다. "저는 게임 내에서 광고를 집행하고, 다른 개발자들의 게임에 광고를 삽입하는 방식으로 로벅스를 벌고 있습니다. 로블록스에서는 유저들이 게임을 플레이하는 동안 광고를 본 뒤 로벅스를 지급받는 방식이기 때문에, 게임에 광고를 포함시키면 수익을 올릴 수 있습니다." "게임의 인지도를 높이기 위해 로블록스 광고를 활용한 것도 성공적이었

습니다. 게임을 홍보하고, 광고를 통해 더 많은 유저들이 방문하게 되었고, 그만큼 광고를 통해 얻은 수익도 증가했습니다." "광고를 단순히 넣는 것만으로는 부족합니다. 게임의 퀄리티가 높아야 유저들이 오랫동안 게임을 하며 광고를 보게 됩니다. 그래서 항상 게임을 업데이트하고 새로운 콘텐츠를 추가하는 것이 중요합니다."

4. "RobuxKing"의 DevEx 프로그램 활용 후기

- RobuxKing은 로블록스에서 성공적인 개발자로, 주로 DevEx(Developer Exchange) 프로그램을 통해 로벅스를 현금으로 전환하는 방식으로 수익을 올리고 있다. 그는 로벅스를 많이 모은 후 현금화하는 과정에서 중요한 팁을 제공한다. "로벅스를 현금으로 전환할 수 있는 DevEx 프로그램 덕분에 개발자로서 큰 수익을 얻을 수 있었습니다. 이를 통해 게임에서 얻은 로벅스를 실제 현금으로 바꾸는 방법을 알게 되었고, 게임을 개선하면서 얻은 수익을 직접 사용할 수 있었습니다." "게임을 출시한 후, 게임 패스와 아이템 판매를 통해 로벅스를 벌었고, 이를 DevEx 프로그램을 통해 현금화할 수 있었습니다. 매달 일정한 수익이 생기면서 점점 더 많은 로벅스를 얻고, 현금으로 바꾸는 과정이 재미있고 보람 있었습니다." "DevEx 프로그램을 활용하려면, 프리미엄 회원이 되어야 하고, 1만 로벅스 이상을 모아야 합니다. 로벅스를 현금으로 바꾸는 과정에서 수수료가 있으니 그 부분을 고려해야 합니다. 이를 위해 게임을 꾸준히 업데이트하고, 유저들이 계속해서 참여할 수 있도록 해야 합니다."

| 사진 & 동영상 | 창작물 & 앱 | **디자인 & 이모티콘** | 컨텐츠 | 블로그 | SNS | 쇼핑몰 | 글 & 그림 | 교육 & 방송 |

10 카카오톡 KakaoTalk

카카오톡은 어떤 곳인가요?

카카오톡(KakaoTalk)은 한국에서 가장 인기 있는 메신저 앱 중 하나로, 카카오 주식회사가 개발하고 운영하는 소셜 미디어 플랫폼이다. 2010년 3월에 처음 출시된 이후로, 카카오는 메신저, 소셜 네트워킹, 디지털 콘텐츠를 결합한 다양한 기능을 제공하면서 한국과 해외에서 빠르게 확산되었다.

주요 기능

1. **1:1 및 그룹 채팅**
   - 카카오톡은 개인 간의 1:1 채팅과 여러 명이 참여할 수 있는 그룹 채팅을 지원한다. 텍스트 메시지, 이미지, 동영상, 음성 메시지 등을 쉽게 주고받을 수 있다.

2. **멀티미디어 메시지**
   - 텍스트 외에도 이미지, 동영상, 음성 메시지, 파일을 보내거나 받을 수 있다. 최근에는 스티커, GIF 등을 활용하여 더욱 다채롭고 재미있는 소통이 가능하다.

3. **카카오스토리**
   - 카카오는 카카오스토리라는 소셜 미디어 기능도 제공한다. 이곳에서 친구와 자신의 일상을 공유하거나, 다양한 콘텐츠를 업로드할 수 있다.

4. **카카오톡 채널(비즈니스)**
   - 기업이나 브랜드가 카카오톡 채널을 통해 고객과 소통하고 마케팅 활동을 할 수 있는 기능을 제공한다. 이를 통해 고객 관리, 프로모션, 고객 서비스 등을 할 수 있다.

5. **카카오톡 선물하기**
   - 카카오는 선물하기 기능을 통해 유저들이 상품을 구입하여 친구에게 선물할 수 있도록 지원한다. 선물은 다양한 기프티콘 형태로 주고받을 수 있으며, 이는 카카오톡의 큰 특징 중 하나이다.

6. **카카오페이**
   - 카카오는 카카오페이라는 결제 시스템을 통해 송금, 결제, 금융 서비스 등을 제공한다. 카카오톡에서 직접 결제를 할 수 있는 기능이 있어, 실시간으로 돈을

송금하거나 온라인 쇼핑을 할 수 있다.

7. 카카오게임즈

- 카카오는 모바일 게임 플랫폼도 운영하고 있으며, 카카오톡을 통해 게임을 즐기거나 친구들과 함께 플레이할 수 있는 게임들을 제공한다. 이를 통해 다양한 게임 서비스를 연결하고 있다.

8. 카카오이모티콘

- 카카오는 이모티콘과 스티커의 판매와 다운로드 서비스를 제공한다. 유저는 다양한 캐릭터와 감정을 표현하는 스티커를 통해 대화의 재미를 더할 수 있다.

9. 카카오T (택시 호출 서비스)

- 카카오는 카카오T라는 앱을 통해 택시 호출 서비스를 제공하며, 사용자는 카카오톡을 통해 택시 호출, 운전기사와의 소통, 결제 시스템 등을 이용할 수 있다.

수익화 단계별 가이드

1. 카카오톡 이모티콘 제작자로 등록하기

- 카카오톡 이모티콘을 제작하여 판매하려면 먼저 카카오톡 이모티콘 제작자로 등록해야 한다. 이를 위해서는 카카오톡의 공식 이모티콘 플랫폼인 카카오 이모티콘 스튜디오에 가입하고, 이모티콘 제작자로 인증을 받아야 한다.
- 카카오 이모티콘 스튜디오 사이트 방문: 카카오 이모티콘 스튜디오(https://studio.kakao.com)에 접속하여 회원 가입을 한다.
- 제작자 신청: 이모티콘 제작자로 등록하려면, 제작자 신청을 해야 한다. 기본적인 개인정보와 연락처 정보를 제공하고, 카카오톡 계정을 연결해야 한다.
- 제작 도구 사용법 익히기: 카카오는 이모티콘을 만들 수 있는 디자인 툴을 제공하며, 이를 통해 직접 이모티콘을 제작할 수 있다. 디자인 툴 사용법을 익히는 것이 중요하다.

2. 이모티콘 아이디어 구상 및 디자인

- 이모티콘은 유저들이 자주 사용하고 즐길 수 있어야 하므로, 창의적이고 유용한 디자인이 필요하다. 사람들의 관심을 끌고, 유행을 반영한 스타일을 고려하여 디자인해야 한다.
- 시장 조사: 카카오톡에서 현재 인기 있는 이모티콘 스타일을 확인한다. 예를 들어, 동물, 귀여운 캐릭터, 유머러스한 표정 등의 주제가 인기를 끌고 있다. 다른 인기 있는 이모티콘을 분석하여 어떤 스타일이 잘 팔리는지 확인한다.
- 아이디어 구상: 타겟 시장을 생각하고, 어떤 캐릭터나 테마가 사람들이 사용할

가능성이 높은지 구상한다. 예를 들어, 귀여운 동물 캐릭터, 감정을 표현하는 다양한 표정, 일상 생활에서 자주 쓰이는 대화 표현 등을 고려하는게 좋다.
- 디자인 작업: 디지털 일러스트 툴(예: Adobe Illustrator, Procreate 등)을 사용해 캐릭터와 표정, 상황 등을 디자인한다. 카카오는 최소 16개 이상의 이모티콘 세트를 요구한다. 또한, 파일 규격과 해상도 등 카카오에서 요구하는 조건을 정확히 맞추는 것이 중요하다.
- 반응형 디자인: 다양한 크기에서 잘 보이도록 이모티콘을 디자인한다. 이모티콘이 작은 화면에서도 선명하게 보일 수 있도록 디자인을 최적화한다.

3. 이모티콘 제출 및 심사
- 디자인이 완료되면 카카오톡에 이모티콘을 제출해야 한다. 카카오는 제출된 이모티콘을 심사하여, 판매 가능 여부를 결정한다. 이 과정에서 심사 기준을 만족해야 이모티콘이 승인되고, 판매가 가능하다.
- 이모티콘 파일 업로드: 이모티콘 세트(최소 16개 이상)를 카카오 이모티콘 스튜디오에 업로드한다. 각 이모티콘은 카카오톡에서 잘 사용될 수 있도록 직관적이고 명확해야 한다.
- 심사 제출: 제출한 이모티콘은 카카오의 심사 팀이 검토한다. 이모티콘이 카카오의 기준에 맞지 않거나, 저작권에 문제가 있는 경우 거절될 수 있다.
- 심사 통과 후 판매 시작: 심사를 통과하면 카카오톡 스토어에서 판매가 시작된다. 이후 이모티콘이 카카오톡 마켓에서 공식적으로 판매된다.

4. 이모티콘 판매 관리 및 마케팅
- 이모티콘이 판매되기 시작하면, 판매 실적을 관리하고, 필요에 따라 마케팅을 통해 더 많은 사람들이 이모티콘을 알 수 있도록 해야 한다.
- 판매 통계 확인: 카카오톡 이모티콘 스튜디오에서 판매 현황과 수익을 확인할 수 있다. 이 정보를 바탕으로, 인기 있는 이모티콘을 추적하고, 더 많은 수익을 올리기 위한 전략을 세울 수 있다.
- 마케팅 및 홍보: SNS, 블로그, 유튜브 등을 활용해 이모티콘을 홍보한다. 이모티콘의 사용 사례나 유머를 강조하여 사람들에게 홍보할 수 있다. 인플루언서와 협력하여 이모티콘을 홍보하거나, 이모티콘 사용자들이 자신의 채팅에서 이모티콘을 사용하는 모습을 보여주는 방식으로 자연스럽게 마케팅을 할 수 있다.
- 이모티콘 이벤트 진행: 할인 이벤트나 특별 한정판 이모티콘을 제작하여 소비자들의 관심을 끌 수 있다. 예를 들어, 명절 한정 이모티콘이나 특별한 날의 이모티콘을 기획하면 한정적인 수요를 창출할 수 있다.

5. 수익 구조 및 정산

- 카카오톡 이모티콘의 수익은 이모티콘 판매 가격에서 카카오와 크리에이터 간의 수익 배분 비율에 따라 분배된다.
- 크리에이터: 판매 금액의 70%
- 카카오: 판매 금액의 30%
- 수익 조회는 이모티콘 스튜디오에서 월별 수익을 확인할 수 있다.
- 정산 기준: 매월 1일부터 말일까지의 매출을 집계하여 익월 25일에 정산되며, 정산 최소 금액은 10만 원이다. 수익이 10만 원을 넘지 않으면 누적되어 다음 달로 이월된다.

6. 이모티콘 업그레이드 및 개선

- 처음 출시한 이모티콘이 잘 팔리지 않거나, 유저들의 피드백을 반영해 개선할 필요가 있을 수 있다. 이러한 경우 이모티콘 업데이트 또는 새로운 버전을 만들어 판매할 수 있다.
- 피드백 반영: 이모티콘을 사용한 사람들이 남긴 피드백을 반영하여 더 개선된 버전을 출시한다.
- 이모티콘 업그레이드: 기존 이모티콘의 새로운 버전을 제작하거나, 추가적인 스티커나 새로운 캐릭터를 넣어 이모티콘을 업그레이드한다.
- 추가 판매: 업그레이드된 이모티콘을 다시 출시하여 판매를 이어갈 수 있다.

> **TIP**

카카오톡 이모티콘으로 돈을 벌기 위해서는 창의력과 시장 트렌드 파악, 마케팅 전략이 중요하다. 많은 사람들이 이미 카카오톡 이모티콘을 사용하고 있기 때문에 경쟁도 치열하다.

1. 유행과 트렌드를 반영하라

- 카카오톡 이모티콘은 트렌디한 디자인과 유행에 맞는 테마가 중요하다. 사람들이 자주 사용하는 표정, 캐릭터, 상황 등을 반영하면 판매 성공 확률이 높아진다. 유행하는 캐릭터와 감정을 표현해야 한다. 예를 들어, 귀여운 동물, 짧은 대화 표현, 일상적인 상황(예: "배고파", "피곤해") 등은 사람들이 자주 사용하게 된다. 시즌별 테마를 반영한 이모티콘을 만들어 보는게 좋다. 예를 들어, 연말/연초, 발렌타인데이, 추석 등 명절에 맞춘 테마가 효과적이다. 트렌디한 캐릭터를 디자인해야 한다. 예를 들어, 귀여운 고양이, 강아지, 곰 캐릭터와 같은 유행하는 동물 캐릭터를 활용하면 인기가 있을 수 있다.

2. 다양한 감정을 표현하라

- 사람들이 이모티콘을 사용하는 이유는 대개 감정을 표현하거나 대화를 보다 재미있게 만들기 위해서이다. 다양한 감정이나 상황을 표현한 이모티콘 세트를 제작하는 것이 중요하다. 다양한 감정을 반영해야 한다. 예를 들어, 웃는 얼굴, 화난 표정, 슬픈 표정, 놀란 표정 등 감정을 표현할 수 있는 이모티콘을 제공하면 더 많은 사람들이 사용할 수 있다. 대화에 유용한 이모티콘을 만들도록 해야 한다. 예를 들어, "좋아", "싫어", "알았어", "대박" 등 자주 사용되는 대화 표현이 담긴 이모티콘은 실용적이고 많이 사용된다.

3. 일상적인 상황을 담아라

- 사람들이 자주 겪는 일상적인 상황을 표현한 이모티콘은 많은 사람들에게 공감과 재미를 준다. 특히 상황별 이모티콘을 제공하면 많은 사람들이 자신의 상황에 맞는 이모티콘을 찾을 수 있다. 상황별 이모티콘을 제작해야 한다. 예를 들어, 운동 중, 공부 중, 식사 시간, 회의 중 등 다양한 일상적인 상황에서 쓸 수 있는 이모티콘은 사람들이 자주 사용한다. 가벼운 유머와 위트를 담은 이모티콘은 사람들이 자주 공유하게 만들 수 있다. 예를 들어, "피곤하지만 가야 돼" 같은 상황을 유머러스하게 표현한 이모티콘.

4. 독특한 스타일과 개성을 담아라

- 카카오톡 이모티콘 시장에는 많은 작품들이 있기 때문에, 차별화된 디자인이 필요하다. 독특한 스타일과 개성 있는 캐릭터로 자신만의 브랜드를 만드는 것이 중요하다. 나만의 캐릭터를 만드세요. 예를 들어, 특정 색상이나 형태의 캐릭터를 만들어 시리즈로 판매하면 유저들이 쉽게 기억하고 좋아할 수 있다. 간단하고 직관적인 디자인을 유지해야 한다. 지나치게 복잡하거나 세밀한 디자인보다는 간단하고 직관적인 이미지가 모바일 환경에서 더 잘 보인다. 고유의 색상 팔레트를 만들어 자신만의 아이덴티티를 구축해야 한다.

5. 정기적인 업데이트와 새로운 디자인 추가

- 카카오톡 이모티콘을 한 번 출시하고 끝내는 것이 아니라, 정기적으로 새로운 이모티콘 세트를 출시하거나 기존 이모티콘을 업데이트하는 것이 중요하다. 업데이트와 지속적인 콘텐츠 추가는 고객을 유지하고 새로운 사람들에게도 다가갈 수 있는 방법이다. 기존 이모티콘 세트의 확장을 고려해야 한다. 예를 들어, 기존에 만들었던 캐릭터에 추가 표정이나 다른 상황을 추가하여 더 많은 이모티콘을 제공하는 것이다. 시즌별 업데이트를 진행하는게 좋다. 예를 들어, 여름 한정 이모티콘, 겨울 한정 이모티콘을 출시하면 시즌별로 새로운 수요를 창출할 수 있다.

6. SNS와 커뮤니티를 활용하여 홍보

- 이모티콘을 만들었다면, SNS와 커뮤니티에서 홍보하는 것이 중요하다. 이를 통해 더 많은 사람들이 이모티콘을 알게 되고 구매할 가능성이 높아진다. 인스타그램, 페이스북, 트위터 등 소셜 미디어에서 이모티콘을 적극적으로 홍보해야 한다. 자신의 이모티콘을 사용한 샘플 이미지나 동영상을 공유하고, 해시태그를 활용해 검색되는 빈도를 높여야 한다. 이모티콘 관련 커뮤니티(예: 카카오톡 이모티콘 팬 페이지, 카카오톡 이모티콘 판매 그룹)에서 활동하거나, 인플루언서와 협업하여 홍보를 진행하면 더 많은 사람들이 이모티콘을 알게 될 수 있다. 이벤트나 한정판 이모티콘을 출시하여 유저들의 관심을 끌어보는게 좋다. 예를 들어, 특정 수의 구매자에게 한정판 이모티콘을 제공하는 식으로 마케팅할 수 있다.

7. 이모티콘 가격 설정 전략

- 이모티콘의 가격을 어떻게 설정하느냐에 따라 판매 실적이 달라질 수 있다. 가격은 너무 낮지도, 너무 높지도 않게 적절한 선을 찾는 것이 중요하다. 가격을 다양화해야 한다. 일부 이모티콘은 기본적으로 저렴하게 설정하고, 프리미엄 세트나 특별한 한정판 이모티콘은 고급 가격을 책정하여 선택의 폭을 넓힌다. 할인 이벤트나 패키지 판매도 고려해 보세요. 예를 들어, 특정 기간 동안 이모티콘을 할인 가격에 제공하거나, 여러 세트를 묶어서 세트 할인을 진행할 수 있다.

8. 카카오 이모티콘 심사 기준에 맞추기

- 이모티콘이 카카오에서 판매되기 위해서는 심사를 통과해야 한다. 카카오는 심사 기준을 엄격히 적용하고 있으므로, 이모티콘을 제출하기 전에 반드시 심사 기준을 확인하고, 요구 사항을 충족하도록 해야 한다. 저작권 문제를 피해야 한다. 다른 사람의 디자인을 베끼거나, 타인의 저작물을 사용하는 것은 법적인 문제가 될 수 있다. 카카오의 디자인 가이드라인을 철저히 따라야 한다. 예를 들어, 파일 크기, 해상도, 색상 팔레트 등 카카오가 제시한 요구 사항을 정확히 맞추어야 심사에 통과할 확률이 높다.

> 수익자 리뷰

1. "이모티콘 제작을 시작한 이유와 첫 번째 판매까지의 여정"

- "처음에는 이모티콘 제작이 쉬운 일이라고 생각했어요. 그저 그림을 그려서 올리면 되겠지 했죠. 하지만 카카오톡 이모티콘은 단순한 그림 그리기가 아니라, 사람들의 감정을 잘 표현하고, 트렌디한 스타일을 반영해야 한다는 것을 깨달았어요. 첫 번째 이모티콘을 출시한 후, 처음에는 판매가 잘 되지 않았지만, SNS

에서 친구들에게 홍보하면서 조금씩 반응을 얻었어요. 그 후에 특별한 시즌 한정 이모티콘을 출시하니, 정말 많은 사람들이 구매하더라고요. 지금은 꾸준히 이모티콘을 만들어 판매하고 있으며, 주말마다 추가적인 수익을 올리고 있어요."

2. **"자신만의 캐릭터로 승부한 이모티콘 성공 이야기"**

- "저는 자체 캐릭터를 만들고 그것을 바탕으로 이모티콘을 제작했어요. 사람들은 단순히 예쁜 그림을 원하는 게 아니라, 그 안에 감정이나 특별한 개성을 찾고 있다는 걸 깨달았어요. 처음에는 몇 개의 기본적인 캐릭터만 만들었지만, 시간이 지나면서 그 캐릭터를 활용해 다양한 감정을 표현한 이모티콘 세트를 출시했어요. 그 결과, 이 캐릭터는 팬층을 형성하게 되었고, 현재는 캐릭터를 중심으로 한 이모티콘뿐만 아니라 굿즈도 제작해 판매하고 있어요. 이모티콘은 처음 시작했을 때보다 훨씬 더 잘 팔리고 있으며, 정기적인 업데이트와 시즌별 이벤트 덕분에 꾸준한 수익을 올리고 있어요."

3. **"이모티콘의 디자인을 개선하며 얻은 소중한 교훈"**

- "저는 처음에 심플한 디자인의 이모티콘을 출시했는데, 반응이 미미했어요. 그런데 판매 데이터를 분석해 보니 사람들이 요구하는 것은 다양한 감정 표현과 일상적인 상황이었어요. 그 후, 이모티콘 디자인을 다채롭게 변화시켰어요. 예를 들어, 웃는 얼굴, 화난 얼굴, 울음, 놀람 등의 다양한 감정을 표현하고, 더 많은 상황별 이모티콘을 추가했죠. 그 결과, 판매가 급증했고, 재구매도 많이 일어났어요. 또한, 카카오의 심사 기준에 맞춰 디자인을 조정하면서, 처음에는 통과하지 않았던 이모티콘이 승인되기도 했어요. 이모티콘을 개선하며 얻은 교훈은 '반응을 보고 개선하는 것이 중요하다'는 것이었어요."

4. **"이모티콘 제작, 꾸준한 업데이트로 수익 창출"**

- "이모티콘을 처음 만들 때는 정말 열심히 했지만, 시간이 지나면서 판매 실적이 점점 줄어드는 것 같았어요. 그래서 정기적인 업데이트가 필요하다는 것을 깨달았어요. 예를 들어, 시즌 한정판 이모티콘이나, 새로운 표정을 추가하는 방식으로 기존 이모티콘을 업데이트 했어요. 그 후, 구입자들이 추가된 이모티콘을 사용하면서 재구매가 일어났고, 리뷰도 많이 남기게 되어 판매량이 다시 증가했어요. 또, 이모티콘에 대한 피드백을 받고 고객의 요구를 반영하여 업데이트하는 것이 정말 중요한 점이라는 것을 알게 되었어요."

디지털 노마드 33선

11 라인 LINE

라인은 어떤 곳인가요?

라인(LINE)은 일본의 대표적인 모바일 메신저 앱이자, 다양한 서비스와 기능을 제공하는 플랫폼이다. 2011년에 일본에서 출시된 이후 급격히 인기를 끌며, 일본을 포함한 아시아 지역을 중심으로 널리 사용되고 있다. 라인은 단순한 메시징 기능을 넘어 다양한 콘텐츠와 비즈니스 기능을 제공하고 있어, 개인 사용자부터 기업, 콘텐츠 제작자들까지 폭넓은 사용자층을 확보하고 있다.

주요 특징과 기능

1. **메시징 서비스**
   - 라인은 기본적으로 텍스트 메시지, 음성 통화, 영상 통화 등을 제공하는 모바일 메신저이다. 스티커와 이모티콘을 통해 감정을 표현하는 기능이 특히 인기가 높다. 라인 스티커는 라인 사용자들 사이에서 매우 많이 사용되며, 다양한 스티커가 만들어지고 있다.

2. **소셜 네트워크 서비스(SNS)**
   - 라인에는 타임라인이라는 기능이 있어 사용자가 자신의 사진, 상태 메시지 등을 공유할 수 있다. 이 기능은 페이스북의 타임라인과 유사한다.

3. **라인 뮤직과 라인 페이**
   - 라인 뮤직은 라인의 음악 스트리밍 서비스로, 다양한 음악 콘텐츠를 제공한다. 라인 페이는 라인 내에서 결제 서비스로, 사용자가 쉽게 결제할 수 있도록 도와주는 기능이다.

4. **라인 게임**
   - 라인은 다양한 모바일 게임을 제공하는 라인 게임 플랫폼도 운영하고 있다. 많은 사람들이 게임을 즐기면서 라인에서 친구들과 소통하는 방식을 사용한다.

5. **비즈니스 및 브랜드 활동**
   - 라인은 라인@(라인 애드)와 라인 공식 계정을 통해 기업들이 고객과 직접 소통할 수 있는 기능을 제공하고 있다. 브랜드는 라인을 통해 프로모션, 이벤트 등을 진행하며, 고객과의 상호작용을 강화할 수 있다.

| 사진 & 동영상 | 창작물 & 앱 | **디자인 & 이모티콘** | 컨텐츠 | 블로그 | SNS | 쇼핑몰 | 글 & 그림 | 교육 & 방송 |

6. 라인 스토어

- 라인 스토어는 사용자들이 스티커, 이모티콘, 테마 등을 구매할 수 있는 온라인 마켓플레이스이다. 이곳에서 이모티콘 작가들이 자사의 작품을 판매할 수 있는 기회를 제공한다.

7. 라인의 이모티콘과 스티커

- 라인은 이모티콘과 스티커의 판매를 통해 수익을 창출할 수 있는 플랫폼으로도 유명하다. 많은 디자이너들이 자신만의 개성 있는 캐릭터나 표현을 담은 이모티콘, 스티커를 만들어 판매하며, 이를 통해 수익을 올리고 있다.
- 라인 스티커/이모티콘: 라인 스티커는 캐릭터나 감정을 표현할 수 있는 다양한 형태의 이미지를 제공하며, 사용자들이 일상적인 대화에서 많이 사용한다.
- 라인 스티커 제작자: 개인 또는 기업이 직접 라인 스티커를 제작하고 판매할 수 있으며, 인기 있는 스티커는 매우 높은 수익을 창출할 수 있다.

수익화 단계별 가이드

1. 라인 크리에이터스 마켓 가입 및 계정 생성 라인 크리에이터스 마켓 웹사이트에 접속

- 라인 크리에이터스 마켓에 접속하여, "회원 가입" 버튼을 클릭한다.
- 라인 계정으로 로그인: 라인 계정이 없다면 먼저 라인 계정을 생성하고 로그인한다.
- 크리에이터 계정 생성: 크리에이터 계정을 등록한 후, 개인 정보와 필요한 인증을 마칩니다. 계정이 승인되면 스티커와 이모티콘을 업로드할 수 있다.

2. 아이디어 구상 및 디자인 준비

- 타겟 시장 파악: 먼저, 어떤 대상이 사용할 스티커나 이모티콘을 만들지 고민한다. 예를 들어, 연애, 일상, 감정 표현, 귀여운 동물, 또는 유머 등 여러 카테고리 중에서 선택할 수 있다.
- 디자인 계획 세우기: 스타일을 정하고, 디자인의 색상과 테마를 구상한다.
- 시리즈로 만들기: 여러 개의 스티커를 하나의 시리즈로 만들어 판매하면 더 많은 사람들이 구매할 가능성이 크다.
- 유행을 반영: 현재 유행하는 트렌드나 사회적인 이슈를 반영하면 더 많은 관심을 끌 수 있다.
- 디자인 도구 선택: 스티커와 이모티콘을 디자인하려면 디자인 프로그램을 사용해야 한다. 일반직으로 Adobe Illustrator, Adobe Photoshop, Procreate 등 다양한 도구를 사용할 수 있다. 파일 규격에 맞게 디자인한다. 보통 PNG 파일

로 370x320px 크기의 이미지를 요구한다.
- 스티커 세트 구성: 스티커 세트는 최소 8개의 이미지로 구성되어야 한다. 이미지의 해상도와 품질을 체크하여 최적화된 디자인을 준비한다.

3. 스티커 및 이모티콘 업로드
- 스티커 파일 업로드: 디자인한 스티커나 이모티콘 파일을 라인 크리에이터스 마켓에 업로드한다. 각 스티커나 이모티콘에 대해 설명을 추가하고, 태그를 달아서 검색이 용이하게 만든다.
- 가격 설정: 각 스티커나 이모티콘의 가격을 설정한다. 일반적으로 가격은 100엔에서 300엔 사이로 설정되며, 판매 수익의 50%가 크리에이터에게 지급된다. 가격 전략을 잘 설정하여 더 많은 판매를 유도할 수 있다.
- 심사: 업로드한 스티커나 이모티콘은 라인 측의 심사를 받는다. 이 과정에서 심사 기준에 맞지 않으면 반려될 수 있으므로, 디자인과 파일이 규격에 맞는지 점검한다.
- 승인 후 판매 시작: 심사를 통과하면 스티커가 라인 스토어에 등록되어 판매가 시작된다.

4. 판매 및 홍보
- SNS 활용: 인스타그램, 트위터, 페이스북 등에서 스티커의 사용 예시를 공유하고, 사람들에게 구매를 유도한다. 해시태그를 사용하여 타겟 고객층에 도달할 수 있다.
- 친구 및 팔로워들에게 홍보: 라인 친구나 팔로워에게 자신이 만든 스티커를 추천하여 판매를 유도할 수 있다. 라인 프로필에 스티커를 활용하여 노출시키면 더욱 효과적이다.
- 이모티콘 시리즈 만들기: 여러 개의 스티커 세트를 하나의 시리즈로 묶어서 시리즈 할인을 제공하거나, 특별한 테마를 만든다면 더 많은 사용자가 구매할 가능성이 높다.
- 타겟 마케팅: 라인의 스티커 추천 서비스나 타겟 광고를 통해 스티커를 홍보할 수 있다.

5. 수익 관리 및 분석
- 판매 내역 확인: 라인 크리에이터스 마켓에서 자신의 판매 내역과 수익을 확인할 수 있다. 판매된 스티커나 이모티콘의 판매량과 수익을 추적하여, 어떤 스타일이나 테마가 잘 팔리는지 분석할 수 있다.
- 수익 정산: 라인에서는 일정 주기마다 수익 정산을 진행하며, 은행 계좌로 입금

된다.

6. 계속해서 새로운 스티커 출시

- 새로운 스티커 추가: 인기가 있는 테마나 캐릭터를 바탕으로 후속 스티커나 시리즈 스티커를 계속해서 출시한다.
- 시즌별 이벤트: 여름, 겨울, 할로윈, 크리스마스와 같은 시즌별 테마에 맞춘 스티커를 만들어 판매하면 더 많은 구매를 유도할 수 있다.
- 트렌드 반영: 현재 유행하는 트렌드나 유명한 캐릭터를 기반으로 스티커를 제작하면 많은 관심을 받을 수 있다.
- 리뷰와 피드백: 스티커를 사용하는 사람들의 피드백을 듣고, 개선점을 반영하여 더 나은 스티커를 출시해야 한다.
- 유명 인플루언서와 협업: 라인에서 활동하는 인기 인플루언서와 협업하여 스티커를 홍보하면 더 많은 사람들에게 노출될 수 있다.

> **TIP**

1. 트렌드와 문화 반영하기

- 사람들이 가장 많이 사용하는 이모티콘과 스티커는 현재의 트렌드나 문화적 관심사를 반영하는 경우가 많다. 인기 있는 캐릭터나 유행을 반영한 디자인은 수요가 높다. 크리스마스, 발렌타인, 할로윈, 여름 등 특정 시즌에 맞는 테마 스티커를 만들어보는게 좋다. 이런 시즌성 테마는 매년 판매량이 증가하는 경향이 있다. 사람들이 자주 쓰는 유행어, 유행하는 감정 표현, 또는 핫한 사회적 이슈를 반영하는 스티커를 만들면 인기를 끌 수 있다. 예를 들어, 최근의 AI나 메타버스와 같은 주제를 반영한 스티커는 젊은 세대에서 흥미를 끌 수 있다.

2. 유니크한 캐릭터 만들기

- 라인에서 가장 인기 있는 스티커는 유니크한 캐릭터이다. 귀엽거나 매력적인 캐릭터를 만들고, 그 캐릭터가 다양한 감정을 표현하는 방식으로 스티커 세트를 구성하면 좋다. 독특한 스타일과 개성 있는 캐릭터를 만들어보는게 좋다. 예를 들어, 동물 캐릭터, 귀여운 괴물, 혹은 상상의 인물 등 사람들이 친근감을 느낄 수 있는 디자인을 선택하는 것이 중요하다. 사람들은 감정을 표현할 수 있는 이모티콘을 많이 사용한다. 기쁨, 슬픔, 분노, 사랑 등 다양한 감정을 표현하는 캐릭터를 디자인해 보는게 좋다.

3. 다양한 세트 구성

- 라인에서 판매하는 스티커 세트는 일반적으로 8개 이상의 스티커로 구성되어야

한다. 다양한 표현과 활용도 높은 이미지를 포함시켜, 사용자가 자주 사용할 수 있도록 만든다. 사용자가 일상적인 대화에서 쉽게 사용할 수 있도록, 다양한 상황에 맞는 스티커를 제공한다. 예를 들어, "안녕!", "감사하다", "사랑해요", "좋아요", "미안해요" 등 일상적인 대화를 위한 스티커 세트를 만들면 좋다. 하나의 캐릭터나 테마를 가지고 여러 세트를 출시하는 방식도 효과적이다. 사용자는 같은 캐릭터의 여러 스티커를 모으고 싶어할 수 있다.

4. 디자인 품질 최적화

- 디자인이 아무리 창의적이어도 품질이 낮으면 사람들이 구매하지 않는다. 고해상도의 깔끔한 이미지와 잘 정리된 디자인은 필수이다. 스티커 파일은 보통 PNG 형식으로, 해상도와 파일 크기를 최적화해야 한다. 고해상도 이미지를 사용하되, 지나치게 큰 파일은 피해야 한다. 라인에서 요구하는 스티커 크기 규격에 맞추어 이미지를 디자인해야 한다. 보통 370x320px 정도의 크기로 설정된다. 복잡한 배경보다는 단순하고 깔끔한 배경을 사용하는 것이 좋다. 너무 복잡한 디자인은 스티커의 핵심 요소인 캐릭터나 메시지를 흐리게 할 수 있다.

5. 스티커 이름과 설명에 키워드 사용

- 라인 크리에이터스 마켓에서 스티커를 판매할 때, 검색을 통해 사람들이 쉽게 찾을 수 있도록 적절한 키워드를 사용해야 한다. 스티커의 이름이나 설명에 검색에 잘 노출될 수 있는 단어를 포함하는 것이 중요하다. 인기 있는 키워드나 해시태그를 스티커 이름과 설명에 포함시켜서 사람들이 쉽게 찾을 수 있도록 만든다. 예를 들어, "귀여운", "사랑", "행복", "우울", "일상" 등과 같은 키워드이다. 스티커나 이모티콘의 특징을 간결하고 직관적으로 설명해 주는게 좋다. 예를 들어, "귀여운 고양이가 매일 사용하는 다양한 감정을 담은 스티커 세트!"와 같은 설명이 효과적이다.

6. 스티커 세트의 업데이트와 리뉴얼

- 라인에서는 지속적인 콘텐츠 업데이트가 중요하다. 한 번에 출시한 스티커 세트를 계속해서 업데이트하거나 새로운 버전을 출시하면, 더 많은 사람들이 관심을 가질 수 있다. 기존에 판매한 스티커의 후속작을 만들거나, 새로운 캐릭터 버전을 출시해야 한다. 사용자는 시리즈의 완성을 원할 수 있다. 시즌마다 테마를 바꿔서 새로운 스티커를 출시한다. 예를 들어, 겨울, 여름, 크리스마스, 발렌타인 등 시즌에 맞는 특별한 스티커를 만들면 좋다.

7. SNS와 다른 채널에서 홍보

- 라인 외에도 다른 SNS 플랫폼에서 자신의 스티커나 이모티콘을 적극적으로 홍보하는 것이 중요하다. 인스타그램, 페이스북 등에서 홍보를 통해 더 많은 사람

들에게 스티커를 알릴 수 있다. SNS에서 자신의 스티커를 실제로 사용하는 예시를 공유하고, 팔로워들에게 스티커를 구매하도록 유도한다. 팔로워들에게 자신이 만든 스티커를 사용하는 사진이나 스크린샷을 공유하도록 유도하고, 이를 통해 다른 사람들이 관심을 갖게 만든다. 특정 기간 동안 할인 이벤트나 특별한 혜택을 제공하여 사람들의 관심을 끌 수 있다.

8. 사용자 피드백 받기

- 스티커를 사용하는 사람들의 피드백을 받으면, 향후 디자인 개선에 큰 도움이 된다. 또한, 리뷰나 피드백을 통해 사람들의 수요를 더 잘 파악할 수 있다. 사용자가 남긴 리뷰와 댓글을 주의 깊게 읽고, 개선할 점이나 새로운 아이디어를 반영한다. 사용자들이 선호하는 스타일을 파악하여, 그에 맞는 새로운 스티커를 제작한다.

수익자 리뷰

1. "내 캐릭터가 인기를 끌었어요"

- 크리에이터 A는 귀여운 동물 캐릭터를 디자인하여 라인에서 판매하기 시작했다. 처음에는 작은 판매를 기록했지만, 점차 자신만의 스타일을 고수하며 다양한 감정 표현이 가능한 캐릭터를 제작했다. "처음에는 작은 판매였지만, 귀여운 고양이 캐릭터로 만든 스티커가 많은 사람에게 사랑받게 되었어요. 특히 사람들이 자주 사용하는 표현들이 많아서 반복적으로 구매가 이루어졌어요. 주기적으로 새로운 버전을 출시하며, 계속해서 캐릭터를 업데이트 했더니 매출이 꾸준히 증가했어요."

2. "트렌드 반영이 성공의 열쇠였어요"

- 크리에이터 B는 최신 유행을 반영하여 이모티콘을 제작하고 판매했다. 예를 들어, 코로나19가 유행할 당시 마스크를 쓴 캐릭터나 사회적 거리두기와 관련된 스티커를 만들어 판매했다. "트렌드를 반영한 디자인이 사람들의 공감을 얻었어요. 특히 마스크 캐릭터나 사회적 거리두기와 관련된 이모티콘이 큰 인기를 끌었어요. 때로는 사람들이 사용하는 유행어나 사회적 이슈를 반영하는 것이 좋은 반응을 얻었어요. 계속해서 인기 있는 테마를 반영한 스티커를 출시하니 매출이 꾸준히 올라갔어요."

3. "SNS와의 홍보가 중요했어요"

- 크리에이터 C는 라인 스티커를 제작한 후, 이를 SNS를 통해 적극적으로 홍보했다. 인스타그램, 트위터, 페이스북 등 다양한 플랫폼을 활용하여 자신의 스티커를 홍보하고, 친구들과 팔로워들에게 구매를 유도했다. "SNS를 적극 활용하니

많은 사람들이 제 스티커를 발견하게 되었어요. 특히 인스타그램에서 사용 예시를 보여주고 해시태그를 사용하니, 많은 팔로워들이 관심을 가져주었어요. 그 덕분에 판매가 급증하면서 점차 유명해졌어요. 팔로워들에게 직접 공유하는 방식으로 판매를 촉진할 수 있었어요."

4. **"스티커 업데이트와 다채로운 옵션이 판매를 이끌었어요"**
- 크리에이터 D는 한 가지 캐릭터를 지속적으로 업데이트하여 시리즈화한 경험을 공유했다. 처음에는 기본적인 디자인이었지만, 점차 다양한 감정 표현과 상황별 스티커를 추가하여 인기를 끌었다. "처음에는 기본적인 스티커만 있었지만, 점차 다양한 상황별 감정 표현을 추가하면서 시리즈화했어요. 이를 통해 팬층이 형성되었고, 기존 구매자들이 새로운 세트를 기다리게 됐어요. 지속적인 업데이트와 리뉴얼 덕분에 판매가 꾸준히 이어졌어요."

12 네이버밴드 Naver Band

네이버밴드는 어떤 곳인가요?

네이버 밴드(Naver Band)는 네이버가 제공하는 소셜 네트워크 서비스(SNS)로, 주로 소규모 커뮤니티와 그룹 활동을 위한 플랫폼이다. 개인이나 기업, 동아리, 학교, 팀 등이 특정 관심사나 활동을 공유하고 소통할 수 있도록 도와주는 앱이다. 네이버 밴드는 커뮤니티 기반으로 사람들이 쉽게 그룹을 만들고, 공유하고, 소통하며, 일정을 관리하는 등의 기능을 제공한다.

주요 특징

1. 그룹과 커뮤니티 중심
- 사용자는 자신만의 그룹을 생성하여 활동할 수 있다. 그룹은 다양한 종류로 나뉘어 있으며, 비공개나 공개로 설정할 수 있어 프라이버시를 보호할 수 있다. 예를 들어, 친구 모임, 동호회, 회사 팀 등 다양한 그룹을 만들 수 있다.

2. 소통 및 공유
- 그룹 내에서 게시물을 올리고, 댓글을 달거나, 사진과 동영상을 공유할 수 있다. 실시간 채팅과 공지사항 기능도 있어 중요한 정보를 쉽게 전달할 수 있다.

3. 일정 관리 및 알림 기능
- 그룹 내에서 일정을 생성하고 참여자들을 초대하여 중요한 일정을 관리할 수 있다. 일정이 가까워지면 자동으로 알림을 보내 주어 참가자들이 일정을 놓치지 않도록 돕다.

4. 투표와 설문조사 기능
- 그룹 내에서 투표나 설문조사를 진행할 수 있어 의견을 쉽게 수렴하고 의사 결정을 할 수 있다.

5. 이벤트 관리
- 이벤트나 모임을 계획하고 참여할 수 있는 기능도 제공하여, 그룹 구성원들이 쉽게 모임이나 행사를 조직할 수 있다.

6. 다양한 맞춤화 기능
- 밴드의 디자인을 자유롭게 꾸밀 수 있고, 아이콘이나 배경화면을 설정하여 각

그룹의 특성에 맞게 개인화할 수 있다.

7. 모바일과 PC에서 모두 사용 가능
- 네이버 밴드는 모바일 앱뿐만 아니라 웹 버전도 제공하여 언제 어디서나 접속하고 관리할 수 있다.

8. 네이버 밴드의 활용 예시
- 친목 모임: 가족, 친구들과의 비공개 그룹을 만들고 일정을 공유하거나 사진을 올리며 소통.
- 학교나 동아리: 학생들이 학교 활동이나 동아리 활동을 기록하고 정보를 공유하는 공간.
- 비즈니스 및 팀: 회사 내에서 업무와 일정, 프로젝트를 관리하고 팀원들과 소통하는 용도로 활용.
- 지역 커뮤니티: 특정 지역의 주민들이 지역 뉴스나 이벤트를 공유하는 용도로 활용.

수익화 단계별 가이드

1. 이모티콘 디자인 및 개발
- 이모티콘을 만들기 위한 디자인과 개발은 첫 번째 단계이다. 이모티콘이 독창적이고 트렌디하며 사용자들의 감정 표현을 잘 반영할수록 인기를 끌 가능성이 높다.
- 타겟층 설정: 이모티콘을 구매할 사람들의 타겟층을 먼저 정한다. 예를 들어, 귀여운 캐릭터, 직장인 감정 표현, 친구끼리 사용하는 유머 이모티콘 등을 생각할 수 있다.
- 디자인 툴 활용: 이모티콘을 제작할 때 디자인 툴(예: Adobe Illustrator, Photoshop, Procreate 등)을 사용하여 고해상도의 퀄리티 높은 이모티콘을 만든다.
- 이모티콘의 주제와 스타일 정하기: 이모티콘의 디자인 스타일을 정하고, 주제를 확립한다. 예를 들어, 귀여운 동물 캐릭터, 감정을 나타내는 표정, 특정 유행어나 문화에 맞는 디자인 등을 고려할 수 있다.

2. 네이버 이모티콘 스토어 가입 및 판매 등록
- 네이버에서는 네이버 이모티콘 스토어라는 플랫폼을 통해 이모티콘을 판매할 수 있다. 이모티콘을 판매하려면 네이버 이모티콘 스토어에 크리에이터로 가입하고, 디자인을 등록해야 한다.

- 네이버 크리에이터 등록: 네이버 이모티콘 스토어에 판매자 등록을 한다. 이는 네이버의 "OGQ Creator Studio" 홈페이지에서 신청할 수 있다.
- 이모티콘 패키지 제작: 네이버에서는 하나의 이모티콘 세트로 판매된다. 일반적으로 24개 이상의 이모티콘으로 구성되며, 각 이모티콘은 100x100 픽셀 사이즈로 제작해야 한다.
- 판매 가격 설정: 가격을 설정할 때는 시장 가격을 참고하여 설정한다. 보통 이모티콘 패키지는 1,000원~3,000원 사이로 판매되며, 가격을 설정할 때 경쟁력을 고려해야 한다. 수익배분률은 30% 정도이다.

3. 이모티콘 스토어에서 판매 및 마케팅

- 이모티콘이 판매되기 위해서는 홍보와 마케팅이 필요하다. 네이버 밴드는 커뮤니티 기반의 소통을 제공하므로, 이모티콘을 홍보하고 판매하는 데 유용한 플랫폼이 될 수 있다.
- 밴드 내 홍보: 밴드 내에서 이모티콘을 홍보하는 활동을 시작한다. 예를 들어, 자신의 밴드나 팬 그룹을 만들어, 이모티콘을 사용하는 재미있는 방법이나 예시를 공유한다,
  예: "이모티콘을 사용한 재미있는 대화나 밴드 내 이벤트를 통해 사람들에게 이모티콘을 보여줍니다."
- 이모티콘 사용 예시 공유: 밴드 그룹에서 이모티콘을 사용한 스크린샷이나 대화 예시를 자주 공유하여 사람들이 자연스럽게 이모티콘을 사용하도록 유도한다.
- 이모티콘 샘플 제공: 일부 이모티콘을 무료로 제공하거나, 이모티콘 세트의 미리보기 이미지를 공유하여 구매를 유도할 수 있다.
- 이모티콘 가격 할인가 적용: 특정 기간에 할인 이벤트를 진행하여 구매를 유도한다. 예를 들어, 1주일 동안 할인된 가격으로 제공하거나, 세트로 구매 시 추가 혜택을 제공하는 방식이다.

4. 밴드 내 팬층 형성 및 커뮤니티 활성화

- 이모티콘을 홍보하는 데 있어 가장 중요한 점은 팬층 형성이다. 사람들이 이모티콘을 구매하고 사용하려면, 이를 사용할 이유가 있어야 한다.
- 활발한 소통: 밴드 내에서 이모티콘을 사용할 이유를 자주 공유하며, 활발한 소통을 유도한다. 예를 들어, 밴드 내에서 특정 감정을 표현하는 이모티콘을 사용하는 활동을 주도한다.
- 팬들과의 소통 강화: 이모티콘 구매자와 소통하고, 피드백을 받아 이모티콘 개선이나 새로운 디자인을 반영한다. 예를 들어, 팬들이 원하는 캐릭터나 표정을 반영한 이모티콘을 만들어 다시 판매할 수 있다.

- 밴드 내 이벤트 진행: 이모티콘을 상품으로 제공하는 이벤트를 진행하여 사용자들의 참여를 유도한다. 예를 들어, 댓글 참여 이벤트나 이모티콘 퀴즈 등을 통해 관심을 끌 수 있다.

5. SNS 및 다른 채널 활용

- 인스타그램, 페이스북 등 SNS 활용: 인스타그램이나 페이스북에서 이모티콘 샘플이나 사용 예시를 올리면서 이모티콘을 밴드로 유도하는 링크를 제공한다. 예: "이모티콘을 구매하려면 링크를 클릭!"과 같은 방식으로 홍보한다.
- 이모티콘 사용 인증 이벤트: SNS에서 이모티콘을 사용한 인증 이벤트를 열어 사용자들의 참여를 유도한다. 예를 들어, 사용자들이 이모티콘을 사용한 사진을 올리면 선물을 주는 등의 이벤트를 진행한다.
- 크리에이터 협업: 다른 인플루언서나 콘텐츠 크리에이터와 협업하여 이모티콘을 홍보한다. 예를 들어, 인플루언서가 이모티콘을 사용한 콘텐츠를 공유하도록 요청할 수 있다.

6. 지속적인 업데이트와 개선

- 이모티콘은 꾸준히 업데이트하고 새로운 디자인을 추가하여 고객의 관심을 유지하는 것이 중요하다. 사람들이 이모티콘을 계속 구매하게 만드는 요소는 다양성이다.
- 계속해서 새로운 이모티콘 출시: 새로운 이모티콘 세트를 주기적으로 출시하여 고객들의 흥미를 끌어냅니다.
- 고객 피드백 반영: 기존 사용자들의 피드백을 받아 이모티콘을 개선하거나, 새로운 디자인을 추가하여 재구매를 유도한다.

TIP

1. 독특한 디자인과 차별화된 스타일

- 트렌디한 디자인 반영: 최신 트렌드를 반영한 이모티콘을 제작해야 한다. 예를 들어, 현재 유행하는 동물 캐릭터나 유명한 밈을 활용한 디자인이 인기를 끌 수 있다.
- 정서적 표현을 잘 반영: 사람들이 일상에서 자주 사용하는 감정 표현(기쁨, 슬픔, 화남 등)을 잘 표현하는 이모티콘을 만들어 보세요. 특히 직장인, 학생, 연인 등을 타겟으로 한 이모티콘은 효과적이다.
- 간결하고 직관적인 디자인: 너무 복잡한 디자인보다는 간단하고 직관적인 이모티콘이 더 자주 사용된다. 예를 들어, 귀여운 얼굴 표정, 간단한 기호를 사용한 이모티콘이 효과적이다.

2. 이모티콘을 활용한 다양한 콘텐츠 제작

- 밴드 내 이모티콘 사용 예시 공유: 밴드 그룹 내에서 이모티콘을 사용한 재미있는 대화나 대화 예시를 공유하여 사용자들이 자연스럽게 사용하도록 유도해야 한다. 예를 들어, "오늘의 기분을 이모티콘으로 표현해 보세요!"와 같은 활동을 진행할 수 있다.
- 이모티콘을 이용한 퀴즈나 게임: 이모티콘을 활용한 퀴즈나 게임을 만들고, 이모티콘 사용법을 재미있게 설명하면서 제품을 홍보할 수 있다.
- 이모티콘의 테마를 활용한 이벤트: 예를 들어, 특정 감정을 표현하는 이모티콘을 사용하여 "오늘의 감정 공유하기" 같은 이벤트를 열어 밴드 사용자들이 더 많이 사용하도록 유도한다.

3. 네이버 이모티콘 스토어 등록

- 이모티콘 스토어에 판매자 등록: 네이버 이모티콘 스토어에서 크리에이터 등록을 하여, 이모티콘을 판매할 수 있는 권한을 얻으세요. (이모티콘 스토어는 사용자들이 직접 이모티콘을 구매할 수 있는 공간이다.)
- 다양한 패키지 판매: 이모티콘을 하나의 세트로 만들어 판매한다. 예를 들어, 감정 표현 이모티콘 24개를 묶어 패키지로 판매할 수 있다. 이렇게 하면 고객들이 여러 가지 이모티콘을 한 번에 구매할 유인책이 된다.
- 가격 전략: 가격을 너무 높게 책정하지 말고, 시장 가격을 잘 참고하여 합리적인 가격을 책정해야 한다. 일반적으로 1,000원~3,000원 사이가 적당하다.

4. 밴드 내에서 이모티콘 홍보

- 이모티콘 사용 예시: 밴드 내에서 이모티콘 사용 예시나 스크린샷을 자주 공유하여 사람들의 관심을 끌어보는게 좋다. 예를 들어, 특정 상황에 맞는 이모티콘을 대화창에 사용하는 방식을 보여주는게 좋다.
- 이모티콘 사용을 장려하는 활동: 밴드 내에서 이모티콘을 사용하는 활동을 유도한다. 예를 들어, "이모티콘을 사용한 댓글을 달면 선물을 드립니다"와 같은 경품 이벤트를 통해 참여를 유도할 수 있다.
- 팬층 형성: 특정 스타일의 이모티콘을 선호하는 팬층을 형성하는게 좋다. 팬들이 자발적으로 이모티콘을 구매하거나 추천할 수 있도록 분위기를 만들어간다.

5. 소셜 미디어와의 연계 활용

- SNS 홍보: 인스타그램, 페이스북 등에서 이모티콘 샘플 이미지나 사용 예시를 공유하고, 링크를 통해 구매를 유도한다. 또한, 이모티콘의 사용법을 소개하거나, 할인 이벤트를 홍보하는 포스트를 만들 수 있다.

- 이모티콘 사용 인증 이벤트: SNS에서 이모티콘 사용 인증 이벤트를 열어 사용자들의 참여를 유도하고, 해당 이모티콘을 밴드에 가입한 사용자들에게만 제공하는 혜택을 주면 이모티콘 구매를 장려할 수 있다.
- 인플루언서 마케팅: 인플루언서나 유명 유튜버와 협업하여 이모티콘을 사용하고, 이를 공유하도록 유도할 수 있다. 유명 인물이 이모티콘을 사용하는 모습을 보여주면 구매자들의 관심을 끌 수 있다.

6. 이모티콘에 대한 피드백 받기
- 이모티콘에 대한 의견 수집: 밴드 내에서 사용자들이 원하는 이모티콘을 묻는 설문조사를 하거나, 리뷰를 통해 피드백을 받을 수 있다.
- 피드백 반영하여 개선: 피드백을 바탕으로 이모티콘의 디자인을 개선하거나, 추가 이모티콘을 제작하여 새로운 패키지를 선보일 수 있다. 예를 들어, 특정 감정을 잘 표현한 이모티콘을 추가하거나, 더 많은 스타일을 도입할 수 있다.

수익자 리뷰

1. "이모티콘을 꾸준히 제작하고, 밴드 내에서 홍보해 판매한 경험"
- 이모티콘 출시 후 첫 달에 200개 이상 판매
- "처음에는 제가 만든 이모티콘 세트를 네이버 이모티콘 스토어에 등록했는데, 처음에는 판매량이 많지 않았어요. 하지만 밴드 내에서 이모티콘 사용 예시와 소소한 이벤트를 통해 점차적으로 팬층을 형성하면서 판매량이 증가했어요. 특히, 이모티콘 사용법을 밴드 내에서 자주 공유한 결과, 사람들이 자주 사용하고 추천하는 경우가 많아졌어요. 두 번째 세트를 출시할 때는 첫 번째 세트의 반응을 바탕으로 개선된 디자인을 추가해서 더 많은 사람들에게 팔리게 되었어요."

2. "이모티콘 사용 후 밴드 내에서 팬들끼리 자발적으로 추천해주기도"
- 출시 후 3개월 내에 500개 이상 판매
- "저는 밴드에서 팬층을 형성하고, 그들에게 자주 이모티콘을 사용하게 유도했어요. 밴드 내에서 자주 이모티콘을 사용한 템플릿을 공유하고, 이벤트로 이모티콘 사용 인증을 받기도 했어요. 덕분에 자연스럽게 제 이모티콘이 밴드 내에서 자주 사용되었고, 팬들이 다른 사람들에게 추천하며 판매로 이어졌어요. 그리고 이모티콘을 SNS와 연계해 홍보했을 때, 다른 사람들도 관심을 가져서 판매량이 크게 증가했어요."

3. "이모티콘 디자인이 유행을 타고, 밴드 외부 SNS와 연결해 성공"
- 첫 출시 후 한 달 만에 1,000개 이상 판매

- "제가 만든 이모티콘 패키지는 트렌디한 디자인을 특징으로 했어요. 밴드 내에서 주기적인 사용 촉진과 함께, 인스타그램과 페이스북을 통해 해시태그 마케팅을 했더니, 더 많은 사람들이 제 이모티콘을 구매하기 시작했어요. 특히 밴드 내에서 팬들이 자발적으로 사용법을 공유하면서 구매 전환율이 높아졌어요. 이모티콘이 점차 인기 있는 디자인으로 자리잡으며, 이후 반복적인 판매가 가능했어요."

4. **"자체 이벤트와 할인 적용으로 판매 촉진"**

- 출시 후 2주 만에 300개 이상 판매
- "저는 밴드 내에서 이모티콘 할인 이벤트와 선착순 무료 배포 이벤트를 통해 처음 시작했어요. 이벤트에 참여하는 사람들에게 무료로 몇 개의 이모티콘을 제공하고, 이모티콘을 구매하면 할인 혜택을 주었어요. 덕분에 밴드 내에서 이모티콘에 대한 관심을 유도하고, 구매를 촉진할 수 있었어요. 또한, 이러한 이벤트를 반복적으로 진행하면서 지속적인 판매를 할 수 있었어요."

디지털 노마드 33선

디지털 노마드 33선

Ⅳ. 컨텐츠

13. 해피캠퍼스

14. 코멘도

15. 힐링 콘텐츠 스트리밍

#사진 & 동영상 #창작물 & 앱 #디자인 & 이모티콘 #컨텐츠
#블로그 #SNS #쇼핑몰 #글 & 그림 #교육 & 방송

디지털 노마드 33선

| 사진 & 동영상 | 창작물 & 앱 | 디자인 & 이모티콘 | **컨텐츠** | 블로그 | SNS | 쇼핑몰 | 글 & 그림 | 교육 & 방송 |

13 해피캠퍼스 HappyCampus

해피캠퍼스는 어떤 곳인가요?

해피캠퍼스(HappyCampus)는 주로 온라인 교육과 학습 자료를 제공하는 플랫폼으로, 주로 대학생들을 대상으로 한 교육 콘텐츠와 학습 지원을 제공하는 사이트이다. 해피캠퍼스는 대학생들의 학업을 돕기 위한 자료, 강의 노트, 시험 기출문제 등 다양한 학습 자원을 공유하는 커뮤니티이다. 또한, 해피캠퍼스에서는 학생들이 직접 만든 콘텐츠나 강의 노트를 판매할 수 있는 기능도 제공한다. 대학과 더불어 방송통신대에서 활용도가 크다

주요 기능과 특징

1. 학습 자료 제공
- 해피캠퍼스는 대학생들이 직접 작성한 강의 노트나 기출문제, 시험 준비 자료, 스터디 자료 등을 제공하는 플랫폼이다. 다양한 학문 분야의 학습 자료가 모여 있어 학생들이 서로 정보를 교환하고, 효율적으로 학습할 수 있도록 돕는다.

2. 학생들 간의 콘텐츠 판매
- 학생들은 자신이 작성한 강의 노트나 시험 기출문제를 판매할 수 있다. 해피캠퍼스는 이를 통해 학생들이 자신의 지식을 다른 학생들과 공유하고, 그 대가로 수익을 얻을 수 있는 기회를 제공한다.

3. 커뮤니티 및 정보 공유
- 해피캠퍼스는 다양한 학습 자료를 공유하는 커뮤니티 기능도 제공하며, 학생들이 서로 질문하거나 정보를 교환할 수 있도록 돕는다. 예를 들어, 교과목별 학습 팁이나 시험 대비 방법 등을 공유하는 공간이 마련되어 있다.

4. 강의 자료 및 온라인 강의
- 일부 교수들이나 강사들이 제공하는 온라인 강의나 강의 자료도 해피캠퍼스를 통해 제공될 수 있다. 이를 통해 학생들은 강의에 필요한 자료를 다운로드하거나 학습할 수 있다.

5. 유용한 학습 도구
- 해피캠퍼스는 또한 강의 평가나 교재 추천 등의 기능을 통해 학생들이 학습에 도움을 받을 수 있는 다양한 도구와 리소스를 제공한다.

6. 무료 자료와 유료 자료

- 일부 자료는 무료로 제공되며, 학생들이 공유한 자료 중 일부는 유료로 제공되어 수익을 올릴 수 있다. 유료 자료를 통해 다른 학생들에게 유용한 정보를 제공하면서 수익을 얻는 방식이다.

수익화 단계별 가이드

1. 회원 가입 및 계정 설정

- 해피캠퍼스에 회원 가입: 해피캠퍼스에서 돈을 벌려면 먼저 회원으로 가입해야 한다. 웹사이트에 접속하여 회원가입을 진행해야 한다.
- 해피캠퍼스 웹사이트 접속: HappyCampus 이메일 주소와 비밀번호 등을 입력하고, 가입을 완료한다.
- 계정 설정: 기본적인 정보와 프로필을 작성한다. 자신을 나타낼 수 있는 프로필 사진이나 소개글을 추가하면 신뢰감을 높일 수 있다.

2. 자료 업로드하기

- 해피캠퍼스에서 수익을 얻으려면 자신의 학습 자료나 강의 노트, 기출문제 등을 업로드해야 한다.
- 강의 노트: 강의를 들으며 작성한 요약 노트나 정리 자료.
- 기출문제: 과거 시험에서 나온 문제와 해설.
- 과제 및 프로젝트 자료: 과제나 프로젝트 결과물을 정리한 파일.
- 시험 대비 자료: 시험에 자주 출제되는 주제나 개념을 정리한 자료.
- 업로드 과정: 해피캠퍼스에 로그인 후 "자료 올리기" 버튼을 클릭하여 자료를 업로드한다. 업로드 시 파일 형식(PDF, Word, PPT 등)을 지원한다. 여러 종류의 자료를 제공하면 다양한 고객층을 형성할 수 있다. 자료를 올릴 때 명확한 제목과 간략한 설명을 추가하여 사람들이 쉽게 이해할 수 있도록 작성해야 한다. 또한, 카테고리와 키워드를 설정해 사람들이 자료를 쉽게 찾을 수 있게 한다.

3. 가격 설정 및 판매 조건 결정

- 자료를 업로드할 때 가격을 설정해야 한다. 이를 통해 수익을 창출할 수 있다.
- 가격 책정: 자료의 품질과 내용에 따라 가격을 설정한다. 초반에는 저렴한 가격으로 시작하여, 점차 판매가 증가하면 가격을 올릴 수도 있다. 무료로 제공하는 자료도 있다. 무료 자료를 통해 자신의 콘텐츠를 많은 사람들에게 노출시키고, 이후 유료 자료로 전환하는 전략도 가능하다.

- 수익 창출: 업로드한 자료가 판매되면, 해피캠퍼스는 일정 비율의 수수료를 차감한 후, 나머지 금액을 크리에이터에게 지급한다.

4. 자료 홍보 및 마케팅

- 자료가 업로드된 후, 더 많은 사람들이 구매하도록 유도하기 위해 홍보와 마케팅을 해야 한다. 해피캠퍼스는 기본적인 검색 기능을 제공하지만, 자체적인 홍보가 필요하다.
- SNS 활용: Instagram, Facebook 등 자신의 SNS를 활용하여 자료를 홍보한다. 해시태그를 사용하거나, 관련 커뮤니티에 자료를 추천하는 방법이 효과적이다. 자료의 사용 예시나 작업 과정을 SNS에 올려 관심을 끌 수 있다.
- 학교 커뮤니티 활용: 자신의 학교 커뮤니티나 스터디 그룹에 자료를 공유하면, 해당 학교의 학생들이 관심을 가질 수 있다. 특히 학교별 기출문제나 특정 강의에 대한 노트는 학교 커뮤니티에서 인기가 많다.
- 블로그 및 유튜브 활용: 블로그나 유튜브를 통해 자료와 관련된 정보성 콘텐츠를 제공하면서 링크를 첨부할 수 있다. 예를 들어, 특정 강의에 대한 요약 강의나 스터디 팁을 유튜브에서 제공하고, 관련 자료 링크를 공유하는 방식이다.

5. 고객 피드백과 업데이트

- 자료를 판매하면서 고객 피드백을 받고, 이를 반영하여 자료를 업데이트하는 것도 중요하다.
- 고객 피드백 확인: 구매자들이 남긴 리뷰나 댓글을 주의 깊게 살펴봐야 한다. 피드백을 통해 자신의 자료를 개선할 수 있는 기회를 얻을 수 있다.
- 자료의 정기적인 업데이트: 기출문제나 시험 대비 자료는 특히 정기적인 업데이트가 중요하다. 최신 정보를 반영하면 고객의 신뢰를 얻을 수 있다. 예를 들어, 매 학기마다 새로운 기출문제를 추가하거나, 최신 트렌드에 맞는 학습 자료를 업데이트하는 것이 좋다.

6. 수익 관리 및 출금

- 판매가 발생하면 수익이 쌓이게 된다. 해피캠퍼스는 일정 주기로 수익 정산을 해주며, 이를 출금할 수 있다.
- 수익 확인: 판매 대금은 해피캠퍼스 내에서 확인할 수 있으며, 자신의 대시보드에서 판매 현황을 실시간으로 체크할 수 있다. 보통 40%~60%의 수익배분률이다.
- 출금 요청: 일정 금액 이상이 모이면 출금 신청을 할 수 있다. 출금 방식은 보통 계좌 이체 또는 카드 충전 등이 있다. 출금 가능 금액과 수수료에 대해 확인하고 출금 요청을 하면, 지정한 계좌로 금액이 입금된다.

7. 지속적인 콘텐츠 개선 및 확장

- 돈을 벌기 위해서는 한 번의 자료 업로드로 끝나는 것이 아니라 지속적으로 새로운 콘텐츠를 제작하고 기존 자료를 개선해 나가는 것이 중요하다.
- 새로운 자료 추가: 매 학기마다 새로운 기출문제나 시험 요약을 추가하거나, 인기 있는 강의에 대한 강의 노트를 제작하여 업로드해야 한다.
- 다양한 자료 제공: 과제 제출물이나 연습 문제 등 다양한 자료를 제공해 여러 사람들에게 유용하게 사용할 수 있도록 한다.
- 브랜드화: 자신의 이름이나 브랜드를 특정 과목이나 주제와 연관 짓는 것이 중요하다. 예를 들어, 특정 과목에서의 전문적인 강의 노트나 기출문제집을 제공하면서 꾸준히 자신의 브랜드를 확립할 수 있다.

TIP

1. 고품질의 학습 자료 제공

- 자료의 품질이 가장 중요: 다른 학생들이 유용하게 사용할 수 있는 고퀄리티의 강의 노트나 기출문제, 시험 대비 자료 등을 제공하는 것이 핵심이다.
- 정리된 노트: 강의 중 정리한 핵심 요약 노트는 학생들에게 유용한다. 특히 명확한 설명과 체계적인 구조로 정리된 자료는 수요가 많다.
- 시험 기출문제: 기출문제는 특히 학생들이 시험 준비할 때 많이 찾는 자료이다. 최신 기출문제를 반영하여 제공하면 더 많은 관심을 끌 수 있다.

2. 시장과 수요 파악

- 타겟 시장을 정확하게 파악: 인기 있는 과목이나 강의를 기반으로 자료를 제공하는 것이 좋다. 예를 들어, 인기 과목이나 많은 학생들이 수험하는 과목에 대한 자료가 더 잘 팔릴 가능성이 높다. 대학별 기출문제나 학교 특성에 맞춘 자료를 제공하면, 해당 학교의 학생들에게 더 효과적으로 다가갈 수 있다. 예를 들어, 경영학, 경제학, 심리학 과목처럼 많은 학생들이 공부하는 과목에 대한 자료는 더 많은 수요가 있을 수 있다.

3. 차별화된 콘텐츠 제공

- 자신만의 스타일을 구축: 다른 학생들이 만든 자료와 비슷한 형태의 콘텐츠는 경쟁력이 떨어질 수 있다. 차별화된 스타일로 독창적인 자료를 제공하는 것이 중요하다. 예를 들어, 특정 강의에서 다루는 주제에 대한 깊이 있는 설명이나, 시험에 나올 수 있는 확률이 높은 문제들을 다루면 유용함과 차별화된 요소를 제공할 수 있다.

- 직관적이고 깔끔한 디자인: 공부할 때 시각적으로 깔끔하고 보기 쉬운 노트나 정리된 내용은 더 선호된다. 색상 구분, 요약 박스, 표와 도표 활용 등을 통해 가독성을 높이는게 좋다.

4. 자료 가격 책정

- 가격 전략을 잘 설정: 가격은 지나치게 낮거나 너무 높지 않도록 설정하는 것이 중요하다.
- 시작은 낮은 가격으로: 처음에는 저렴한 가격으로 시작해 다른 학생들의 관심을 끌고, 인지도를 높인 후 점차적으로 가격을 올려가는 전략이 좋다.
- 시장 가격에 맞게: 경쟁 자료들의 가격을 조사하여 적당한 가격을 책정해야 한다. 너무 낮게 책정하면 가치를 의심받을 수 있고, 너무 높게 책정하면 구매자가 적을 수 있다. 가격을 책정할 때는 자료의 양, 정보의 깊이, 사용성을 고려하여 적절하게 책정해야 한다.

5. 판매 후 피드백 반영 및 개선

- 피드백 수용: 자료를 판매하고 나면 학생들이 남긴 리뷰와 피드백을 꼼꼼히 살펴봐야 한다. 그들의 의견을 반영하여 자료를 개선할 수 있다. 불만 사항이나 건설적인 비판은 다음 자료를 개선하는 데 도움이 된다. 업데이트를 통해 최신 정보를 반영하거나, 추가적으로 누락된 내용을 보완하는 것도 중요하다.

6. SNS 및 학교 커뮤니티 활용

- SNS를 통한 마케팅: SNS(인스타그램, 페이스북 등)를 활용하여 자신이 만든 자료를 적극적으로 홍보해야 한다. 해시태그를 활용하면 더 많은 사람들이 찾을 수 있다. 예를 들어, #기출문제, #시험대비, #강의노트 등의 해시태그를 활용해 관심을 끌 수 있다.
- 학교 커뮤니티 활용: 학교 내 커뮤니티, 스터디 그룹 등에 자료를 공유하는 방법도 효과적이다. 특히 기출문제나 시험 대비 자료는 학교별로 유용하게 쓰이므로 학교 커뮤니티에서 많은 학생들이 찾을 가능성이 크다.
- 블로그와 유튜브 활용: 블로그나 유튜브를 통해 학습과 관련된 유용한 정보를 제공하면서, 자신이 만든 자료에 대한 링크를 추가하는 방법도 좋다. 예를 들어, 유튜브에서 시험 준비 팁이나 강의 리뷰 영상을 만들고, 해당 영상에 자료 판매 링크를 첨부하여 홍보할 수 있다.

7. 정기적인 콘텐츠 업데이트

- 최신 자료 제공: 시험 기출문제나 학습 자료는 최신 버전이 중요하다. 과목에 따라 학기별로 업데이트된 내용을 추가하는 것이 좋다. 예를 들어, 기출문제는 매 학기마다 최신 문제를 반영하여 업데이트해야 한다.

- 정기적인 자료 추가: 한 번에 많은 자료를 올리기보다는 지속적으로 새로운 자료를 업로드해 꾸준히 관심을 끌도록 해야 한다. 계속해서 새 자료를 제공하는 것이 중요한 이유는, 구매자들이 한 번 구매한 뒤 반복적으로 다른 자료도 구매하도록 유도하기 위함이다.

8. 무료 자료 제공과 유료 전환 전략

- 무료 콘텐츠 제공: 처음 시작할 때는 일부 자료를 무료로 제공하여 관심을 끌고, 이후 유료 자료로 전환하는 전략이 효과적이다. 무료 자료로 신뢰를 얻고, 그 후 유료 자료로 업그레이드하면 더 많은 사람들이 구매할 가능성이 커진다.
- 샘플 자료 제공: 자료 전체를 무료로 제공하는 대신, 일부 내용만 샘플로 제공하고, 나머지 내용을 유료로 판매하는 방식도 가능하다.

9. 소통을 통해 신뢰 구축

- 질문과 답변 소통: 학생들이 자료를 구매한 후, 궁금한 점이나 피드백을 빠르게 답변하고 소통하는 것이 중요하다. 적극적인 소통은 구매자들에게 신뢰를 주고, 리뷰나 추천을 유도할 수 있다.
- 문의에 대한 신속한 대응: 문의나 피드백에 신속하고 친절하게 응답하면 고객 만족도를 높이고, 지속적으로 자료를 구매하도록 할 수 있다.

10. 수익 정산과 관리

- 정기적인 수익 확인: 판매된 자료에 대한 수익을 정기적으로 확인하고, 수익 관리를 잘 해야 한다. 이를 통해 추가 자료를 만들 때 필요한 자금을 확보할 수 있다.
- 효율적인 세금 관리: 해피캠퍼스에서 벌어들인 수익에 대한 세금을 관리하고, 필요한 경우 세금 신고를 해야 한다. 온라인 판매에 대한 세금 의무를 미리 파악하는 것이 좋다.

수익자 리뷰

1. 성공적인 판매 경험담

- "자료를 올리자마자 몇 개가 팔리기 시작했습니다." 처음에는 무료로 자료를 제공해 사람들의 관심을 끌었고, 이후 유료 자료로 전환하면서 빠르게 판매가 이루어졌다고 한다. 자료를 제공하고 사람들의 반응을 보면서 가격을 조정하고, 유료 자료의 내용을 점차 확장해 나갔다고 한다. "처음에 무료로 제공한 자료들이 구매로 이어졌고, 점차적으로 유료 자료를 판매하면서 꾸준한 수익을 올릴 수 있었습니다."

2. 자기만의 차별화된 콘텐츠 만들기

- "기존 기출문제를 기반으로 새로운 문제를 만들었더니 큰 반응이 있었습니다." 기존 기출문제와 시험 경향을 분석하여 자기만의 독창적인 문제집을 제작한 뒤 판매를 시작했다고 한다. 이 전략이 주효하여 많은 학생들이 유용하게 자료를 활용했고, 특히 기출문제 해설을 제공하여 큰 반응을 얻었다. "기존의 기출문제들만 올리는 것보다, 학생들이 어려워하는 부분에 대한 심화 문제 해설을 추가했더니 구매자들이 많아졌습니다."

3. SNS 활용을 통한 효과적인 홍보

- "SNS와 블로그를 통해 홍보했더니 판매가 급증했습니다." SNS와 블로그를 활용해 자료를 홍보한 결과, 급격히 판매가 늘었다고 한다. 특히 인스타그램을 통해 해시태그와 함께 자료를 소개하고, 유튜브에서 간단한 학습 팁을 제공하며 구매 링크를 공유했더니 많은 학생들이 관심을 보였다고 한다. "SNS에 자료를 올린 후, 인스타그램 해시태그를 활용해 학생들에게 쉽게 다가갈 수 있었습니다. 또한 유튜브 채널에서 학습 관련 영상을 올리고 자료 링크를 첨부했더니, 구매가 급증했습니다."

4. 정기적인 자료 업데이트와 꾸준한 판매

- "자료를 주기적으로 업데이트하면서 꾸준한 수익을 얻고 있습니다." 자료를 지속적으로 업데이트하는 것이 중요하다고 강조한다. 그들은 새로운 강의 내용이나 새로운 시험 기출문제를 추가하며, 이를 통해 기존 고객들의 재구매와 새로운 고객 확보를 동시에 이뤘다고 한다. 이렇게 업데이트된 자료들은 항상 최신 정보를 제공하며, 학생들이 더 많이 찾을 수 있게 된다. "매 학기마다 새로운 기출문제나 노트를 추가하면서 업데이트를 반복했습니다. 이를 통해 꾸준한 판매를 이어갈 수 있었습니다."

14 코멘토 Komento

코멘토는 어떤 곳인가요?

코멘토 (Komento)는 온라인 학습 플랫폼으로, 주로 학생들과 강사들을 연결해주는 1:1 맞춤형 과외 서비스와 스터디 그룹 등을 제공하는 서비스이다. 코멘토는 개인 학습, 과외, 스터디 그룹 등을 통해 학습 자료 공유, 질문 답변 등의 기능을 제공하며, 이를 통해 학생들이 더 효율적으로 학습할 수 있도록 돕는 역할을 한다.

주요 기능

1. 1:1 과외 서비스
- 코멘토는 온라인 과외와 1:1 학습 서비스를 제공한다. 학생은 자신이 원하는 과목이나 강사를 선택하고, 직접 예약하여 학습을 진행할 수 있다. 강사는 자신의 강의 스타일과 경험에 맞는 1:1 과외를 진행할 수 있으며, 주로 맞춤형 학습을 제공한다.

2. 스터디 그룹
- 학생들이 스터디 그룹을 만들어 공동 학습을 할 수 있는 기능을 제공한다. 이를 통해 특정 과목이나 주제에 대해 함께 학습할 수 있고, 그룹 내에서 문제 풀이, 질문과 답변, 자료 공유 등을 통해 협력적인 학습 환경을 조성할 수 있다.

3. 학습 자료 판매
- 코멘토에서는 학습 자료를 판매할 수 있는 기능도 제공한다. 강사는 자신이 만든 강의 자료, 문제집, 기출문제 풀이 자료 등을 플랫폼에 올려 판매하여 수익을 창출할 수 있다. 학생들은 이러한 자료를 구입하여 자기 주도적인 학습을 할 수 있다.

4. 질문 답변 및 학습 커뮤니티
- 학생들은 학습 중 발생한 질문을 코멘토 내에서 질문과 답변을 통해 해결할 수 있다. 다양한 강사와 학생들이 참여하는 커뮤니티에서 질문을 주고받으며 서로 도움을 주고받을 수 있다.

특징

1. 다양한 과목과 강사 선택
- 코멘토에서는 수학, 영어, 과학, 프로그래밍 등 다양한 과목에 대한 강사를 선택

할 수 있다. 강사는 자신이 제공할 수 있는 강의의 내용을 자유롭게 설정할 수 있으며, 각 강사는 자기 주도적인 수업을 진행한다.

2. 맞춤형 학습

- 코멘토의 가장 큰 특징은 맞춤형 학습을 제공한다는 점이다. 학생은 자신의 수준이나 필요에 맞는 강의를 선택할 수 있으며, 강사는 각 학생의 개별적인 학습 필요를 반영하여 강의를 진행할 수 있다.

3. 편리한 예약 시스템

- 학생은 강사와의 수업 예약을 간편하게 할 수 있다. 실시간 일정 확인과 수업 예약이 가능하여, 시간 관리가 쉬운 점이 큰 장점이다.

4. 소셜 기능

- 학생들은 코멘토 내에서 스터디 그룹을 만들어 공동 학습을 할 수 있으며, 다른 학생들과의 소셜 상호작용을 통해 더 나은 학습 환경을 조성할 수 있다.

수익화 단계별 가이드

1. 코멘토 강사로 가입하기

- 코멘토 회원가입: 코멘토 웹사이트나 앱에서 회원가입을 한다. 회원 가입 시, 강사로서 활동할 계획이라면, 강사 계정을 선택해야 한다. 가입 과정에서 본인의 이름, 연락처, 이메일 주소를 입력하고, 강의 가능 과목을 설정할 수 있다.
- 강사 프로필 작성: 강사 프로필을 자세히 작성한다. 여기에는 자신의 학력, 전문성, 경력 등을 포함하여 학생들에게 신뢰감을 줄 수 있도록 자기소개를 명확하게 작성해야 한다. 전문적인 이력이나 자격증도 중요하다. 예를 들어, 수학 과외를 제공한다면 관련 학위나 교사 자격증을 프로필에 포함시키면 좋다. 학생들이 관심을 가질 수 있도록, 경험과 교육 방식을 잘 어필해야 한다.
- 강의 과목 및 내용 설정: 자신이 제공할 수 있는 과목을 설정한다. 예를 들어, 수학, 영어, 프로그래밍 등 구체적으로 어떤 과목을 가르칠 것인지를 선택하고, 수업 스타일이나 학습 목표도 명확히 한다. 각 과목에 맞는 수업 계획을 짜고, 이를 학생에게 제공할 커리큘럼으로 설정한다. 예를 들어, 단계별 수학 문제 풀이나 영어 회화 수업 등 학습 내용을 구체적으로 안내해야 한다.

2. 과외 서비스 제공 시작하기

- 과외 수업 예약 받기: 강사 프로필을 작성하고 나면, 학생들이 자신의 수업 예약을 할 수 있도록 예약 시스템이 활성화된다. 수업 시간과 가격을 설정하고, 학생들이 예약할 수 있도록 해야 한다. 수업 시간을 유동적으로 설정하고, 수업 시간

에 따라 가격을 조정하는 방식으로 운영할 수 있다. 예를 들어, 1시간 수업을 기준으로 가격을 정할 수 있다. 예약을 받기 위해, 예약 캘린더를 관리하며 수업을 진행한다.
- 수업 진행 및 학습 피드백 제공: 학생과의 수업은 온라인으로 진행되며, 실시간 영상통화와 화면 공유 기능을 활용해 수업을 진행한다. 수업이 끝난 후 학습 피드백을 제공하고, 학생의 진도와 성취도에 따라 후속 수업을 예약할 수 있도록 유도한다. 학생 리뷰가 매우 중요하다. 학생이 수업에 대해 긍정적인 피드백을 남기면, 후속 수업 예약이 증가하고, 강사 신뢰도가 높아진다.

3. 학습 자료 판매
- 학습 자료 제작: 자신이 만든 학습 자료를 코멘토 플랫폼에 업로드할 수 있다. 예를 들어, 기출문제집, 수학 문제 풀이집, 영어 단어 암기 자료 등을 만들 수 있다. PDF, 동영상 강의 등 다양한 형태의 학습 자료를 제공할 수 있으며, 학생들이 이를 구매하여 학습할 수 있도록 한다.
- 자료 판매 설정: 코멘토의 자료 판매 기능을 이용하여, 자료의 가격을 설정하고 판매 페이지를 생성한다. 학생들이 자료를 구매할 수 있도록 가격을 설정하고, 자료에 대한 설명을 상세히 작성하여 판매 페이지를 꾸민다. 기존 수업에서 다룬 내용을 기반으로 만든 자료를 판매할 수 있기 때문에, 강의 콘텐츠와 관련된 자료를 제공하는 것이 좋다.
- 자료 홍보 및 마케팅: 코멘토 내에서 자료 홍보를 할 수 있다. 예를 들어, SNS나 블로그 등을 통해 자기 자료를 적극적으로 홍보하고, 학생들에게 추천할 수 있다. SNS나 커뮤니티에서 관련 주제에 대해 홍보하면, 더 많은 사람들이 해당 자료를 구매할 가능성이 크다.

4. 스터디 그룹 운영
- 스터디 그룹 개설: 코멘토에서는 스터디 그룹을 만들어 함께 공부할 수 있다. 특정 과목이나 학습 목표에 맞는 스터디 그룹을 만들어 유료로 제공할 수 있다. 예를 들어, 수능 준비 스터디나 프로그래밍 스터디 등을 개설하고, 학생들이 참여하도록 유도한다. 스터디 그룹 멤버를 모집하고, 일정에 맞춰 공동 학습을 진행한다.
- 유료 스터디 그룹 설정: 스터디 그룹을 운영하면서 유료 멤버십을 설정할 수 있다. 예를 들어, 한 달간 주 2회 스터디 그룹에 참여하려면 일정 금액을 지불해야 하도록 설정할 수 있다. 유료 멤버십을 통해 스터디 그룹에 참여한 학생들에게 프리미엄 학습 자료나 추가 과제를 제공하여 가치를 더할 수 있다.

5. 학생들의 피드백을 활용한 성장

- 수업이 끝나고 학생들이 남긴 리뷰와 피드백은 매우 중요하다. 학생들의 피드백을 적극적으로 반영하여 수업 개선 및 학습 자료 업데이트를 할 수 있다. 긍정적인 리뷰는 프로필에 표시되어 더 많은 학생들의 관심을 끌 수 있으며, 자기 브랜드를 구축하는 데 도움이 된다. SNS, 블로그, 유튜브 등을 활용하여 자기 강의나 학습 자료를 더 많은 사람들에게 알릴 수 있다. 예를 들어, 유튜브에 짧은 학습 동영상을 올려 자신의 수업 스타일을 소개하거나, 자기 주도 학습 팁을 제공하여 학생들의 관심을 유도할 수 있다.

TIP

1. 강사 프로필 최적화

- 전문성 강조: 강사 프로필에 자격증, 경력, 학력 등을 명확히 기재하여 학생들에게 신뢰를 줄 수 있다. 예를 들어, 수학 과외를 제공한다면 수학 관련 전공이나 교사 자격증 등을 강조해야 한다.
- 강의 스타일 설명: 자신만의 교육 방식이나 수업 철학을 구체적으로 설명하여, 학생들이 어떤 수업을 받을지 명확히 알 수 있도록 한다. 예를 들어, 문제 풀이 중심, 이론과 실습 병행 등 자신만의 강의 스타일을 소개해야 한다.
- 사진 및 소개글: 얼굴이 드러나는 프로필 사진을 올리고, 친근하면서도 전문적인 소개글을 작성하는 것이 좋다. 사람들은 신뢰할 수 있는 강사를 선택하기 때문에 자세하고 신뢰성 있는 설명이 필요하다.

2. 학생 리뷰와 피드백 활용

- 학생 리뷰 관리: 학생들이 수업을 마친 후에는 피드백을 적극적으로 요청하고, 긍정적인 리뷰는 프로필에 잘 반영될 수 있도록 한다. 리뷰가 많고 긍정적일수록 신뢰도가 높아져 더 많은 학생이 수업을 예약할 확률이 커진다.
- 학생 피드백 반영: 학생들의 피드백을 통해 수업 개선이나 강의 커리큘럼 수정을 하여 더 나은 수업을 제공한다. 피드백을 적극 반영하는 모습을 보여주면, 학생들이 더 신뢰할 수 있다.

3. 맞춤형 수업 제공

- 개별 맞춤형 학습 계획: 각 학생의 수준에 맞는 맞춤형 수업을 제공해야 한다. 예를 들어, 기초부터 학습하는 학생과 심화 문제 풀이를 원하는 학생에게는 각각 다른 수업을 제공할 수 있다.
- 과목 다양화: 자신이 가르칠 수 있는 과목을 다양하게 설정해야 한다. 예를 들

어, 수학, 영어, 프로그래밍 등 여러 과목에 대해 수업을 제공할 수 있다면, 다양한 학생층을 대상으로 수업을 진행할 수 있다.

4. 학습 자료 판매

- 자기 제작 학습 자료 업로드: 자신이 만든 강의 자료, 문제집, 기출문제 풀이 자료 등을 코멘토에 업로드하여 판매할 수 있다. PDF, 동영상 강의 등 다양한 형태의 자료를 제공할 수 있다.
- 기존 수업에서 만든 자료 활용: 자신이 진행한 수업에서 사용한 참고자료나 문제 해결 방안 등을 자료로 만들어 판매하면, 이미 수업을 진행한 학생들에게도 유용한 자료가 된다.
- 가격 설정 전략: 판매 자료의 가격을 너무 높이지 않도록 주의해야 한다. 합리적인 가격에 고품질의 자료를 제공하면 학생들이 구매할 가능성이 높아진다.

5. 스터디 그룹 운영

- 스터디 그룹 개설: 특정 과목이나 주제를 기반으로 스터디 그룹을 운영하여, 여러 학생들이 함께 학습할 수 있도록 한다. 예를 들어, 수능 대비 수학 스터디나 영어 회화 스터디 등을 개설할 수 있다.
- 유료 스터디 그룹: 유료 멤버십을 설정하고, 그룹 내에서 특별한 학습 자료나 프리미엄 피드백을 제공하여, 학생들이 유료로 참여하도록 유도할 수 있다.
- 그룹 내 적극적인 참여 유도: 스터디 그룹 내에서 학생들이 질문과 답변을 활발히 하도록 유도하고, 그에 대한 피드백을 제공하여 활발한 학습 분위기를 만든다.

6. SNS 활용 및 마케팅

- SNS 홍보: 자신의 강의 스타일이나 학습 자료를 홍보할 수 있는 SNS(인스타그램, 유튜브, 블로그 등)을 활용해야 한다. 예를 들어, 유튜브에 짧은 학습 영상을 올려 자신을 홍보하고, 강의 내용이나 스타일을 미리 보여주는 방법이 효과적이다.
- 해시태그와 키워드 활용: SNS에서 강의와 관련된 해시태그를 사용해 더 많은 사람들이 자신의 강의를 발견할 수 있도록 한다. 예를 들어, #수학과외, #영어회화, #프로그래밍강의 등 관련된 해시태그를 사용해야 한다.

7. 가격 책정 전략

- 시장 가격 조사: 코멘토 내 다른 강사들이 설정한 가격을 조사하고, 경쟁력 있는 가격을 책정한다. 너무 높은 가격은 수업 예약을 줄어들게 하고, 너무 낮은 가격은 가치가 떨어지게 할 수 있으므로 합리적인 가격을 설정하는 것이 중요하다.
- 첫 수업 할인: 처음 수업을 듣는 학생들에게 첫 수업 할인을 제공하여, 첫 경험을 긍정적인 인상으로 만들 수 있다. 첫 수업에서 좋은 평가를 받으면, 이후 수

| 사진 & 동영상 | 창작물 & 앱 | 디자인 & 이모티콘 | **컨텐츠** | 블로그 | SNS | 쇼핑몰 | 글 & 그림 | 교육 & 방송 |

업 예약이 증가할 수 있다.
- 패키지 요금: 수업 패키지(예: 10회 수업, 20회 수업)를 판매하여 학생들이 장기적으로 수업을 예약하도록 유도할 수 있다. 이는 학생들에게도 혜택이 되고, 강사에게는 안정적인 수익을 제공한다.

8. 학생 맞춤형 피드백 제공
- 진도에 맞는 피드백: 학생마다 학습 진도가 다르기 때문에, 각 학생에게 맞는 피드백을 제공해야 한다. 예를 들어, 진도 미달인 학생에게는 기본 개념 복습을 제시하고, 진도가 빠른 학생에게는 심화 학습을 제안하는 것이 좋다.
- 성취도 추적: 학생들이 목표를 달성할 때마다 성취도를 축하하고, 그들이 느끼는 성취감을 강조하여 학습 동기를 부여한다.

9. 온라인 강의 콘텐츠 만들기
- 온라인 동영상 강의 제작: 영상 강의나 온라인 워크북을 만들어 코멘토 내에서 판매하거나, 무료 샘플 강의를 제공하여 학생들이 관심을 가질 수 있도록 한다.
- 강의 품질 높이기: 좋은 음질과 화질을 확보하여 전문적인 콘텐츠를 제공한다. 예를 들어, 문제 풀이를 하는 동안 스크린 공유를 통해 직접 설명을 하는 방식이 효과적이다.

10. 지속적인 자기개발 및 트렌드 파악
- 트렌드 파악: 학생들이 현재 선호하는 과목이나 수요가 많은 과목을 파악하여 이를 자신의 수업에 반영한다. 예를 들어, 코딩, 디지털 마케팅 등 최신 트렌드와 관련된 과목을 추가하여 수요를 맞출 수 있다.
- 자기개발: 지속적으로 새로운 학습 자료를 제작하거나, 자격증을 취득하여 자기개발을 해야 한다. 이는 강사로서의 신뢰도를 높이고, 더 많은 학생들에게 다가갈 수 있게 해준다.

수익자 리뷰

1. 수학 과외 강사
- "코멘토에서 수학 과외를 시작한 지 3개월이 되었는데, 그동안 학생들이 꾸준히 늘어나면서 안정적인 수익을 올릴 수 있었습니다. 초기에는 마케팅이 어려웠지만, 프로필을 잘 꾸미고, 학생들의 후기와 추천을 받으면서 점차 수업 예약이 많아졌습니다. 특히 학생 맞춤형 학습 계획을 제공하는 것이 큰 도움이 되었고, 학생들이 수업 후 피드백을 남기면 그게 다른 학생들에게도 큰 신뢰로 이어집니다. 이제는 주당 10명 이상의 학생들을 가르치고 있으며, 추가로 자기 개발 자료도 만들어 판매하고 있습니다."

2. 영어 회화 강사

- "영어 회화 강의를 시작한지 몇 달 안 됐지만, 코멘토 덕분에 꾸준히 수익을 창출할 수 있었어요. 특히 학생들이 주는 피드백을 통해 내 수업을 점점 더 개선할 수 있었고, 그 덕분에 학생들이 다시 예약하는 비율이 높아졌어요. 제 강의 스타일은 회화 중심이라 실제 상황에 맞는 대화를 많이 연습하는데, 학생들이 만족하는 모습을 보며 보람을 느껴요. 또한 SNS로 수업 홍보를 했더니 더 많은 학생들이 찾아왔어요. 꾸준히 좋은 피드백을 받으며, 점점 더 많은 수업을 예약 받게 되어 안정적인 수익을 올리고 있어요."

3. 프로그래밍 강사

- "코멘토에서 프로그래밍 과외를 시작한 후, 수많은 학생들과 맞춤형 수업을 진행했습니다. 저는 주로 자바, 파이썬 등을 가르치는데, 코멘토에서 제공하는 1:1 수업 방식이 매우 효과적입니다. 수업 전 개별 진단을 통해 학생의 수준에 맞는 커리큘럼을 제공하고, 학생들이 실제로 코딩 문제를 풀면서 실력을 쌓을 수 있도록 돕고 있습니다. 학생들이 수업을 마친 후 주는 긍정적인 피드백 덕분에 다른 학생들도 찾게 되어서, 새로운 수업 예약이 꾸준히 생깁니다. 또한, 프로그래밍 관련 학습 자료를 추가로 판매하면서 추가 수익도 올리고 있습니다."

4. 수능 준비 과외 강사

- "수능 준비를 위해 코멘토에서 과외를 시작한 지 6개월이 되었고, 저는 수학과 영어를 가르칩니다. 처음에는 수업을 찾는 것이 어려웠지만, 강사 프로필을 자세히 작성하고, 학생 맞춤형 학습 계획을 제시하면서 수업 예약이 점차 늘었습니다. 학생들이 학습 진도와 실력을 꾸준히 체크할 수 있도록 했고, 그들이 목표를 달성할 때마다 칭찬을 아끼지 않으면서 학습 동기를 유도했습니다. 수능 준비생들에게는 정기적인 학습 자료와 복습 과제를 제공하여 많은 학생들이 재수강을 요청하고 있습니다. 현재는 한 달에 500,000원 이상의 수익을 얻고 있으며, 추가로 수능 관련 자료를 판매하여 부가 수익도 올리고 있습니다."

15 힐링 콘텐츠 스트리밍

힐링 콘텐츠 스트리밍은 어떤 곳인가요?

힐링 콘텐츠 스트리밍은 스트리밍 서비스를 통해 힐링과 심리적 안정을 제공하는 콘텐츠를 소비자에게 전달하는 형식을 의미한다. 이 콘텐츠는 주로 스트레스 해소, 정신적 치유, 휴식과 관련된 영상, 음악, 오디오 등을 포함하며, 사람들이 정신적인 부담을 덜고 긍정적인 에너지를 얻을 수 있도록 돕는다.

주요 유형

1. **명상 및 요가 콘텐츠**
   - 명상과 요가 관련 스트리밍 콘텐츠는 스트레스 해소와 심리적 안정에 큰 도움을 준다. 명상 음악, 가이드 명상, 호흡 훈련, 요가 수업 등이 이에 해당한다.
   예: YouTube, Spotify, Calm, Headspace 앱 등에서 제공하는 명상 콘텐츠

2. **자연 소리 및 ASMR**
   - 자연의 소리나 ASMR(자율 감각 쾌락 반응) 콘텐츠는 사람들이 휴식을 취하고 감각적으로 안정감을 느낄 수 있도록 돕는다.
   예: 바람 소리, 파도 소리, 숲 속의 새소리, 빗소리 등

3. **음악 스트리밍**
   - 편안한 음악을 스트리밍 서비스로 제공하는 것도 힐링 콘텐츠의 일종이다. 편안한 클래식, 자장가, 자연의 소리와 결합된 음악 등이 스트리밍 플랫폼에서 인기를 끌고 있다.
   예: Spotify, Apple Music, YouTube에서 제공하는 편안한 음악 플레이리스트

4. **심리학, 감정 치유 관련 팟캐스트**
   - 감정적 힐링과 자기 개발을 위한 팟캐스트나 오디오 콘텐츠도 힐링 콘텐츠의 범주에 포함된다. 심리학적 상담, 감정 표현 방법, 스트레스 관리, 행복한 삶을 위한 조언 등을 제공하는 콘텐츠이다.
   예: 심리학적 조언 팟캐스트나 감정 치유 오디오 콘텐츠

5. **힐링 영상 콘텐츠**
   - 아름다운 자연 풍경, 평화로운 풍경을 담은 영상 콘텐츠는 힐링 효과가 있다.

특히, 일상에서 벗어나 자연 속으로 떠난 기분을 느끼게 해 주는 영상들이 있다.
예: YouTube에서 자연 경관을 담은 360도 VR 영상, 힐링 영상 등

6. 심리 상담 및 코칭 콘텐츠

- 심리적 안정을 돕는 상담 및 코칭 콘텐츠가 스트리밍 서비스로 제공되기도 한다. 심리 상담을 받거나, 자기계발과 관련된 비디오 콘텐츠를 통해 자신의 감정을 이해하고 조절할 수 있다.
  예: PODCAST, Webinar, 치유 프로그램

7. 힐링 콘텐츠 스트리밍의 예시 플랫폼

- YouTube: 다양한 힐링 음악, 명상 콘텐츠, 자연 소리 콘텐츠 등이 제공된다.
- Spotify: 스트레스 해소 음악, 명상용 플레이리스트, 편안한 음악 스트리밍이 가능하다.
- Calm, Headspace: 명상, 호흡 훈련, 수면 유도, 집중력 향상을 돕는 콘텐츠를 제공한다.
- Twitch: 일부 스트리머들이 게임 스트리밍 외에도 자연과의 상호작용을 통해 힐링 콘텐츠를 제공한다.
- Apple Music: 편안한 음악, 명상 및 스트레스 해소를 위한 오디오 콘텐츠 제공.
- Insight Timer: 무료 명상과 힐링 음악을 제공하는 플랫폼으로, 다양한 명상 강사들이 참여하는 콘텐츠를 제공한다.

수익화 단계별 가이드

1. 콘텐츠 아이디어와 타겟 설정

1) 콘텐츠 아이디어 결정

- 명상 콘텐츠: 가이드 명상, 호흡 훈련, 마음챙김 연습
- 자연의 소리: 바람, 파도, 비, 숲 소리 등
- ASMR: 자율 감각 쾌락 반응(ASMR) 콘텐츠
- 편안한 음악: 차분한 클래식, 재즈, 휴식용 음악
- 자기계발 및 심리학 콘텐츠: 감정 관리, 스트레스 해소 방법 등

2) 타겟 청중 설정

- 명상 초보자를 위한 기초 명상 콘텐츠, 직장인을 위한 스트레스 해소 음악, 수면에 어려움이 있는 사람들을 위한 수면 유도 오디오

2. 플랫폼 선택 및 준비

1) 플랫폼 선정
- YouTube: 동영상 콘텐츠와 라이브 스트리밍을 지원하며 광고 수익, 후원 등을 통해 수익을 올릴 수 있다.
- Twitch: 스트리밍 플랫폼으로, 라이브 힐링 방송을 진행하고 후원금을 받을 수 있다.
- Spotify, Apple Music: 음악 스트리밍 플랫폼에 편안한 음악이나 명상 콘텐츠를 업로드하여 수익을 창출할 수 있다.
- Calm, Headspace: 명상 앱에서 콘텐츠 제공을 통해 수익을 올릴 수 있다.
- Patreon: 구독 기반으로 팬들에게 프리미엄 콘텐츠를 제공할 수 있다.

2) 채널 및 계정 설정
- 브랜드 아이덴티티를 구축해야 한다: 색상, 로고, 콘텐츠 스타일 등.
- 자기소개 및 목표 설정: 사람들이 왜 이 채널을 구독해야 하는지, 이 채널에서 제공하는 가치에 대해 분명히 전달해야 한다.

3. 콘텐츠 제작

1) 고품질 콘텐츠 제작
- 영상 및 오디오 품질: 힐링 콘텐츠는 주로 편안한 분위기와 청량감을 주어야 하므로 음향이 중요하다. 고품질의 마이크와 음향 장비를 사용하여 깨끗하고 선명한 음질을 제공해야 한다. 명상 음악, 자연의 소리, ASMR 콘텐츠 등은 특히 좋은 음질이 필수이다.

2) 일관성 있는 콘텐츠 업로드
- 일정한 주기로 콘텐츠를 업로드해야 한다. 예를 들어, 주 2-3회 꾸준히 힐링 음악이나 명상 오디오를 업로드하는 것이 좋다. 콘텐츠의 길이나 형식도 다양하게 시도하는게 좋다. 짧은 명상 세션부터 길게는 1시간 이상 지속되는 힐링 음악까지 다양한 길이의 콘텐츠를 제공할 수 있다.

3) 유익하고 유도적인 콘텐츠 만들기
- 가치 제공: 단순한 오디오나 영상을 넘어, 청중에게 유익하고 실질적인 도움이 되는 콘텐츠를 제공해야 한다. 예를 들어, "5분 명상으로 하루 스트레스 해소하기", "심리적 안정감을 위한 10분 집중 음악"과 같은 주제로 사람들의 관심을 끌 수 있다.

4. 마케팅 및 홍보

1) SNS 활용

- Instagram, Twitter, Facebook 등에서 콘텐츠를 홍보해야 한다. 특히 힐링 콘텐츠는 감성적이고 시각적인 요소가 중요하므로, 자연 이미지, 마음챙김 인용구 등을 함께 활용하여 콘텐츠를 홍보할 수 있다. YouTube Shorts, Instagram Reels 같은 짧은 영상 포맷을 활용하여 더 많은 사람들에게 콘텐츠를 노출시킬 수 있다.

2) SEO 최적화

- SEO(Search Engine Optimization) 최적화를 통해 검색 결과에서 상위에 노출되도록 한다. 예를 들어, YouTube에서 "스트레스 해소 음악" 또는 "명상 음악" 같은 검색어에 맞춰 제목과 태그를 설정해야 한다.

3) 협업 및 크로스 프로모션

- 다른 힐링 콘텐츠 크리에이터들과 협업을 하여 서로의 청중을 교환하고 팔로워를 증가시킬 수 있다. 예를 들어, 명상 인플루언서와의 협업을 통해 서로의 콘텐츠를 홍보하거나 공동 방송을 진행할 수 있다.

5. 수익화 전략

1) 광고 수익

- YouTube와 같은 플랫폼에서는 광고 수익을 창출할 수 있다. 일정 수 이상의 구독자와 시청자를 확보한 후에는 광고 수익이 발생한다. YouTube 파트너 프로그램에 가입하여 광고 수익을 받을 수 있다.

2) 구독 모델

- Patreon이나 YouTube 채널 가입과 같은 구독 모델을 통해 팬들이 매달 일정 금액을 지불하고 프리미엄 콘텐츠를 제공받게 할 수 있다. 구독자는 더 많은 콘텐츠와 독점적인 자료를 얻을 수 있어 계속해서 수익을 창출할 수 있다.

3) 후원 및 기부

- Twitch나 YouTube 라이브 방송에서는 팬들이 Super Chat(유료 채팅)이나 기부를 통해 후원할 수 있다. 콘텐츠를 실시간으로 제공하며 팬들과의 소통을 강화하고, 기부를 유도할 수 있다.

4) 상품 판매

- 기타 상품을 판매하여 수익을 올릴 수 있다. 예를 들어, 힐링 음악 앨범, 명상 기구, 편안한 향초 같은 상품을 판매할 수 있다. 개인 브랜드로 상품을 만들어 판매하거나, 온라인 쇼핑몰을 연계하여 제품을 마케팅할 수 있다.

5) 스폰서십 및 광고
- 브랜드 협업을 통해 스폰서십 계약을 체결하고, 관련 브랜드(예: 웰빙 제품, 힐링 용품)와 광고 계약을 체결할 수 있다. 명상, 자연 관련 제품 또는 스트레스 해소 관련 브랜드와 협업할 수 있다.

6. 팬 관리 및 지속적인 성장

1) 청중과의 소통 강화
- 댓글과 메시지를 통해 팬들과 소통해야 한다. 꾸준히 피드백을 받고, 그들의 요구를 반영하는 콘텐츠를 만들면 충성도 높은 구독자를 확보할 수 있다.

2) 데이터 분석을 통한 개선
- 스트리밍 플랫폼에서 제공하는 분석 도구를 통해 어떤 콘텐츠가 가장 인기가 있었는지 파악하고, 인기 있는 형식이나 주제를 집중적으로 다룰 수 있다.

3) 커뮤니티 구축
- 커뮤니티를 구축하여 더 많은 구독자를 확보하고, 그들의 의견을 수렴하면서 지속적으로 콘텐츠를 개선해 나갈 수 있다. 예를 들어, Discord나 Facebook Group을 활용하여 팬들과 소통할 수 있다.

TIP

1. 고품질의 콘텐츠 제공
- 음향 품질 중요: 힐링 콘텐츠는 음질이 매우 중요하다. 깨끗하고 편안한 소리가 사용자에게 힐링을 제공한다. 고급 마이크와 음향 장비를 사용하여 음질을 최적화해야 한다.
- 시각적 요소: 명상, 자연 소리, ASMR 콘텐츠와 같은 경우, 시각적으로도 힐링이 될 수 있는 배경을 제공한다. 편안한 영상(예: 자연 풍경, 차분한 색상 조합)을 함께 활용하면 효과적이다.

2. 특화된 콘텐츠 제공
- 특화된 주제를 선택하는게 좋다. 예를 들어, 수면 명상, 자연 소리, ASMR 명상 등 특정 주제에 초점을 맞추면 해당 관심사를 가진 사람들의 관심을 끌 수 있다.
- 세분화된 청중 타겟: 예를 들어, 직장인들이나 수험생을 타겟으로 한 콘텐츠를 제작하여 그들의 필요를 충족시킬 수 있다.

3. SEO 최적화 및 키워드 사용
- SEO(검색 최적화)는 콘텐츠가 더 많은 사람에게 도달하도록 돕다. YouTube나

Twitch, Spotify와 같은 플랫폼에서 콘텐츠 제목, 설명, 태그에 적절한 키워드를 포함시키는 게 좋다.
- 힐링 관련 키워드 예시: "명상 음악", "스트레스 해소 음악", "수면 명상", "자연의 소리", "ASMR", "편안한 음악" 등. 사람들이 자주 검색하는 키워드를 파악하여 콘텐츠에 반영해야 한다.

4. 꾸준한 콘텐츠 업데이트 및 일정 관리
- 규칙적인 업로드: 일관되게 콘텐츠를 제공하면 팬들의 기대감을 유지할 수 있다. 예를 들어, 매일 아침 10분 명상 콘텐츠나 주 2-3회 자연 소리 콘텐츠 업로드 등을 설정해야 한다. 타이밍을 잘 맞춰야 한다. 많은 사람들이 밤에 수면 명상을 듣거나, 아침에 하루를 시작할 때 명상을 하기도 한다. 청중이 콘텐츠를 소비할 시점을 파악하여 업로드 일정을 정하는 것이 중요하다.

5. 다양한 스트리밍 플랫폼 활용
- YouTube: 스트리밍, 라이브 방송, VOD(비디오 온 디맨드) 등을 활용하여 광고 수익을 얻을 수 있다. Super Chat이나 채널 가입 등을 통해 직접적인 후원을 유도할 수 있다.
- Twitch: 라이브 스트리밍에 최적화된 플랫폼으로, 후원 및 기부 기능을 활용할 수 있다. 힐링 관련 ASMR 방송이나 자연 소리 방송을 실시간으로 스트리밍하며 수익을 얻을 수 있다.
- Spotify, Apple Music: 편안한 음악이나 명상 콘텐츠를 업로드하여 스트리밍 수익을 얻을 수 있다. 이러한 음원 스트리밍 플랫폼을 통해 지속적인 수익을 창출할 수 있다.
- Patreon: 유료 구독 모델을 통해 프리미엄 콘텐츠를 제공하고 팬들로부터 정기적인 후원을 받을 수 있다. 후원자들에게 독점 콘텐츠나 개인화된 힐링 콘텐츠를 제공할 수 있다.

6. 팬과의 소통 및 커뮤니티 형성
- 커뮤니티 구축: 팬들과 소통할 수 있는 커뮤니티를 만들어보는게 좋다. Discord, Facebook Group 등을 활용하여 콘텐츠에 대한 피드백을 받거나, 팬들과의 긴밀한 관계를 유지할 수 있다.
- 라이브 방송 중 팬들과 소통: 실시간으로 스트리밍을 진행하면서 팬들의 댓글에 답하거나, 그들의 요청에 맞는 힐링 콘텐츠를 제공하는 방식으로 팬 충성도를 높일 수 있다.

7. 구독 기반 모델 및 후원 유도
- 구독 모델을 제공해야 한다. Patreon 또는 YouTube 채널 멤버십을 활용해 팬

들이 정기적으로 후원금을 지불하도록 유도할 수 있다. 이들이 얻을 수 있는 혜택(예: 독점 콘텐츠, 개인 맞춤형 힐링 세션 등)을 제공하면 유리하다.
- 후원과 기부 유도: Twitch, YouTube 라이브에서 후원을 받을 수 있는 시스템을 이용해야 한다. 힐링 콘텐츠는 감정적, 심리적 안정감을 제공하는 특성상 팬들이 기부할 가능성이 높다.

8. 브랜드와 협업 및 광고
- 스폰서십: 힐링 콘텐츠와 관련된 브랜드(예: 명상 기기, 웰빙 제품, 차, 자연 향초 등)와 협업하여 스폰서십 계약을 체결할 수 있다. 이를 통해 콘텐츠 중에 자연스럽게 광고를 넣거나, 브랜드 제품을 소개하여 수익을 창출할 수 있다.
- 제휴 마케팅: 힐링 관련 제품이나 서비스를 추천하고, 그 제품이 구매될 때마다 일정 비율의 커미션을 받는 제휴 마케팅을 진행할 수 있다.

9. 고유한 콘텐츠 아이디어 제공
- 독창적인 콘텐츠를 제공하여 다른 스트리머와 차별화해야 한다. 예를 들어, 명상과 요가 결합, 자연 소리와 동화책 읽기 등 이색적인 콘텐츠를 제공하면 더 많은 관심을 끌 수 있다.
- 맞춤형 콘텐츠: 팬들이 요구하는 맞춤형 콘텐츠(예: 특정 장소의 자연 소리, 특정 감정을 위한 명상 등)를 제작하여 더 큰 반응을 얻을 수 있다.

수익자 리뷰

1. 김성호 (YouTube 채널 운영)
- 김성호씨는 "편안한 명상 음악"과 "자연 소리"를 주제로 하는 YouTube 채널을 운영하며 수익을 올리고 있다. 그는 YouTube의 파트너 프로그램을 통해 광고 수익을 얻고 있으며, 꾸준히 콘텐츠를 업로드하면서 광고 수익 외에도 Super Chat과 멤버십으로 추가 수익을 얻고 있다. 김성호씨는 명상 콘텐츠와 자연 소리의 인기를 이용해 구독자 수를 늘려가며 안정적인 수익을 창출하고 있다. 주 2-3회, 일정한 시간에 콘텐츠 업로드하고 팬과의 소통하며, 팬들의 요청을 반영하여 맞춤형 콘텐츠 제작하는게 좋다.

2. 이수미 (Twitch 라이브 방송)
- 이수미씨는 Twitch에서 ASMR 명상 방송을 하며 수익을 창출하고 있다. 그녀는 명상과 힐링 음악을 결합한 콘텐츠를 제공하며, 구독자와 기부를 통해 안정적인 수익을 얻고 있다. 이수미씨는 Twitch의 Super Chat과 구독 기능을 활용해 팬들과의 소통을 강화하고 있다. 그녀는 초기에는 자주 방송을 하지 않다가 점차 팬들이 증가하면서 후원과 기부를 통해 주요 수익을 얻고 있다. ASMR과

명상 콘텐츠를 실시간 방송으로 제공한다. 팬들의 기부와 후원 유도한다. 주기적인 방송으로 꾸준한 수익 모델 확립한다.

3. 박민정 (Patreon 구독 서비스)

- 박민정씨는 Patreon을 통해 힐링 콘텐츠를 제공하며 돈을 벌고 있다. 그녀는 월별 구독 서비스를 제공하고, 프리미엄 구독자들에게는 독점 콘텐츠나 맞춤형 명상 세션을 제공한다. 박민정씨는 Patreon의 장기적인 구독 모델을 통해 매월 고정적인 수익을 얻고 있으며, 그녀의 구독자 수는 꾸준히 증가하고 있다.

4. 정아람 (Spotify 음원 스트리밍)

- 정아람씨는 Spotify에 편안한 명상 음악과 자연 소리 트랙을 업로드하여 수익을 올리고 있다. 그는 음악 스트리밍 서비스에서 스트리밍 수익을 얻으며, 특히 Spotify에서 월간 청취자 수가 증가함에 따라 안정적인 수익을 창출하고 있다. 또한 그는 다른 플랫폼에서도 음원을 판매하여 추가적인 수익을 얻고 있다.

디지털 노마드 33선

V. 블로그

16. 네이버 블로그

17. 티스토리

18. 워드프레스

#사진 & 동영상   #창작물 & 앱   #디자인 & 이모티콘   #컨텐츠
#블로그   #SNS   #쇼핑몰   #글 & 그림   #교육 & 방송

디지털 노마드 33선

| 사진 & 동영상 | 창작물 & 앱 | 디자인 & 이모티콘 | 컨텐츠 | **블로그** | SNS | 쇼핑몰 | 글 & 그림 | 교육 & 방송 |

16 네이버 블로그

네이버는 어떤 곳인가요?

네이버 블로그는 네이버에서 제공하는 무료 블로그 플랫폼으로, 사용자가 자신의 블로그를 만들고 다양한 콘텐츠를 게시할 수 있는 공간이다. 네이버 블로그는 특히 한국에서 매우 인기가 많고, 개인적인 기록, 정보 공유, 마케팅 등 다양한 용도로 활용된다. 네이버 블로그를 통해 사람들은 자신의 관심사에 대해 글을 쓰고, 정보를 제공하거나 제품과 서비스를 홍보하며, 수익을 창출할 수 있다.

주요 특징

1. 무료 사용
- 누구나 무료로 블로그를 개설하고 사용할 수 있다. 네이버 블로그는 간편한 디자인과 편리한 글 작성 도구를 제공하여, 블로그 운영에 익숙하지 않은 사람들도 쉽게 글을 작성하고 꾸밀 수 있다.

2. SEO 최적화
- 네이버는 국내에서 가장 많이 사용되는 검색 엔진이기 때문에, 네이버 블로그는 검색 최적화(SEO)가 잘 되어 있어, 검색 결과에서 상위에 노출될 가능성이 크다.

3. 다양한 콘텐츠 형식
- 텍스트 글뿐만 아니라, 이미지, 동영상, 음성 등 다양한 형태의 콘텐츠를 게시할 수 있다.

4. 소셜 기능
- 댓글, 공유, 추천 등의 기능을 통해 블로그 방문자들과 상호작용할 수 있다.

운영의 장점

1. 검색 최적화(SEO)
- 네이버에서 직접 운영하는 블로그이므로, 네이버 검색 결과에서 자연스럽게 상위에 노출될 수 있는 장점이 있다.

2. 쉬운 시작
- 특별한 기술 지식 없이 누구나 쉽게 시작할 수 있고, 디자인과 기능이 직관적이다.

3. 커뮤니티와의 상호작용

- 블로그 방문자들과의 댓글이나 소셜 기능을 활용해 밀접하게 소통할 수 있다.

4. 광고 수익

- 네이버의 애드포스트와 같은 광고 프로그램을 통해 광고 수익을 얻을 수 있다.

운영 시 주의사항

1. 광고 수익의 규제

- 광고 수익을 얻기 위해서는 네이버의 애드포스트에 블로그를 등록하고, 일정한 트래픽과 콘텐츠 품질을 유지해야 한다.

2. 저작권 문제

- 블로그에 올리는 이미지나 콘텐츠가 저작권에 위배되지 않도록 주의해야 한다. 저작권이 있는 자료를 무단으로 사용할 경우 법적 문제가 발생할 수 있다.

3. 과도한 광고 게재 주의

- 블로그에 너무 많은 광고를 게재하면 사용자 경험을 해칠 수 있고, 방문자가 이탈할 위험이 있다. 광고는 적절히 배치하고, 콘텐츠의 품질을 우선시하는 것이 중요하다.

수익화 단계별 가이드

1. 블로그 개설 및 기본 설정

1) 네이버 블로그 개설

- 네이버 계정이 없다면 먼저 네이버 계정을 생성해야 한다. 네이버 계정으로 로그인 후, 네이버 블로그로 이동하여 블로그를 개설한다.

2) 블로그 디자인 설정

- 기본적으로 제공되는 템플릿을 활용하거나 자신만의 디자인을 적용하여 블로그를 꾸민다. 블로그의 브랜딩을 위해, 블로그 제목, 소개 글, 프로필 사진 등을 설정한다. 사용자 경험을 고려해 읽기 쉬운 글꼴과 깔끔한 레이아웃을 선택한다.

3) 블로그의 주제 정하기

- 수익화에 중요한 요소는 블로그의 주제이다. 자신이 잘 아는 분야나 관심 있는 주제를 선택해야 한다. 특정 분야에 대한 전문성을 키우면, 방문자들이 신뢰하고 자주 방문할 가능성이 커진다.

2. 유용한 콘텐츠 작성

1) 질 높은 콘텐츠 작성

- 유용하고 독창적인 콘텐츠를 작성한다. 검색 엔진에서 잘 노출되려면, 키워드를 적절히 활용하여 글을 작성해야 한다. 블로그 콘텐츠는 정보성이 강하고, 문제 해결에 초점을 맞추는 것이 좋다. 정기적인 포스팅을 통해 블로그에 새로운 콘텐츠를 지속적으로 추가해야 한다. 일정한 업데이트가 중요하다.

2) 검색 최적화(SEO)

- SEO(검색엔진 최적화) 기술을 활용하여 블로그 글을 최적화한다.
- 키워드 연구: 방문자가 자주 검색할 수 있는 키워드를 찾아 제목, 본문에 적절하게 배치한다.
- 메타태그 활용: 글의 제목, 설명, 카테고리 등을 최적화하여 검색 결과에서 쉽게 노출되게 만든다.
- 내부 링크: 블로그 내의 다른 글로 링크를 걸어 블로그 전체의 트래픽을 늘린다.

3) 다양한 형식의 콘텐츠 활용

- 텍스트, 이미지, 동영상 등을 적절히 혼합하여 다양한 콘텐츠 형식을 제공한다. 인포그래픽, 슬라이드, 동영상 등 시청각적 콘텐츠를 활용하면 방문자의 관심을 끌기 좋다.

3. 블로그 트래픽 증가시키기

1) SNS와 연동

- 블로그 콘텐츠를 SNS(인스타그램, 페이스북, 트위터 등)와 연동하여 트래픽을 유도한다. 각 SNS에 맞는 짧은 글이나 이미지를 활용해 블로그로 유입될 수 있도록 한다.

2) 꾸준한 소통

- 방문자들이 댓글을 달면 성실하게 답글을 달아 소통을 강화한다. 방문자와의 피드백을 통해 신뢰를 얻을 수 있다. 블로그 방문자가 자주 방문하도록 유도하려면, 관심을 끌 수 있는 이벤트나 질문을 던지기도 한다.

3) 타 블로그와 상호작용

- 다른 네이버 블로그와 소통하고, 상호 링크를 달거나 댓글을 달아 방문을 유도한다. 블로그 내에서 게스트 포스트나 인터뷰를 통해 협력하는 방법도 있다.

4) 유입 경로 다변화

- 네이버 외의 검색 엔진(구글, 다음 등)에서도 블로그가 노출되도록 최적화해야

한다. 다양한 블로그 포럼이나 커뮤니티에 블로그 링크를 공유하여 유입 경로를 다변화한다.

4. 블로그 수익화

1) 애드포스트(AdPost)
- 애드포스트는 네이버에서 제공하는 광고 수익 프로그램이다. 애드포스트 가입 후 블로그에 광고 배너를 추가하고, 광고 클릭이나 노출에 따라 수익을 얻을 수 있다. 애드포스트 수익은 주로 클릭당 수익(CPC) 또는 노출당 수익(CPM)으로 발생한다.

2) 제휴 마케팅(affiliate marketing)
- 제휴 마케팅을 통해 블로그에 광고주가 제공하는 상품이나 서비스를 소개하고, 방문자가 이를 구매할 경우 수수료를 받는 방식이다. 쿠팡 파트너스, 아마존 어필리에이트 등의 제휴 프로그램을 활용할 수 있다.

3) 스폰서십 및 협찬
- 기업이나 브랜드와 협력하여 블로그 콘텐츠 내에서 특정 상품이나 서비스를 소개하는 스폰서 콘텐츠를 작성한다. 스폰서십 계약을 통해 일정 금액을 받고 콘텐츠를 제공하거나 리뷰 글을 작성한다.

4) 자체 제품/서비스 판매
- 블로그를 통해 자신이 만든 디지털 콘텐츠(e-book, 온라인 강의, 디자인 파일 등)나 물리적 제품을 판매할 수 있다. 네이버 스마트스토어와 연동하여 제품을 판매하는 방법도 있다.

5) 후원 및 기부
- 팬층이 형성되면, 후원이나 기부를 받을 수 있다. 이를 위해 외부 후원 플랫폼(예: Patreon)과 연동하여 후원을 받는 방법도 고려할 수 있다.

5. 지속적인 개선과 관리

1) 성과 분석 및 최적화
- 네이버 애널리틱스와 구글 애널리틱스를 활용하여 블로그의 성과를 분석한다. 어떤 글이 인기 있는지, 방문자의 유입 경로는 어떤지, 어떤 광고가 클릭되는지 등을 분석하고 최적화한다.
- 수익 분석: 애드포스트나 제휴 마케팅의 수익을 분석하고, 어떤 부분에서 더 효과적인지 파악하여 개선한다.

2) 방문자와의 관계 강화
- 블로그 이메일 뉴스레터나 SNS 소통을 통해 방문자들과의 관계를 유지하고, 충

성도를 높인다. 독자들이 필요로 하는 맞춤형 콘텐츠를 제공하여 방문자들이 블로그를 계속 방문하도록 유도한다.

3) 지속적인 콘텐츠 업데이트
- 블로그는 지속적으로 새로운 콘텐츠를 추가해야 한다. 유행하는 키워드를 반영하거나, 최신 트렌드를 반영한 콘텐츠를 작성하여 방문자를 끌어들인다.

TIP

1. 블로그 주제 선정과 전문성 강화
- 특화된 주제 선택: 자신이 잘 아는 분야나 관심 있는 주제를 선택해야 한다. 예를 들어, 여행, 뷰티, 금융, 기술, 육아 등 특정 분야에 집중하면, 특정 타겟 독자를 끌어들이기 좋다.
- 전문적인 콘텐츠: 자신의 경험이나 지식을 바탕으로 전문적인 글을 작성하면 방문자가 더 신뢰하고 다시 방문할 가능성이 높아진다. 예를 들어, 자세한 정보 제공, 실용적인 팁 등을 통해 방문자에게 가치를 제공해야 한다.

2. SEO(검색엔진 최적화) 활용
- 핵심 키워드 설정: 사람들이 자주 검색하는 핵심 키워드를 찾아서 콘텐츠에 자연스럽게 배치한다. 예를 들어, "2025년 여행지 추천", "서울 맛집"처럼 검색되는 키워드를 활용해야 한다.
- 메타 태그 최적화: 블로그 제목, 카테고리, 본문에 키워드를 적절히 넣어 SEO 최적화를 한다. 이를 통해 검색에서 블로그가 상위에 노출될 수 있다.
- 내부 링크: 블로그 내에서 다른 관련 글에 링크를 걸어 페이지 뷰를 높이고, 방문자가 블로그를 더 오래 머무르게 만든다.

3. 트래픽 증가를 위한 홍보 전략
- SNS와 블로그 연동: 인스타그램, 페이스북, 트위터 등 SNS에서 블로그 글을 공유하고, SNS에서 활동을 통해 트래픽을 유도해야 한다. 특히 유명 해시태그를 활용하거나 SNS의 타겟팅 기능을 통해 노출을 증가시킬 수 있다.
- 댓글과 소통 강화: 블로그 방문자들이 남긴 댓글에 친절하게 답변하며 소통을 강화해야 한다. 이로 인해 방문자는 블로그에 더 자주 방문하게 된다.
- 타 블로그와 교류: 다른 블로그와 상호 링크를 걸거나 댓글을 남겨 방문자를 유도한다. 타 블로그와의 교류가 블로그 인지도를 높이는 데 도움이 된다.

4. 수익화 방법 – 애드포스트
- 애드포스트 가입: 애드포스트는 네이버에서 제공하는 광고 프로그램으로, 블로

그에 광고를 배치하여 수익을 올릴 수 있다. 광고 클릭이나 광고 노출에 따라 수익이 발생한다.
- **적절한 광고 배치**: 애드포스트 광고를 너무 많이 배치하면 방문자 경험이 나빠질 수 있으므로, 글 내용 중간이나 사이드 바 등에 적절히 배치하여 불편함 없이 광고를 노출한다.

5. 제휴 마케팅 활용
- **제휴 프로그램 가입**: 쿠팡 파트너스, 아마존 어필리에이트 등 제휴 마케팅 프로그램에 가입하여, 자신이 작성한 블로그 글에 제품을 소개하고 수수료를 받는 방식이다.
- **자연스럽게 제품 추천**: 제휴 마케팅을 할 때, 제품이나 서비스를 자연스럽게 소개하는 것이 중요하다. 강제로 판매를 유도하기보다는 자신의 경험이나 사용 후기를 통해 제품을 추천해야 한다.
- **유용한 콘텐츠 작성**: 제휴 마케팅에서 성공하려면 문제를 해결해주는 콘텐츠가 필요하다. 예를 들어, "이 제품을 사용해본 후기"나 "여행 준비물 추천"처럼 실제로 유용한 정보를 제공하면서 제품을 소개하면 효과적이다.

6. 자체 상품 및 서비스 판매
- **디지털 제품 판매**: e-book, 디지털 디자인, 온라인 강의 등 자신이 만든 디지털 제품을 블로그에서 판매할 수 있다. 이를 통해 부수적인 수익을 창출할 수 있다.
- **스마트스토어 연동**: 블로그에서 자체 제품(예: 수공예품, 의류 등)을 판매하고, 네이버의 스마트스토어와 연동하여 온라인 쇼핑몰처럼 운영할 수 있다.
- **제작 상품 홍보**: 자신의 브랜드나 제품을 홍보하는 블로그 글을 작성하여 판매를 유도한다. 예를 들어, "나만의 디자인 제품 만들기"나 "가을에 어울리는 패션 아이템 추천"처럼 콘텐츠와 제품을 연결시킵니다.

7. 후원 및 기부 받기
- **팬층 형성**: 블로그에 충성도 높은 독자를 형성한 후, 후원이나 기부를 받을 수 있다. 예를 들어, Patreon과 같은 후원 플랫폼을 연동하거나, 블로그 방문자들에게 직접 후원을 요청할 수 있다.
- **유료 콘텐츠 제공**: 일부 프리미엄 콘텐츠를 유료로 제공하거나, 특정 자료(예: 체크리스트, 템플릿)를 판매하는 방법도 있다.

8. 유료 광고 활용
- **네이버 광고 활용**: 네이버 파워링크나 디스플레이 광고를 활용하여 블로그에 유입되는 트래픽을 증가시킬 수 있다. 광고 예산을 설정하여 타겟팅을 잘하면 효

과적으로 트래픽을 끌어올릴 수 있다.
- 타겟 광고 전략: 자신의 블로그 주제와 관련된 타겟 방문자를 유치하려면, 적절한 타겟 광고를 설정하고 광고 캠페인을 운영한다.

9. 블로그 디자인과 UX 개선
- 깔끔한 디자인: 방문자가 블로그를 이용하는데 불편함이 없도록 깔끔하고 직관적인 디자인을 선택해야 한다. 반응형 디자인을 선택해 모바일에서도 잘 보이게 한다.
- 속도 최적화: 블로그 페이지가 느리면 방문자가 이탈할 확률이 높다. 블로그의 로딩 속도를 최적화하고, 불필요한 이미지나 파일을 줄여 페이지 속도를 빠르게 만든다.

수익자 리뷰

1. "제휴 마케팅을 통한 첫 번째 수익!"
- A씨는 블로그를 시작한 이후, 처음에는 단순히 일상적인 글이나 취미 관련 포스팅을 했다. 그러니 시간이 지나면서 제휴 마케팅에 대해 알게 되어, 쿠팡 파트너스와 같은 프로그램에 가입했다. A씨는 블로그에 자주 방문하는 주요 키워드인 "여행 준비물", "건강 보조제 추천" 등의 주제로 글을 작성하고, 관련 제품을 소개하는 형태로 제휴 링크를 삽입했다. 처음에는 수익이 거의 없었지만, 블로그를 꾸준히 운영하고 방문자 수가 증가하면서 수익도 서서히 증가했다고 한다. A씨는 매달 30만 원 이상의 수익을 올리고 있으며, 제휴 마케팅 외에도 애드포스트 광고를 추가로 수익화 방법으로 활용했다고 밝혔다. "제휴 마케팅은 처음엔 작은 수익일지라도 꾸준히 이어가면 큰 성과를 얻을 수 있어요. 제품에 대한 솔직한 후기를 남기고, 사람들이 실제로 구매할 수 있도록 유도하는 게 중요해요."

2. "애드포스트로 처음 100만 원을 벌어봤다!"
- B씨는 처음에 블로그를 운영하면서 애드포스트의 광고 수익화 방법에 대해 궁금해 했다. 블로그 개설 후, 방문자를 증가시키기 위해 꾸준히 유용한 콘텐츠를 작성했고, 특히 SEO를 잘 활용하여 검색 결과 상위에 노출되도록 했다. 글마다 애드포스트 광고를 넣고, 반응형 디자인을 통해 모바일에서도 잘 보이게 설정했다. 그 결과, 트래픽이 증가하며 애드포스트의 수익도 점차 상승했다. B씨는 여행, 건강, 요리법 등의 다양한 주제로 글을 작성하면서 방문자들에게 유용한 정보를 제공했고, 그 덕분에 애드포스트 광고를 통한 수익이 월 100만 원을 넘어서게 되었다. "애드포스트는 방문자 수가 많을수록 수익이 증가하므로, SEO를 잘 활용하고, 방문자가 많이 찾는 주제에 맞는 콘텐츠를 작성하는 것이 중요합

니다."

3. **"나만의 e-book을 팔아서 수익을 올렸어요"**
   - C씨는 블로그를 통해 자체 콘텐츠를 제작하여 디지털 제품을 판매하기로 결심했다. 특히 C씨는 자신이 잘 알고 있는 온라인 마케팅에 관한 지식을 바탕으로 e-book을 작성했다. 그 후, 블로그에서 해당 e-book을 홍보하며 판매를 시작했고, 블로그 글을 통해 구매 링크를 소개하며 자동화된 수익을 얻었다. 처음에는 수익이 적었지만, 점차 e-book이 입소문을 타면서 꾸준히 월 50만 원 이상을 벌기 시작했다. C씨는 디지털 제품 판매 외에도 제휴 마케팅과 애드포스트 광고로 추가 수익을 얻었다. "디지털 제품은 제작 초기 투자만 있으면 이후에는 거의 재고 비용이 없어서 수익성 좋은 비즈니스 모델이 될 수 있어요. 자신이 잘 아는 분야를 선택하여 콘텐츠를 상품화하는게 좋아요."

4. **"블로그를 통해 온라인 강의를 판매해봤다"**
   - D씨는 오랫동안 블로그를 운영하며 디지털 마케팅에 대한 많은 지식을 쌓았다. 이를 바탕으로 온라인 강의를 제작하여 블로그에 판매 페이지를 연결했다. D씨는 블로그에 강의 내용을 요약하여 블로그 글을 작성하고, 강의 소개 링크를 배치하여 방문자들이 강의를 구매하도록 유도했다. 또한, 블로그에서 제공하는 무료 콘텐츠로 방문자들의 신뢰를 얻고, 유료 강의를 소개하는 방식으로 수익을 창출했다. 그 결과, 매달 100만 원 이상의 수익을 올리게 되었으며, 온라인 강의 외에도 블로그 광고와 제휴 마케팅으로 추가 수익을 얻고 있다. "온라인 강의는 처음에는 준비가 시간이 걸리지만, 블로그에서 꾸준히 방문자들을 유치하고 신뢰를 쌓은 후 강의를 판매하면 매우 효과적입니다."

17 티스토리 Tistory

티스토리는 어떤 곳인가요?

티스토리(Tistory)는 카카오가 제공하는 블로그 플랫폼으로, 개인 또는 기업이 쉽게 블로그를 운영하고 콘텐츠를 공유할 수 있도록 돕는 서비스이다. 2006년에 출시되어 현재까지 많은 사용자를 보유하고 있는 티스토리는 자유로운 디자인과 광고 수익화 기능 등으로 많은 블로거들에게 인기를 끌고 있다.

주요 특징

1. **자유로운 디자인**
   - 티스토리는 HTML, CSS, JavaScript 등을 이용해 블로그 디자인을 자유롭게 수정할 수 있는 기능을 제공한다. 따라서 다른 블로그 플랫폼에 비해 디자인의 자유도가 매우 높다. 블로그의 레이아웃이나 색상, 폰트 등 모든 부분을 사용자가 직접 커스터마이즈할 수 있다.

2. **광고 수익화**
   - 티스토리는 구글 애드센스와 네이버 애드포스트와 같은 광고 플랫폼을 연동할 수 있어, 방문자가 광고를 클릭할 때마다 수익을 얻을 수 있다. 또한, 자체 광고 시스템인 티스토리 광고도 운영 중이다.

3. **SEO 최적화**
   - 티스토리는 SEO(검색엔진 최적화)에 유리한 구조를 가지고 있어서 구글, 네이버 등 검색엔진에서의 노출이 잘 된다. 따라서 블로그를 운영하면서 더 많은 방문자를 유도할 수 있다.

4. **기본 제공 도메인과 개인 도메인**
   - 티스토리는 기본적으로 tistory.com 도메인을 제공하며, 유료로 자신만의 도메인을 연결할 수도 있다. 이로 인해 브랜딩이 중요한 블로거나 전문적인 블로그 운영자가 선호하는 플랫폼이다.

5. **편리한 콘텐츠 관리**
   - 카테고리와 태그, 카카오톡 공유 기능 등의 다양한 도구들이 제공되어 블로그 콘텐츠를 체계적으로 관리할 수 있다. 또한 다양한 미디어 파일(사진, 동영상 등)을 쉽게 업로드하고 관리할 수 있는 기능도 제공한다.

6. 다양한 플러그인
- 티스토리는 다양한 플러그인을 통해 블로그 기능을 확장할 수 있다. 예를 들어, 댓글 관리 시스템, 방문자 분석 도구, SEO 최적화 도구 등을 쉽게 추가할 수 있어 블로그를 더욱 효율적으로 운영할 수 있다.

수익화 단계별 가이드

1 티스토리 블로그 개설

1) 회원 가입 및 블로그 개설
- 카카오 계정으로 가입한다. 가입 후, 블로그를 생성하고 블로그 이름과 주제를 설정한다. 블로그 URL(주소)을 정하고, 블로그의 카테고리와 주제를 설정하여 타겟을 명확히 한다.

2) 블로그 디자인 설정
- 기본 제공되는 템플릿을 사용하거나, HTML과 CSS를 이용하여 자유롭게 디자인을 수정할 수 있다. 블로그의 레이아웃, 색상, 폰트 등을 선택하여 블로그의 개성과 매력을 강조한다.

3) 초기 콘텐츠 작성
- 첫 번째 글을 작성하여 블로그에 올린다. 이때, 간단한 소개 글이나 블로그의 방향성을 설명하는 콘텐츠가 좋다.

2. 트래픽 확보 및 SEO 최적화

1) SEO 최적화
- 티스토리는 검색엔진 최적화(SEO)에 유리한 구조를 가지고 있어, 검색 결과에서 상위 노출될 확률이 높다. 게시글 제목과 본문 내용에 키워드를 적절히 배치하여 구글과 네이버에서 블로그의 콘텐츠가 잘 노출되도록 한다. 메타태그와 본문 내 링크를 활용해 검색 최적화를 할 수 있다.

2) 고품질 콘텐츠 작성
- 방문자들이 관심을 가질 수 있도록 유용한 정보를 제공하는 글을 작성한다. 독창적이고 유익한 콘텐츠가 많을수록 방문자들이 증가하며, 이는 검색엔진 결과에도 긍정적인 영향을 미친다.

3) 소셜 미디어 활용
- 페이스북, 인스타그램, 트위터 등 소셜 미디어에서 블로그 콘텐츠를 공유하여 트래픽을 유도한다. 카페나 포럼 등 커뮤니티에서도 블로그 링크를 홍보하여 방

문자를 증가시킬 수 있다.

3. 광고 수익화

1) 구글 애드센스(Google AdSense) 신청
- 구글 애드센스는 가장 널리 사용되는 광고 수익화 프로그램이다. 애드센스 계정을 생성하고 블로그에 광고 코드를 삽입하면 광고가 자동으로 표시된다. 애드센스 수익은 클릭당 수익(CPC)과 노출당 수익(CPM)으로 나눕니다. 애드센스 승인을 받기 위해서는 일정 수준의 트래픽과 양질의 콘텐츠가 필요하다.

2) 네이버 애드포스트(Naver AdPost) 신청
- 네이버 애드포스트는 네이버 광고를 블로그에 삽입하여 수익을 올리는 방법이다. 네이버 애드포스트를 이용하면 티스토리 블로그에서 더 많은 광고를 배치할 수 있으며, 네이버 방문자에게도 광고를 노출시킬 수 있다. 네이버에서 제공하는 배너 광고와 자동 광고로 수익을 얻을 수 있다.

3) 블로그 자체 광고
- 티스토리 블로그에서는 자체 광고 배너나 프로모션을 통해 직접 광고 수익을 올릴 수 있다. 특성 브랜드나 기업과 협업하여 스폰서십 광고나 배너 광고를 배치할 수도 있다.

4. 제휴 마케팅 (Affiliate Marketing)

1) 제휴 프로그램 가입
- 쿠팡 파트너스, 아마존 어필리에이트 등 다양한 제휴 프로그램에 가입한다. 블로그 콘텐츠와 관련된 상품 링크를 삽입하여 커미션을 얻을 수 있다.

2) 제품 추천 및 리뷰 콘텐츠 작성
- 제품이나 서비스를 추천하는 콘텐츠를 작성하고, 이를 통해 방문자가 제휴 링크를 클릭하면 판매 수익의 일정 비율을 받을 수 있다. 리뷰 글이나 상품 비교 글을 작성해 사람들이 클릭할 수 있도록 유도한다.

3) 링크 삽입 및 프로모션
- 블로그 글에 자연스럽게 제휴 링크를 삽입한다. 예를 들어, "이 제품을 사용해 본 결과..."와 같이 추천글을 작성하고 링크를 포함시킨다.

5. 유료 콘텐츠 제공

1) 프리미엄 콘텐츠 만들기
- 일부 프리미엄 콘텐츠를 유료로 제공하여 블로그 수익을 올릴 수 있다. 예를 들어, 유료 강의, eBook, 전문적인 자료 등을 제공할 수 있다. 유료 구독 모델을

도입하여 독자들이 구독을 통해 콘텐츠를 지속적으로 소비할 수 있게 한다.

2) 온라인 강의나 워크숍
- 블로그를 통해 온라인 강의나 워크숍을 제공하고, 이를 통해 참가비를 받을 수 있다. 티스토리 블로그와 함께 유료 강의 플랫폼을 활용하면, 수익을 극대화할 수 있다.

6. 블로그 브랜드화 및 스폰서십

1) 브랜드화 및 영향력 구축
- 블로그의 주제를 명확히 하고, 지속적인 콘텐츠 업데이트로 블로그의 신뢰도를 높인다. SNS 팔로워를 꾸준히 늘려 블로그의 브랜드를 구축한다.

2) 스폰서십 제안 받기
- 일정 규모 이상의 트래픽을 확보하면 기업이나 브랜드에서 스폰서십을 제안받을 수 있다. 블로그의 주제와 맞는 브랜드를 선정해 광고 협약을 체결하면, 협찬비나 프로모션 비용을 받을 수 있다.

7. 수익 추적 및 최적화

1) 수익 분석
- 구글 애널리틱스와 티스토리 통계를 이용해 방문자 수, 트래픽 유입 경로, 인기 콘텐츠 등을 분석하여 수익화가 잘 이루어지는지 점검한다. 어떤 콘텐츠가 방문자를 많이 유도하는지, 어떤 광고가 효과적인지를 파악하여 수익을 극대화할 수 있다.

2) 수익화 전략 개선
- 트래픽이 증가함에 따라 광고 배치를 최적화하고, 제휴 마케팅 링크나 프리미엄 콘텐츠를 추가하여 수익을 극대화한다. 또한 다양한 광고 상품을 테스트해 보며 가장 높은 수익을 낼 수 있는 방법을 찾는다.

> TIP

1. 구글 애드센스(AdSense) 활용하기

- 양질의 콘텐츠 작성: 애드센스는 콘텐츠의 품질과 블로그의 신뢰도를 중요하게 평가한다. 유용하고 독창적인 콘텐츠를 꾸준히 작성해야 애드센스를 승인받을 확률이 높다.
- 트래픽 확보: 애드센스는 트래픽이 일정 수준 이상일 때 승인을 더 잘 해준다. SEO 최적화와 소셜 미디어 홍보 등을 통해 블로그 방문자를 늘리는게 중요하다.
- 광고 배치 최적화: 구글 애드센스 광고는 사용자가 불편하지 않도록 자연스럽게

배치하는 것이 중요하다. 헤더, 사이드바, 본문 중간 등 여러 위치에 광고를 배치하여 광고 수익을 극대화할 수 있다.

2. 네이버 애드포스트(Naver AdPost) 활용하기

- 네이버에서의 노출 증가: 네이버 블로그보다 더 많은 광고 배치가 가능하므로, 네이버 검색에 잘 노출될 수 있는 양질의 SEO 최적화 콘텐츠를 작성해야 한다.
- 블로그 트래픽을 늘리기: 네이버 애드포스트는 네이버 트래픽을 기반으로 광고가 노출되므로, 네이버 검색을 타겟으로 하는 콘텐츠가 중요하다.
- 자동 광고 활용: 네이버 애드포스트는 자동 광고 기능도 제공하므로, 광고 배치를 자동으로 최적화할 수 있다.

3. 제휴 마케팅 (Affiliate Marketing)

- 주제에 맞는 상품 추천: 블로그의 주제와 관련된 상품을 추천하는 것이 중요하다. 예를 들어, IT 관련 블로그에서는 전자기기나 소프트웨어, 뷰티 블로그에서는 화장품 제휴 링크를 사용할 수 있다.
- 리뷰 콘텐츠 작성: 제품이나 서비스를 리뷰하는 글을 작성하여 자연스럽게 제휴 링크를 삽입한다. 독자들이 관심을 가질 수 있도록 솔직한 리뷰와 유용한 정보를 제공한다.
- 트래픽 증가: 제휴 마케팅은 방문자 수가 많을수록 수익이 커진다. SEO 최적화와 소셜 미디어 홍보를 통해 블로그 트래픽을 꾸준히 증가시킨다.

4. 유료 콘텐츠 제공하기

- 프리미엄 콘텐츠 제공: 독자들에게 프리미엄 콘텐츠나 고급 정보를 제공하여 유료로 제공할 수 있다. 예를 들어, 디지털 마케팅 강의, 전문 분야의 자료 등을 유료로 제공하면 추가적인 수익을 얻을 수 있다.
- 유료 구독 서비스: 일부 블로그 글이나 콘텐츠를 구독제로 제공하여 독자들이 정기적으로 콘텐츠를 소비하도록 유도한다.

5. 블로그 자체 광고 활용하기

- 스폰서십 제안 받기: 트래픽이 일정 수준 이상이면 기업이나 브랜드에서 스폰서십 제안을 받을 수 있다. 이를 통해 광고 배너를 삽입하고, 협찬비를 받을 수 있다.
- 광고 배너 최적화: 광고 배너는 지나치게 많거나 눈에 띄지 않도록 배치해야 한다. 방문자 경험을 해치지 않도록 배치 위치와 크기를 신중하게 선택해야 한다.

6. SNS와 연계하여 홍보하기

- SNS에서 블로그 링크 공유: 블로그의 최신 글이나 인기 콘텐츠를 SNS에 공유하

여 트래픽을 유도한다.
- SNS 광고 활용: SNS 광고(페이스북 광고, 인스타그램 광고 등)를 활용하여 타겟층에게 블로그를 홍보하고 방문자를 증가시킬 수 있다.
- 팔로워와의 소통: SNS에서 팔로워와 소통하고, 블로그에 대한 인식을 높이는 활동을 통해 충성도 높은 독자층을 형성할 수 있다.

7. 블로그 브랜드화 및 영향력 구축
- 주제에 집중: 블로그의 주제를 명확히 하고 관련 콘텐츠를 꾸준히 작성하여 전문성을 쌓는다. 독자들에게 신뢰를 줄 수 있는 블로그가 되어야 한다.
- 충성도 높은 독자층 형성: 정기적으로 콘텐츠를 업데이트하고, 독자와의 소통을 통해 블로그의 충성도 높은 독자층을 형성해야 한다.
- 소셜 미디어 활동: 인플루언서처럼 소셜 미디어에서 활발히 활동하여 블로그의 브랜드화를 이끌어낸다.

8. 수익 분석 및 최적화
- 구글 애널리틱스를 활용하여 방문자 수, 페이지뷰, 광고 클릭률 등 다양한 지표를 분석하고, 효율적인 수익화 방법을 찾아보는게 좋다.
- 광고 배치나 제휴 링크의 성과를 분석하여 더 많은 수익을 창출할 수 있는 방법을 모색한다.

수익자 리뷰

1. 블로그를 통해 월 100만 원 수익을 올린 블로거
- 구글 애드센스와 제휴 마케팅을 통해 수익을 올린 사람이다. 주로 IT 관련 블로그를 운영하며, 전문적인 리뷰와 정보를 제공하는 방식으로 트래픽을 증가시켰다. 특히 SEO 최적화를 철저히 하여 검색엔진에서 상위에 노출되도록 노력한 것이 수익 증가의 핵심이었다고 한다. 검색엔진에서 상위에 노출되기 위해 SEO 최적화를 철저히 한다. 깊이 있는 콘텐츠와 전문적인 리뷰가 필요하다. 특정 상품에 대한 리뷰를 통해 제휴 마케팅을 적극 활용한다.

2. 티스토리로 월 300만 원 이상 수익을 올린 블로거
- 네이버 애드포스트와 구글 애드센스를 동시에 사용하여 월 300만 원 이상의 수익을 올리고 있다. 이 블로거는 블로그 주제를 일관되게 유지하며, 타겟 마케팅을 통해 관련성이 높은 방문자들을 끌어들였다. 또한, 구독자들에게 유용한 정보를 제공하면서 방문자들과의 신뢰를 쌓았다고 말한다. 주제를 너무 자주 바꾸지 않고 하나의 주제에 집중한다. 타겟이 될 수 있는 방문자들에게 유용한 정보

를 제공한다. 일부 프리미엄 콘텐츠를 유료로 제공하여 수익을 올린다.

3. 월 50만 원 이상을 애드센스로 벌어들인 초보 블로거

- 애드센스 승인을 받은 후 초기에 월 50만 원을 벌었다는 블로거는, 꾸준한 콘텐츠 생산이 가장 중요했다고 강조한다. 초기에는 트래픽이 적었지만 장기적인 콘텐츠 전략을 통해 꾸준히 블로그를 성장시켰다. 이 블로거는 유입 경로와 애드센스 광고 위치 최적화도 중요한 요소로 언급했다. 초기 단계에서 꾸준히 콘텐츠 작성했다. 방문자가 적더라도 꾸준히 콘텐츠를 작성하고, 시간이 지나면서 수익이 증가한다. 광고의 위치를 잘 배치하여 클릭률을 높인다. 구글에서 잘 검색될 수 있도록 글을 SEO 최적화한다.

4. 제휴 마케팅으로 수익을 올린 블로거

- 제휴 마케팅을 통해 월 수백만 원 이상의 수익을 얻고 있는 블로거는, 자기만의 제품 추천과 리뷰 콘텐츠를 강조했다. 특정 카테고리에 대해 깊이 있는 정보와 리뷰를 제공하며, 그 리뷰와 관련된 상품의 제휴 링크를 추가했다. 이 방법은 독자들이 실질적인 정보를 얻을 수 있어, 제휴 링크 클릭률이 높았다고 한다. 특정 카테고리에 집중했다. 예를 들어, 뷰티나 IT와 같은 특정 분야에 집중하여 전문성을 높인다. 제품이나 서비스에 대한 솔직하고 유익한 리뷰를 작성한다. 관련성이 높은 제휴 링크를 자연스럽게 콘텐츠에 삽입한다.

18 워드프레스 WordPress

워드프레스는 어떤 곳인가요?

워드프레스(WordPress)는 웹사이트와 블로그를 쉽게 만들 수 있는 오픈소스(Content Management System, CMS)이다. 전 세계에서 가장 많이 사용되는 CMS 중 하나로, 개인 블로그부터 대형 기업 사이트까지 다양한 웹사이트를 구축하는 데 사용된다. 워드프레스는 PHP와 MySQL을 기반으로 하며, 사용자가 코딩 지식 없이도 손쉽게 웹사이트를 만들고 관리할 수 있도록 설계되었다. 워드프레스는 무료로 제공되며, 다양한 테마와 플러그인을 통해 기능을 확장할 수 있다.

주요 특징

1. 사용의 용이성
- 직관적인 인터페이스: 코딩 경험이 없어도 누구나 쉽게 웹사이트를 만들 수 있다. 특히 텍스트와 이미지를 추가하는 작업이 매우 직관적이다.
- 빠른 설치: 몇 번의 클릭만으로 웹사이트를 설치하고 운영할 수 있다.

2. 다양한 테마와 플러그인
- 테마: 워드프레스는 다양한 무료 및 유료 테마를 제공하여, 사용자가 원하는 디자인을 쉽게 적용할 수 있다.
- 플러그인: 웹사이트의 기능을 확장할 수 있는 다양한 플러그인들이 존재한다. 예를 들어, SEO 최적화, 보안 강화, 소셜 미디어 연동 등 다양한 기능을 추가할 수 있다.

3. SEO 친화적
- 워드프레스는 SEO(검색 엔진 최적화)에 유리한 구조로 되어 있어, 검색엔진에서 웹사이트의 노출을 높이기 좋다. 또한, SEO 플러그인(예: Yoast SEO)을 설치하면 최적화 작업을 쉽게 할 수 있다.

4. 반응형 웹 디자인
- 대부분의 워드프레스 테마는 모바일 친화적으로 디자인되어, PC, 모바일, 태블릿 등 다양한 기기에서 원활하게 보이도록 자동으로 조정된다.

5. 다양한 확장성
- 커스터마이징: HTML, CSS, JavaScript 등을 통해 세부적인 디자인을 수정하

거나 기능을 추가할 수 있다.

6. 대규모 사이트 구축

- 워드프레스는 작은 블로그뿐만 아니라 대규모 전자상거래 사이트, 포트폴리오, 뉴스 사이트 등 다양한 유형의 웹사이트를 구축할 수 있다.

7. 강력한 커뮤니티

- 워드프레스는 전 세계적으로 활발한 사용자 커뮤니티를 보유하고 있다. 문제 해결이나 업데이트, 팁 등을 쉽게 찾을 수 있어 사용자 경험이 매우 좋다.

8. 워드프레스를 사용한 웹사이트 유형

1) 블로그

- 워드프레스는 블로그 플랫폼으로 시작되었으므로, 블로그 구축에 특히 유용하다. 글을 작성하고 관리하기 용이하며, 댓글 기능과 소셜 미디어 연동도 가능하다.

2) 기업 웹사이트

- 소규모 비즈니스에서부터 대기업까지 다양한 회사들이 워드프레스를 사용해 회사 웹사이트를 구축한다. 기업의 정보, 서비스, 제품을 소개하는 데 유용한다.

3) 전자상거래 사이트

- WooCommerce와 같은 플러그인을 활용하면, 워드프레스를 전자상거래 사이트로 변환할 수 있다. 이를 통해 온라인 쇼핑몰, 제품 판매 웹사이트를 쉽게 만들 수 있다.

4) 포트폴리오 웹사이트

- 디자이너, 사진작가, 개발자 등 창작 활동을 하는 사람들이 포트폴리오 웹사이트를 만들 때 워드프레스를 많이 사용한다. 테마와 플러그인을 활용해 자신만의 독특한 포트폴리오를 구축할 수 있다.

5) 뉴스 및 미디어 사이트

- 워드프레스는 뉴스 사이트와 블로그형 미디어 사이트를 만드는 데도 적합하다. 콘텐츠 관리가 용이하고, 댓글 기능 및 기사 분류 등을 잘 처리할 수 있다.

수익화 단계별 가이드

1. 블로그 시작과 준비

1) 도메인과 호스팅 선택

- 블로그의 도메인(웹사이트 주소)과 호스팅(서버)을 구매한다. 워드프레스는 자체 호스팅(자체 서버)을 권장하지만, WordPress.com을 사용하면 기본적인 블로

그는 무료로 운영할 수 있다. 추천 호스팅 서비스: Bluehost, SiteGround, Kinsta, Cloudways 등은 워드프레스 최적화 호스팅을 제공한다.

2) 워드프레스 설치 및 기본 설정
- 워드프레스 설치: 대부분의 호스팅 제공업체는 원클릭 설치 기능을 제공하므로, 이를 통해 쉽게 워드프레스를 설치할 수 있다.
- 언어 설정: 한국어로 설정한다.
- 사이트 제목과 설명 추가: 블로그의 주제에 맞는 제목과 설명을 입력한다.
- 퍼머링크 설정: SEO를 고려해 '게시물 이름' 형식으로 퍼머링크를 설정한다.

2. 콘텐츠 제작

1) 타겟 독자 정의
- 어떤 주제를 다룰지 결정하고, 이를 통해 타겟 독자를 정의한다. 예를 들어, 건강, 뷰티, IT, 여행, 음식, 패션 등 다양한 카테고리가 있다. 타겟 독자가 무엇을 찾고 있는지, 어떤 문제를 해결하고 싶은지를 고려하여 콘텐츠를 기획한다.

2) 키워드 연구 (SEO 최적화)
- SEO(검색엔진 최적화)는 워드프레스 블로그 수익화의 핵심이다. 구글에서 잘 노출되려면 적절한 키워드를 선택해야 한다. Google Keyword Planner나 Ubersuggest와 같은 도구를 사용해 인기 있는 키워드를 찾는다. 검색량이 적당하고 경쟁이 덜한 Long-tail 키워드를 타겟팅하는 것이 좋다. 글을 작성할 때 키워드를 제목, 본문에 자연스럽게 배치하고, 메타 설명에 포함시킨다.

3) 콘텐츠 작성
- 독자에게 유용한 정보를 제공하는 고품질 콘텐츠를 작성한다. 검색 결과에서 상위에 노출되기 위해선 콘텐츠의 품질이 매우 중요하다. 길고 깊이 있는 글이 구글에서 더 높은 평가를 받는다. 독자가 관심을 가질 만한 유용한 팁이나 문제 해결을 중심으로 콘텐츠를 작성한다. 멀티미디어(이미지, 동영상)를 활용해 글을 시각적으로 풍성하게 만든다. 워드프레스 플러그인을 사용해 이미지의 SEO를 최적화한다.

3. 트래픽 증가 및 홍보

1) 소셜 미디어 활용
- 블로그 글을 페이스북, 인스타그램, 트위터와 같은 소셜 미디어에 공유하여 트래픽을 유도한다. 특히 Pinterest는 이미지 기반의 콘텐츠가 많이 공유되는 플랫폼이므로, 시각적 콘텐츠가 많은 블로그에서 유리할 수 있다.

2) 네트워크 구축

- 다른 블로거들과의 협업을 통해 서로 링크를 교환하거나 콘텐츠를 홍보할 수 있다. 블로그 댓글이나 포럼에 적극적으로 참여하고, 관련된 블로그나 커뮤니티에 댓글을 남기며 트래픽을 유도한다.

3) 검색 엔진 최적화(SEO)

- 구글과 같은 검색 엔진에서 더 많은 방문자를 끌어오기 위해, 온페이지 SEO(제목, 메타 설명, 내부 링크 등)와 오프페이지 SEO(백링크 구축 등)를 최적화한다. Yoast SEO나 Rank Math 플러그인 등을 사용하여 SEO를 쉽게 최적화할 수 있다.

4. 수익화 전략

1) 구글 애드센스(AdSense)

- 애드센스는 구글의 광고 프로그램으로, 블로그에 광고를 표시하고 방문자가 광고를 클릭할 때마다 수익을 얻을 수 있다. 애드센스 계정을 신청하고 승인을 받으면 광고를 배치할 수 있다. 광고 위치는 측면 배너나 본문 안에 자연스럽게 배치하는 것이 효과적이다.

2) 제휴 마케팅(Affiliate Marketing)

- 제휴 마케팅은 다른 사람의 제품이나 서비스를 소개하고, 구매가 이루어질 경우 커미션을 받는 방식이다. 블로그의 콘텐츠와 관련된 제품을 Amazon Associates, 쿠팡 파트너스, 고도몰 제휴 프로그램 등을 통해 소개한다. 유용한 제품 리뷰나 추천 리스트를 작성하여 제휴 링크를 삽입한다.

3) 디지털 제품 판매

- 워드프레스에서 디지털 제품을 판매할 수 있는 기능을 추가할 수 있다. 예를 들어: 전자책, 온라인 강의, 디지털 사진, 템플릿 등을 판매할 수 있다. WooCommerce 플러그인을 사용하여 블로그에 온라인 상점을 추가하고, 직접 제품을 판매할 수 있다.

4) 유료 콘텐츠

- 유료 구독 서비스나 프리미엄 콘텐츠를 제공하여 수익을 창출할 수 있다. 예를 들어, 일부 고급 콘텐츠를 유료로 제공하거나, 회원제로 운영하여 독자에게 유료 서비스를 제공한다. Patreon과 같은 플랫폼을 사용하여 독자들이 후원하거나 프리미엄 콘텐츠에 접근할 수 있도록 할 수 있다.

5) 스폰서십과 광고 계약

- 방문자가 많아지면 브랜드와의 스폰서십 계약을 통해 수익을 올릴 수 있다. 기

업이 자신의 제품을 소개하는 콘텐츠를 요청할 때, 일정 금액을 지불하는 방식이다. 또한, 특정 배너 광고를 블로그에 게재하거나, 스폰서 콘텐츠를 작성하여 수익을 창출할 수 있다.

5. 수익 최적화 및 분석

1) 수익 분석 및 최적화
- 블로그 수익이 발생하기 시작하면, 구글 애널리틱스와 같은 도구를 사용해 트래픽과 수익을 분석한다. 어떤 페이지나 콘텐츠가 가장 많이 방문되는지, 어떤 광고나 제휴 링크가 효과적인지 파악하여, 수익화 전략을 최적화한다.

2) 콘텐츠 다각화 및 확장
- 하나의 주제에 집중할 필요 없이, 관련된 다양한 콘텐츠를 다루어 트래픽을 확장할 수 있다. 예를 들어, 기존의 글에 세부적인 하위 주제를 추가하거나, 동영상 콘텐츠를 활용하여 블로그의 다채로움을 더한다.

TIP

1. 고품질 콘텐츠 작성

1) SEO 최적화
- SEO(검색 엔진 최적화)는 구글과 같은 검색 엔진에서 상위에 노출되도록 콘텐츠를 최적화하는 것이다.
- 키워드 리서치: Google Keyword Planner, Ubersuggest, SEMrush 등을 사용하여 인기 키워드를 찾아 콘텐츠에 자연스럽게 포함시킵니다. 타이틀과 메타 설명을 잘 작성하여 검색 결과에서 클릭률을 높이다.
- 본문 내용: 유용하고, 구체적이며, 잘 구성된 글을 작성한다. 길고 깊이 있는 콘텐츠는 구글에서 더 많은 가치를 평가받다.

2) 고유한 콘텐츠 제공
- 다른 블로그에서 다루지 않은 독특한 관점이나 정보를 제공해야 한다. 이는 독자들에게 가치 있는 콘텐츠로 다가가며, 재방문을 유도할 수 있다. 인포그래픽, 동영상, 차트 등을 활용하여 콘텐츠를 시각적으로 풍성하게 만든다.

3) 주제 집중화
- 한 가지 주제에 집중하여 전문성을 구축한다. 예를 들어, 건강, 교육, 기술, 여행 등 특정 분야에 맞춘 블로그를 운영하면 검색 엔진과 독자들에게 신뢰를 얻기 쉽다.

2. 트래픽 증가 및 최적화

1) 소셜 미디어 활용
- 소셜 미디어(인스타그램, 페이스북, Pinterest 등)에 블로그 글을 공유하고, 활발히 소통하여 블로그 트래픽을 유도한다. Pinterest는 이미지 기반의 콘텐츠가 많은 블로그에서 유리하게 활용할 수 있으며, Pin을 통해 블로그로 트래픽을 유입시킬 수 있다.

2) 게스트 포스팅
- 다른 블로그에 게스트 포스팅을 작성하여, 자신의 블로그로 백링크를 유도할 수 있다. 이를 통해 더 많은 방문자를 끌어들일 수 있다. 게스트 포스팅은 권위 있는 사이트에 작성하여 더 많은 SEO 효과를 누릴 수 있다.

3) 온라인 커뮤니티 참여
- 관련 커뮤니티나 포럼에서 블로그 글을 공유하거나, Q&A 사이트(예: Quora)에 답변을 달면서 자신의 블로그로 유입을 유도할 수 있다.

4) 구글 서치 콘솔 및 애널리틱스 사용
- Google Search Console과 Google Analytics를 활용하여 블로그의 트래픽을 분석하고, 어떤 키워드와 콘텐츠가 효과적인지 확인한다. 이를 통해 어떤 콘텐츠가 더 많은 유입을 끌어오는지 파악하고, 트래픽 최적화 전략을 세울 수 있다.

3. 수익화 방법

1) 구글 애드센스 (Google AdSense)
- 구글 애드센스는 워드프레스 블로그에서 광고 수익을 얻을 수 있는 대표적인 방법이다. 애드센스를 설치하면, 방문자가 광고를 클릭할 때마다 일정 금액을 수익으로 얻을 수 있다. 애드센스 광고 위치는 방문자 경험을 해치지 않도록 본문 내부, 사이드바, 푸터에 적절히 배치한다.

2) 제휴 마케팅 (Affiliate Marketing)
- 제휴 마케팅은 타인의 제품이나 서비스를 블로그를 통해 추천하고, 구매가 이루어질 때마다 커미션을 받는 방식이다.
- Amazon Associates: 아마존 제품을 추천하고, 구매가 이루어질 때마다 일정 비율의 커미션을 얻을 수 있다.
- 디지털 제품 제휴: Udemy, Skillshare 등에서 제공하는 강의 제휴 프로그램을 활용할 수 있다.

3) 디지털 제품 판매
- 디지털 제품(eBook, 템플릿, 온라인 강의, 사진, 디자인 자료 등)을 판매하여 수

익을 창출할 수 있다. WooCommerce와 같은 플러그인을 사용하여, 워드프레스 블로그에서 온라인 상점을 구축하고 제품을 판매할 수 있다.

4) 유료 콘텐츠 제공
- 블로그의 일부 콘텐츠를 유료로 제공하는 방식이다. 예를 들어, 고급 콘텐츠나 프리미엄 콘텐츠에 대해 독자들이 비용을 지불하고 접근할 수 있게 할 수 있다. Patreon이나 Ko-fi와 같은 플랫폼을 이용하여 독자들에게 후원을 받는 방식도 가능하다.

5) 스폰서십 및 광고
- 트래픽이 일정 수준 이상이면, 스폰서 콘텐츠나 브랜드 광고 계약을 체결하여 수익을 올릴 수 있다. 기업이 자신의 제품이나 서비스를 홍보하기 위해 콘텐츠를 요청하고, 일정 금액을 지불하는 방식이다. 배너 광고나 협찬 콘텐츠를 통해 추가적인 수익을 얻을 수 있다.

6) 회원제 또는 구독 서비스
- 독자들이 구독 서비스에 가입하도록 유도하여, 구독료를 통해 수익을 창출할 수 있다. 회원 전용 콘텐츠나 특별 혜택을 제공하여 독자들에게 가치를 주고, 지속적인 수익을 얻을 수 있다.

4. 사이트 성능 최적화

1) 속도 최적화
- 블로그 사이트 속도는 사용자 경험과 SEO에 매우 중요한 요소이다. 사이트 로딩 속도가 느리면 방문자가 이탈할 수 있다. WP Super Cache, W3 Total Cache와 같은 캐싱 플러그인을 사용하여 사이트 속도를 개선하고, 이미지 압축을 통해 사이트의 로딩 시간을 단축시킨다.

2) 모바일 최적화
- 모바일 최적화는 매우 중요하다. 모바일 방문자가 많기 때문에, 워드프레스 테마가 모바일 반응형(Responsive)인지 확인하고, 모바일에서 원활한 사용자 경험을 제공해야 한다.

5. 트래픽 분석 및 성과 추적

1) 구글 애널리틱스 사용
- Google Analytics를 통해 블로그의 방문자 수, 방문 경로, 트래픽 소스 등을 분석하고, 어떤 콘텐츠가 가장 많이 방문되는지 파악한다. 이 정보를 바탕으로 효과적인 콘텐츠 전략을 수립하고, SEO를 최적화할 수 있다.

2) 성과 추적
- 수익화 방법별로 성과를 추적하여 어떤 방법이 더 효과적인지 파악한다. 예를 들어, 애드센스 수익과 제휴 마케팅 수익을 비교하여 최적의 수익화 전략을 선택한다.

> **수익자 리뷰**

1. "워드프레스를 이용해 블로그로 연 1천만 원 이상 벌었어요"
- 워드프레스 블로그를 시작한 후, 6개월 만에 애드센스와 제휴 마케팅을 통해 연 1천만 원 이상의 수익을 올린 경험을 공유했다. 그는 기본적으로 블로그의 주제를 건강으로 잡고, 지속적으로 SEO를 최적화한 결과 상위 노출을 기록하게 되었다. 초기에는 광고 수익이 적었지만, 트래픽이 일정 수준 이상 증가하면서 애드센스를 통해 안정적인 수익을 올리게 되었다고 한다. 건강 관련 제품과 서비스를 추천하면서, 제휴 마케팅으로 추가적인 수익을 창출했다. "SEO에 집중하고, 고유한 콘텐츠를 지속적으로 제공하며, 꾸준히 콘텐츠를 작성하는 것이 가장 중요해요."

2. "워드프레스 블로그로 월 200만 원 수익 올리기"
- 워드프레스 블로그를 활용해 월 200만 원 이상의 수익을 올린 블로거는, 처음에 글쓰기와 SEO 최적화에 집중했다고 말한다. 주제로는 자기계발과 IT를 다뤘고, 이를 통해 구글 검색에서 상위 노출되었으며, 이후 애드센스와 디지털 제품 판매를 통해 수익을 올렸다. 구글 애드센스: 초기에는 소소한 수익이었으나, 꾸준히 방문자가 늘어날수록 안정적인 광고 수익을 얻게 되었다. 자신이 만든 전자책이나 온라인 강의를 워드프레스 블로그에서 직접 판매하였다. "트래픽이 없다면 수익이 나지 않아요. 트래픽을 늘리기 위해 꾸준히 콘텐츠를 업로드하고, SEO에 신경을 써야 해요. 제휴 마케팅과 디지털 제품 판매를 병행하면 수익이 급증할 수 있어요."

3. "워드프레스 블로그로 월 500만 원 벌기"
- 주로 여행과 관련된 콘텐츠를 다루었으며, 워드프레스를 이용해 월 500만 원 이상의 수익을 올리게 되었다. 처음에는 트래픽이 부족했으나, 시간이 지남에 따라 제휴 마케팅과 스폰서십을 통해 큰 수익을 올렸다. 여행 관련 상품을 제휴 마케팅으로 홍보하면서 수익을 창출하였다. 여행 관련 기업들과 협력하여 스폰서 콘텐츠를 게시하고, 이를 통해 직접적인 광고 수익을 얻었다. "꾸준히 콘텐츠를 작성하고, 관련 제품과 서비스를 소개하는 것이 중요해요. 제휴 마케팅은 특정 분야에서 잘 맞으면 수익이 크게 증가할 수 있어요."

4. "워드프레스로 첫 해에 300만 원 벌기"
- 워드프레스를 처음 사용하면서 첫 해에 300만 원을 벌었다. 주제는 뷰티였으며, 블로그 SEO 최적화와 함께 제휴 마케팅을 적극적으로 활용했다. 처음에는 애드센스 수익이 적었으나, 트래픽이 증가함에 따라 제휴 마케팅이 효과를 보였다고 한다. 수익이 점진적으로 증가했으며, 트래픽이 일정 이상 증가하자 안정적인 광고 수익을 올릴 수 있었다. 화장품과 뷰티 관련 제품을 소개하며 제휴 마케팅을 진행하였다. "처음에는 기대한 것보다 적은 수익이었지만, 트래픽이 늘어가면서 수익도 커졌어요. 꾸준한 콘텐츠 업데이트와 SEO 최적화가 가장 중요한 요소예요."

디지털 노마드 33선

VI. SNS

19. 인스타그램

20. 틱톡

21. 쿠팡 파트너스

#사진 & 동영상   #창작물 & 앱   #디자인 & 이모티콘   #컨텐츠
#블로그   #SNS   #쇼핑몰   #글 & 그림   #교육 & 방송

디지털 노마드 33선

| 사진 & 동영상 | 창작물 & 앱 | 디자인 & 이모티콘 | 컨텐츠 | 블로그 | SNS | 쇼핑몰 | 글 & 그림 | 교육 & 방송 |

19 인스타그램 Instargram

인스타그램은 무엇인가요?

인스타그램(Instagram)은 2010년에 처음 출시된 사진 및 동영상 공유 소셜 네트워크 서비스이다. 현재는 메타(Meta), 이전에는 페이스북(Facebook)의 자회사로 운영되고 있다. 인스타그램은 사용자가 사진, 동영상, 스토리, 라이브 방송 등을 통해 자신의 일상, 관심사, 작품 등을 공유하고, 다른 사용자와 소통하는 플랫폼이다.

주요 기능

1. **피드 (Feed)**
   - 사용자는 자신이 찍은 사진이나 동영상을 피드에 올리고, 이를 팔로워들이 볼 수 있다. 피드는 시간순으로 게시물이 올라가며, 사용자는 피드를 통해 최신 사진, 동영상, 게시물을 확인할 수 있다.

2. **스토리 (Story)**
   - 24시간 동안만 공개되는 스토리 기능은 사진과 동영상을 공유할 수 있는 일시적인 기능으로, 일상적인 순간을 빠르게 공유할 수 있다. 스토리는 피드와 달리 게시물이 삭제되며, 즉시 사라지기 때문에 사용자들이 자주 활용한다.

3. **릴스 (Reels)**
   - 릴스는 짧은 동영상을 만들고 공유할 수 있는 기능이다. TikTok과 비슷한 기능으로, 음악, 효과, 텍스트 등을 추가해 창의적인 콘텐츠를 제작할 수 있다.

4. **라이브 방송 (Live)**
   - 실시간으로 다른 사용자와 소통할 수 있는 라이브 방송 기능을 통해 실시간 방송을 할 수 있다. 방송 중에는 팔로워들이 실시간으로 댓글을 달거나 질문을 할 수 있다.

5. **쇼핑 (Instagram Shopping)**
   - 인스타그램 내에서 직접 쇼핑을 할 수 있는 기능으로, 브랜드와 상점이 자신의 제품을 사진과 링크로 공유하고 사용자는 제품을 바로 구매할 수 있다.

6. **DM (Direct Message)**
   - 다이렉트 메시지(DM)는 개인적인 메시지를 보낼 수 있는 기능으로, 한 사람 또

는 그룹에게 직접 메시지를 보낼 수 있다.

7. 필터 및 편집 도구
- 인스타그램은 다양한 필터와 편집 도구를 제공하여 사진과 동영상을 쉽게 편집할 수 있게 도와준다. 사진의 색감, 밝기, 대비 등을 간단하게 수정할 수 있다.

수익화 단계별 가이드

1. 니치 시장 선정 및 콘텐츠 계획
- 니치(niche)란 특정 주제나 관심 분야를 의미한다. 인스타그램에서 돈을 벌려면 자신의 관심사나 특성에 맞는 니치 시장을 선택하는 것이 중요하다. 예를 들어, 패션, 뷰티, 여행, 피트니스, 음식, 기술 등 여러 분야가 있을 수 있다.

1) 관심이 있고, 지속적으로 콘텐츠를 만들 수 있는 분야를 선택한다.
2) 자신만의 스타일로 콘텐츠를 제작할 수 있도록 콘텐츠 계획을 세운다.
3) 콘텐츠의 일관성과 전문성을 유지하여 타겟층에게 신뢰를 쌓는다.

　예시: 만약 패션에 관심이 많다면, 최신 트렌드, 스타일링 팁, 제품 리뷰 등을 다루는 콘텐츠를 만들 수 있다.

2. 팔로워 확보
- 팔로워가 많을수록 수익화 기회가 많아진다. 유기적인 팔로워를 확보하는 것이 중요하며, 팔로워 증가 전략을 지속적으로 적용해야 한다.

1) 꾸준한 게시물 업로드: 일관되게 게시물을 올려 팔로워들이 활발하게 반응할 수 있게 만든다. 스토리, 릴스, 피드를 적절히 활용해야 한다.
2) 게시물 품질 향상: 고해상도 이미지와 동영상을 사용하고, 필터 및 편집 도구로 매력적인 콘텐츠를 만들어 보는게 중요하다.
3) 해시태그 사용: 관련된 인기 해시태그를 사용하여 더 많은 사용자에게 콘텐츠가 노출될 수 있도록 한다.
4) 상호작용: 팔로워와 자주 소통하며 댓글을 달고, 메시지에 답변하는 등 상호작용을 통해 관계를 강화한다.
5) 콜라보레이션: 비슷한 관심사를 가진 다른 인플루언서와 협업하여 서로의 팔로워층을 교환한다.

3. 인스타그램 수익화 방법 선택
- 수익화 방법은 여러 가지가 있으며, 자신의 팔로워층과 콘텐츠 스타일에 맞는 방법을 선택해야 한다.

1) 브랜드 협찬 및 스폰서 콘텐츠
- 브랜드와 협업하여 스폰서 콘텐츠를 게시하면 수익을 올릴 수 있다. 브랜드는 팔로워가 많고, 그들이 해당 제품에 관심을 가질 가능성이 높은 인플루언서를 찾고 있다. 브랜드와의 협업을 원한다면, 자기소개서나 미디어 키트를 준비하는 게 좋다. 브랜드의 제품을 리뷰하거나 사용 후기를 올리고, 후원을 받는다. 스폰서 콘텐츠에는 #광고, #협찬 등의 해시태그를 넣어야 법적으로 문제가 되지 않다.

2) 제휴 마케팅 (Affiliate Marketing)
- 제휴 마케팅은 제품이나 서비스를 추천하고, 해당 링크를 통해 구매가 이루어지면 커미션을 받는 방식이다. 인스타그램의 링크를 활용해 제휴 마케팅을 할 수 있다.
  - 제휴 마케팅 플랫폼에 가입하여 추천할 제품을 선정한다. (예: 쿠팡파트너스, 아마존 어소시에이츠)
  - 추천 링크를 스토리나 피드에 삽입하여 팔로워가 제품을 구매하도록 유도한다.
  - 성공적인 제휴 마케팅을 위해 제품을 진심으로 추천하며 리뷰나 사용법을 공유한다.

3) 인스타그램 쇼핑
- 자신의 상품을 인스타그램에서 직접 판매할 수 있는 쇼핑 기능을 활성화하여 수익을 창출할 수 있다.
  - Facebook 비즈니스 계정을 만들고 인스타그램 쇼핑을 설정한다.
  - 판매할 제품을 사진이나 동영상과 함께 인스타그램에 업로드한다.
  - 태그 기능을 활용하여 제품을 태그하고, 팔로워가 바로 구매할 수 있도록 유도한다.

4) 디지털 제품 판매
- 사진, 프리셋, 템플릿, 전자책, 교육 자료 등 디지털 제품을 만들어 팔 수 있다.
  - 디지털 제품을 준비한다. 예를 들어, 포토그래퍼는 사진 프리셋을 판매할 수 있다.
  - 제품을 홍보하고, 구매 링크를 스토리나 피드에 공유한다.
  - 디지털 제품을 웹사이트나 이커머스 플랫폼을 통해 판매할 수 있다.

5) 팬 후원 및 멤버십
- 팬들로부터 후원을 받거나, 멤버십을 통해 수익을 올릴 수 있다. 인스타그램의 팬 지원 기능을 활용하거나 외부 플랫폼(예: Patreon, Ko-fi)과 연동하여 팬들

에게 특별한 콘텐츠를 제공할 수 있다.
- 후원 링크나 멤버십 프로그램을 홍보한다.
- 후원자에게 독점 콘텐츠나 특별한 혜택을 제공한다.
- 꾸준히 팬들과 소통하고, 그들의 지원에 보답한다.

4. 콘텐츠 최적화 및 분석

- 수익을 극대화하려면 자신의 인스타그램 콘텐츠가 팔로워와 잘 소통할 수 있도록 최적화해야 한다. 인스타그램의 인사이트 기능을 활용하여 분석하고, 어떤 콘텐츠가 가장 효과적인지 파악한다.
  - 인사이트를 확인하여 어떤 게시물이 가장 많은 참여를 받았는지 분석한다.
  - 게시물의 성과를 토대로 게시 시간과 콘텐츠 유형을 최적화한다.
  - 트렌드를 파악하여 릴스와 스토리 등의 인기 기능을 활용한다.

5. 일관성 및 신뢰 구축

- 인스타그램에서 돈을 벌려면 팔로워와의 신뢰가 중요하다. 신뢰를 구축하려면 정직하고 일관성 있는 콘텐츠를 지속적으로 제공해야 한다.
  - 콘텐츠에 개인적인 터치를 더해 인간적인 면을 보여준다.
  - 팔로워들이 관심을 가질 수 있도록 진실된 정보를 제공하고, 부정적인 리뷰도 솔직하게 공유한다.
  - 팬들과 지속적으로 소통하며 그들의 피드백을 반영한다.

TIP

1. 타겟층 정의 및 니치 시장 선택

- 타겟층 정의: 인스타그램에서 수익을 창출하려면 특정 타겟층을 정의하는 것이 중요하다. 타겟층에 맞는 콘텐츠를 제공하면 더 많은 관심과 참여를 끌어낼 수 있다.
- 니치 시장 선택: 패션, 뷰티, 피트니스, 여행, 요리 등 특정 주제를 중심으로 니치 시장을 선택해야 한다. 사람들은 자신이 관심 있는 분야에 더 많은 시간을 투자하기 때문에 특정 분야에 집중하는 것이 유리하다. 예를 들어, 피트니스 관련 콘텐츠를 만들고 건강한 라이프스타일을 추구하는 팔로워를 끌어들일 수 있다.

2. 고품질의 콘텐츠 제작

- 사진과 동영상의 품질은 매우 중요하다. 고해상도 이미지와 잘 편집된 동영상은

| 사진 & 동영상 | 창작물 & 앱 | 디자인 & 이모티콘 | 컨텐츠 | 블로그 | **SNS** | 쇼핑몰 | 글 & 그림 | 교육 & 방송 |

팔로워들에게 더 많은 관심을 끌 수 있다. 비주얼 중심의 플랫폼이므로 창의적이고 독특한 콘텐츠가 중요하다. 팔로워들의 피드에 눈에 띄는 콘텐츠를 올려야 한다. 사진이나 동영상에 필터와 편집 도구를 적절히 사용하여 매력적인 비주얼을 만든다. 배경 음악과 효과를 추가하여 동영상을 더 돋보이게 한다.

3. 일관된 콘텐츠 업로드 및 스케줄 관리

- 꾸준한 게시물 업로드는 팔로워와의 관계를 지속적으로 유지하는 데 중요하다. 인스타그램의 알고리즘은 활성 사용자에게 더 많은 노출을 제공하므로, 자주 게시물을 올리는 것이 유리하다. 일정한 시간대에 게시물을 업로드하여 팔로워들이 더 자주 당신의 콘텐츠를 볼 수 있도록 한다. 인스타그램의 인사이트 기능을 활용하여 가장 활발한 시간대를 파악하고, 그 시간에 게시물을 올리세요.

4. 스토리와 릴스 적극 활용

- 인스타그램 스토리와 릴스는 매우 효과적인 수익화 도구이다. 스토리는 하루 24시간 동안만 공개되므로 빠르게 팔로워와 소통할 수 있으며, 릴스는 짧고 강렬한 동영상으로 더 많은 사람들에게 노출된다. 스토리를 통해 팔로워들과의 실시간 소통을 강화하고, 제품 추천, 비하인드 씬, 일상 등을 공유한다. 릴스를 사용하여 더 많은 사람들에게 도달하고, 빠른 트렌드에 맞춘 콘텐츠를 제작한다.

5. 브랜드 협찬 및 스폰서 콘텐츠

- 팔로워가 많아지면 브랜드 협찬을 받을 수 있다. 브랜드는 제품을 홍보할 수 있는 인플루언서를 찾고, 인스타그램은 그런 플랫폼을 제공한다. 스폰서 콘텐츠는 브랜드가 당신에게 제품을 제공하고, 그 제품을 홍보하는 게시물을 만들어 광고비를 지급하는 방식이다. 미디어 키트와 소개서를 준비하여 브랜드와 협업할 수 있는 기회를 찾다.자신이 추천하는 브랜드나 제품에 대한 진실된 리뷰를 작성해야 한다. 진정성이 중요하다.

6. 제휴 마케팅 활용

- 제휴 마케팅은 제품을 추천하고, 그 링크를 통해 구매가 이루어지면 커미션을 받는 방식이다. 많은 브랜드들이 제휴 프로그램을 운영하고 있으며, 이를 통해 인스타그램에서 수익을 올릴 수 있다. 제품 링크를 스토리나 피드에 추가하고, 관련된 해시태그와 리뷰를 공유하여 팔로워들에게 신뢰를 줄 수 있도록 한다. 제품을 직접 사용하거나 경험하는 모습을 스토리나 릴스로 보여주는 것이 효과적이다.

7. 디지털 제품 판매

- 디지털 제품(예: 프리셋, 디자인 템플릿, eBook, 온라인 강의 등)을 판매하여 수익을 얻을 수 있다. 자신이 만든 디지털 제품을 인스타그램에서 홍보하고, 판매

링크를 제공한다. 자신의 콘텐츠에 맞는 디지털 제품을 제작하여 팔로워들에게 유용한 정보를 제공한다. 판매 링크는 피드나 스토리에 추가하여 제품을 쉽게 구매할 수 있도록 한다.

8. 팬 후원 및 멤버십

- 팬 후원이나 멤버십 프로그램을 통해 팬들에게 특별한 콘텐츠나 혜택을 제공하며 수익을 얻을 수 있다. Patreon과 같은 외부 플랫폼을 통해 팬들이 월간 후원금을 지불하고, 그에 맞는 보상을 제공할 수 있다. 후원자들에게 독점 콘텐츠, 라이브 방송, 비하인드 씬 영상 등을 제공하여 팬들과의 관계를 강화한다. 팬들과의 지속적인 소통을 통해 충성도 높은 팔로워를 확보할 수 있다.

9. 자신만의 브랜드 만들기

- 브랜드화를 통해 독특한 아이덴티티를 구축하면, 더욱 많은 사람들이 당신의 콘텐츠에 관심을 갖게 된다. 브랜드 로고, 색상, 스타일 등을 일관되게 사용하여 자신의 콘텐츠가 다른 사람들과 차별화될 수 있도록 한다. 자신의 고유한 스타일을 찾고, 그 스타일을 지속적으로 유지해야 한다. 이는 사람들이 당신의 콘텐츠를 쉽게 인식하도록 도와준다. 프로필을 잘 꾸미고, 자기소개에서 무엇을 다루는 계정인지 분명하게 밝혀야 한다.

10. 인스타그램 광고 활용

- 인스타그램 광고를 활용해 자신의 계정이나 판매 상품을 홍보할 수 있다. 유료 광고를 통해 더 많은 사람들에게 노출되고, 팔로워를 증가시킬 수 있다. 광고 목표(판매, 웹사이트 방문, 팔로워 증가 등)를 명확히 설정하고, 타겟팅을 통해 효과적인 광고를 진행해야 한다. A/B 테스트를 통해 어떤 광고 방식이 더 효과적인지 실험하여 최적화한다.

수익자 리뷰

1. "패션 인플루언서 A씨"

- "인스타그램을 처음 시작했을 때는 정말 단순한 취미였어요. 하지만 팔로워가 어느 정도 늘면서 브랜드와의 협업 기회가 생겼고, 패션 아이템을 소개하면서 수익을 얻기 시작했죠. 제일 큰 수익원은 브랜드 협찬과 제휴 마케팅이었어요. 패션 아이템을 소개할 때마다 제휴 링크를 공유하고, 구매가 이루어지면 수수료를 받았어요. 이제는 제 쇼핑몰도 시작해서 자체 브랜드도 판매하고 있답니다. 팔로워들과의 신뢰가 가장 중요한 부분이었어요. 거짓된 정보나 추천은 절대로 하지 않아요. 브랜드와 협업할 때도 정말 좋은 품질의 제품만 추천하려고 신경 씁니다." 브랜드 협찬을 받으려면 미디어 키트를 준비하여 적극적으로 브랜드와

협업을 시도한다. 진솔한 리뷰와 개인적인 경험을 공유하는 것이 팔로워의 신뢰를 얻는 데 중요하다.

2. **"뷰티 인플루언서 B씨"**

- "뷰티 관련 콘텐츠를 다루는 인플루언서로 시작했어요. 제 첫 번째 수익은 스폰서 콘텐츠에서 나왔죠. 처음에는 작은 브랜드와 협업을 시작했지만 점점 더 큰 브랜드와 협업할 기회가 생기면서 수익이 증가했어요. 특히 뷰티 제품 리뷰는 인스타그램에서 가장 많은 반응을 얻을 수 있죠. 제휴 마케팅을 통해서는 제품 링크를 스토리와 피드에 삽입하고, 제 추천으로 구매가 이루어지면 일정 비율의 커미션을 받았어요. 이렇게 여러 방법을 조합하여 수익을 증대시켰어요." 비하인드 씬 콘텐츠를 공유해 팔로워들에게 더 친근한 이미지를 전달한다. 제품을 직접 사용하고, 비디오 콘텐츠로 리뷰를 진행하면 신뢰도를 높이는 데 유리하다.

3. **"피트니스 인플루언서 C씨"**

- "피트니스 인스타그램 계정을 운영하며 처음에는 운동 팁과 식단을 공유했어요. 점차 팔로워가 늘면서 제가 직접 만든 피트니스 프로그램이나 운동용 제품을 판매하기 시작했어요. 특히 온라인 강의나 트레이닝 프로그램을 판매하는 것이 큰 수익을 안겨주었죠. 인스타그램에서는 직접적인 판매 외에도 팬들과의 소통이 중요한 것 같아요. 후원자들에게는 맞춤형 운동 계획을 제공하는 등의 특별한 혜택을 주고 있어요." 제품 판매를 위해서는 반드시 전문성과 신뢰성을 구축해야 한다. 팔로워들에게 실제 경험과 결과를 보여주는 것이 강력한 마케팅 효과를 가져온다.

4. **"여행 인플루언서 D씨"**

- "여행 관련 콘텐츠로 시작하여 팔로워들과 여행지에서의 경험을 공유했어요. 점차 팔로워들이 늘어나면서 여행사나 항공사와 협업할 기회가 생겼고, 제휴 프로그램을 통해 여행 상품을 홍보하면서 커미션을 얻기 시작했어요. 또, 경험한 여행지를 이용한 투어 상품을 팔고 있으며, 여행 팁을 제공하는 온라인 디지털 제품도 판매하고 있어요. 지금은 인스타그램을 통해 제가 경험한 여행지를 브랜드화하고, 수익을 올리고 있어요." 여행과 관련된 상품이나 서비스는 제휴 마케팅에서 높은 수익을 올릴 수 있다. 팔로워들에게 실제 여행 경험을 보여주고, 진정성 있는 정보를 제공하는 것이 중요하다.

디지털 노마드 33선

20 틱톡 TikTok

틱톡은 무엇인가요?

틱톡(TikTok)은 사용자들이 짧은 동영상을 촬영하고 공유하는 소셜 미디어 플랫폼으로, 주로 15초에서 3분 사이의 길이로 다양한 콘텐츠를 제작할 수 있다. 2016년 중국의 바이트댄스(ByteDance)가 처음 출시한 Douyin(도우인)을 기반으로 하여, 2017년에 국제 버전인 틱톡이 출시되었다. 틱톡은 이후 급격히 성장하며 세계적으로 인기 있는 앱으로 자리 잡았다.

주요 특징

1. **짧은 형식의 동영상**
   - 사용자는 짧은 동영상(기본적으로 15초부터 시작)으로 창의적인 콘텐츠를 제작하고 이를 공유할 수 있다. 동영상은 음악, 필터, 특수 효과, 텍스트 등을 추가해 창의적이고 유머러스한 방식으로 편집할 수 있다.

2. **음악과의 결합**
   - 틱톡의 가장 큰 특징 중 하나는 음악과 동영상의 결합이다. 사용자는 수많은 곡을 선택하여 배경음악으로 추가하거나, 노래에 맞춰 댄스 챌린지나 뮤직비디오를 만들 수 있다.

3. **알고리즘 기반 추천**
   - 틱톡은 FYP(For You Page)라는 개인화된 추천 피드를 제공한다. 사용자가 관심을 가질만한 콘텐츠를 추천하는 추천 알고리즘이 매우 강력하다. FYP에 콘텐츠가 올라가면 수많은 사람들에게 노출되어 빠르게 바이럴 될 수 있다.

4. **해시태그 챌린지**
   - 특정 해시태그를 기반으로 다양한 사용자가 동일한 주제나 동영상을 만들고 참여하는 챌린지가 자주 일어난다. 이 챌린지들은 빠르게 확산되어 인기 있는 트렌드를 만들어낸다.

5. **라이브 방송**
   - 사용자는 일정 수의 팔로워를 보유하면 라이브 방송을 시작할 수 있다. 라이브 방송 중에는 팬들로부터 선물을 받을 수 있으며, 이 선물은 실제 현금으로 전환 가능하다.

6. 크리에이터와 브랜드 협업
- 틱톡은 다양한 크리에이터들과 브랜드의 협업을 촉진하는 플랫폼으로, 기업들이 광고, 스폰서 콘텐츠, 또는 브랜드 챌린지를 통해 사용자를 타겟팅할 수 있다.

인기 요소

1. 쉽고 직관적인 사용자 인터페이스
- 매우 간단한 앱 구조로 누구나 쉽게 콘텐츠를 제작하고 공유할 수 있다.

2. 빠른 확산성
- 인기 콘텐츠는 짧은 시간 안에 수백만의 뷰를 기록하며, 바이럴 효과를 가질 수 있다.

3. 트렌드의 중심
- 많은 최신 트렌드, 댄스 챌린지, 밈(meme) 등이 틱톡에서 시작되며, 전 세계적으로 영향을 미친다.

4. 창의적인 콘텐츠 형식
- 짧고 임팩트 있는 동영상을 통해 창의적인 아이디어를 표현할 수 있다.

수익화 단계별 가이드

1. 틱톡 크리에이터 펀드에 참여하기
- 틱톡은 크리에이터 펀드를 통해 콘텐츠 제작자들에게 수익을 지급하는 프로그램을 운영하고 있다. 이를 통해 일정 조건을 만족하는 크리에이터는 콘텐츠에 대한 보상을 받을 수 있다.

1) 조건
- 만 18세 이상이어야 한다. 최소 10,000명 이상의 팔로워를 보유하고 있어야 한다. 최근 30일 동안 10,000회 이상의 동영상 조회수를 기록해야 한다. 틱톡 커뮤니티 가이드라인을 준수해야 한다.

2) 참여 방법
- 틱톡 앱에서 프로필 페이지로 이동한다. 우측 상단의 세 점 메뉴(설정) 클릭 후 "Creator Tools" 또는 "크리에이터 모드"를 선택한다. 크리에이터 펀드를 클릭하고, 약관에 동의하여 신청한다.

3) 수익 방식
- 수익은 동영상 조회수, 참여도(좋아요, 댓글, 공유 등), 팔로워 수에 비례하여 지

급된다.
- 틱톡은 수익을 매일 지급하며, 직접 수익금을 은행 계좌나 페이팔로 받을 수 있다.

2. 라이브 방송에서 선물 받기
- 틱톡에서 라이브 방송을 시작하면, 팬들로부터 선물을 받을 수 있다. 이 선물은 실제 현금으로 전환이 가능하다. 팬들이 주는 선물은 가상 아이템 형태로, 이를 현금으로 변환하는 방식이다.

1) 조건
- 일정 수 이상의 팔로워가 필요하다(최소 1,000명). 만 16세 이상이어야 라이브 방송을 시작할 수 있다. 만 18세 이상이어야 선물을 현금화할 수 있다.

2) 방법
- 틱톡 앱에서 라이브 방송을 시작한다. 방송 중 시청자들은 화면의 선물 아이콘을 클릭하여 크리에이터에게 선물을 보낼 수 있다. 크리에이터는 이를 현금으로 변환할 수 있다.

3) 수익 방식
- 팬들이 보내는 선물은 틴더나 다이아몬드 등의 아이템 형태로 주어지며, 이를 현금으로 변환할 수 있다. 선물을 주는 팬들에게 감사의 마음을 표현하거나, 특혜를 제공하는 등의 전략을 사용할 수 있다.

3. 브랜드 협업 및 스폰서 콘텐츠 제작
- 틱톡에서 브랜드 협업을 통해 수익을 올릴 수 있는 가장 효과적인 방법 중 하나이다. 기업들은 틱톡의 인플루언서를 통해 자사의 제품이나 서비스를 홍보하고, 이에 대한 대가로 스폰서십을 지급한다.

1) 방법
- 브랜드와의 협업 제안 받기: 틱톡에서 인플루언서와 브랜드를 연결해주는 틱톡 크리에이터 마켓플레이스를 통해 협업을 제안받을 수 있다.
- 제휴 프로그램 활용: 기업들이 틱톡 크리에이터와 제휴하여 특정 상품을 홍보하는 프로그램에 참여한다.
- 직접 제안: 자신의 틱톡 계정을 브랜드나 회사에 직접 홍보할 수 있는 방법을 제안하고, 협상 후 계약을 체결한다.

2) 수익 방식
- 스폰서 콘텐츠를 제작하고 브랜드의 상품이나 서비스를 홍보하는 대가로 고정된 금액을 지급받는다. 제휴 마케팅을 통해 수수료 기반으로 수익을 올릴 수 있다. 예를 들어, 제휴 링크나 쿠폰 코드를 제공하여 판매가 이루어질 때마다 일정 비

율을 지급받는 방식이다.

4. 제휴 마케팅 활용하기

- 틱톡에서 제휴 마케팅을 활용하여 수익을 창출할 수 있다. 제휴 마케팅은 제품이나 서비스를 소개하고, 이를 통해 발생하는 판매에 대해 수수료를 받는 방식이다.

1) 방법

- 제휴 프로그램 가입: 아마존, 쿠팡, G마켓 등 다양한 온라인 쇼핑몰의 제휴 마케팅 프로그램에 가입한다.
- 제품 추천: 틱톡에서 리뷰나 추천 콘텐츠를 만들어, 제휴 링크를 통해 제품을 소개한다.
- 링크 공유: 제휴 프로그램에서 제공하는 특정 링크를 자신의 틱톡 동영상 설명란이나 프로필에 공유하여 수익을 올린다.

2) 수익 방식

- 제휴 링크를 클릭하여 제품을 구매한 사람들에게 수수료가 지급된다. 클릭당 지급되는 수수료는 제품과 제휴 프로그램에 따라 다르다.

5. 자체 상품 판매

- 틱톡을 활용하여 자신만의 상품을 홍보하고 판매할 수 있다. 예를 들어, 굿즈(티셔츠, 머그컵, 스티커 등), 디지털 콘텐츠(사진, 음악 등), 온라인 강의 등 다양한 상품을 판매할 수 있다.

1) 방법

- 온라인 쇼핑몰 개설: Shopify, 카페24 등을 통해 자신의 온라인 쇼핑몰을 개설한다.
- 상품 홍보: 틱톡에서 자신의 상품을 창의적인 방식으로 홍보한다. 예를 들어, 제품 사용 방법을 소개하거나 리뷰 영상을 만들 수 있다.
- 제휴 마케팅 활용: 다른 사람과 협력하여 상품을 홍보하고 판매를 증대시킬 수 있다.

2) 수익 방식

- 상품 판매에서 얻는 이익. 틱톡을 통해 직접 고객 유입을 늘리고, 상품을 온라인 쇼핑몰에서 판매하여 수익을 얻는다.

6. 틱톡 광고 이용

- 틱톡의 광고 시스템을 통해 자신의 콘텐츠를 광고하거나, 브랜드 광고를 통해

수익을 올릴 수 있다. 광고가 포함된 콘텐츠는 틱톡의 TikTok Ads 플랫폼을 통해 실행된다.

1) 방법
- 틱톡 광고 계정 개설: TikTok Ads Manager에서 광고 계정을 생성한다.
- 광고 만들기: 광고 캠페인을 생성하여 동영상을 광고 콘텐츠로 설정한다.
- 타겟팅: 원하는 타겟 오디언스를 설정하여 더 많은 사람에게 광고를 노출시킨다.

2) 수익 방식
- 광고 캠페인에 따라 광고 수익을 얻을 수 있다. 광고는 CPM(1000회 노출당 수익) 또는 CPC(클릭당 수익) 방식으로 이루어질 수 있다.

7. 틱톡에서의 성공적인 콘텐츠 전략

- 콘텐츠의 질과 일관성: 꾸준히 좋은 콘텐츠를 올려야 팔로워가 증가하고, 더 많은 기회를 얻을 수 있다.
- 트렌드 활용: 최신 유행이나 챌린지를 활용하여 트렌디한 콘텐츠를 제작한다.
- 팬과의 소통: 댓글과 라이브 방송을 통해 팬들과의 관계를 강화하면, 더 많은 선물을 받을 수 있다.
- 해시태그 활용: 콘텐츠에 적절한 해시태그를 사용하여 더 많은 사람들에게 노출될 수 있도록 한다.
- 틱톡에서 돈을 버는 방법은 크리에이터 펀드, 라이브 방송 선물, 브랜드 협업, 제휴 마케팅, 상품 판매 등 다양하며, 각자의 콘텐츠 스타일과 팔로워 규모에 따라 최적화된 방법을 선택하는 것이 중요하다. 꾸준한 활동과 창의적인 콘텐츠가 성공적인 수익 창출의 핵심이다.

TIP

1. 꾸준한 콘텐츠 업로드와 일정한 스타일 유지
- 일관성은 성공적인 틱톡 크리에이터가 되는 데 중요한 요소이다. 팔로워들은 꾸준히 새로운 콘텐츠를 기대하며, 일정한 스타일을 유지하는 것이 좋다. 해시태그와 트렌드를 반영하여 콘텐츠를 제작해야 한다. 틱톡에서 유행하는 음악, 챌린지, 해시태그를 활용하면 더 많은 사용자에게 노출될 수 있다.

2. 크리에이터 펀드 활용
- 틱톡은 크리에이터 펀드를 통해 조회수에 비례한 수익을 지급한다. 이를 통해 콘텐츠가 많이 조회될수록 더 많은 수익을 올릴 수 있다. 팔로워 수와 조회수가 많을수록 크리에이터 펀드에서 얻는 수익이 증가한다. 그러므로 콘텐츠 품질을

높이고, 트렌디한 콘텐츠를 꾸준히 업로드해야 한다. 참여도(좋아요, 댓글, 공유)가 많을수록 수익이 높아지기 때문에, 팔로워와 소통하고 참여를 유도하는 것이 중요하다.

3. 라이브 방송에서 선물 받기

- 라이브 방송은 틱톡에서 실시간으로 팬들과 소통하고 선물을 받을 수 있는 기회를 제공한다. 팬들이 보내는 선물은 실제 돈으로 전환 가능하다.
- 팬과 소통: 라이브 방송 중 팬들과 소통하며 더 많은 선물을 유도할 수 있다. 감사 인사를 하거나 팬들에게 질문을 던져서 상호작용을 늘리는게 좋다.
- 정기적인 방송: 팬들이 자주 찾아올 수 있도록 정기적인 라이브 방송을 기획하는 것이 좋다.

4. 브랜드 협업 및 스폰서 콘텐츠

- 틱톡에서 브랜드와 협업을 통해 스폰서 콘텐츠를 제작하면 상당한 수익을 올릴 수 있다. 브랜드는 인플루언서 마케팅을 통해 자사의 제품을 홍보하고, 이에 대한 대가로 크리에이터에게 보상을 한다. 팔로워와 참여율이 높은 경우 브랜드가 먼저 접근할 가능성이 높다. 하지만 자신의 개성을 브랜드에 어필하는 것도 중요하다. 틱톡의 크리에이터 마켓플레이스에 가입하거나, 브랜드와 직접 협업을 제안하는 방법도 있다. 정확한 타겟층을 파악하고, 자신이 잘 할 수 있는 분야(패션, 뷰티, 피트니스 등)에 특화된 콘텐츠를 만들면 협업 기회가 늘어난다.

5. 제휴 마케팅 활용

- 틱톡에서 제휴 마케팅을 통해 상품을 홍보하고, 판매가 이루어질 때마다 수수료를 얻을 수 있다. 예를 들어, 아마존, 쿠팡 등에서 제공하는 제휴 프로그램을 활용하는 방법이다. 제휴 링크를 동영상 설명에 넣거나, 상품 리뷰 콘텐츠를 제작하여 제휴 링크를 클릭하게 유도해야 한다. 팔로워들에게 유용한 상품을 추천하거나, 할인 코드 등을 제공하여 제휴 판매를 촉진할 수 있다.

6. 자체 상품 판매

- 틱톡을 이용해 자체 상품을 판매할 수 있다. 예를 들어, 굿즈(티셔츠, 머그컵 등)나 디지털 상품(사진, 강의, 템플릿 등)을 홍보하여 직접 수익을 올릴 수 있다.
- 쇼핑몰 개설: 자체 온라인 쇼핑몰을 만들어 제품을 판매하거나, 틱톡 쇼핑 기능을 활용하여 제품을 직접 판매할 수 있다. 틱톡에서 상품 리뷰 또는 사용 방법 소개 콘텐츠를 제작하면 팔로워들이 구매할 확률이 높아진다.

7. 틱톡 광고 활용

- 틱톡은 광고 시스템을 제공하여, 콘텐츠를 광고로 만들어 더 많은 사람들에게

노출시킬 수 있다. 틱톡의 광고 플랫폼을 활용하면 자신의 콘텐츠가 더 많은 사용자에게 도달하고, 그로 인해 더 많은 수익을 올릴 수 있다. 자신의 계정 광고: 콘텐츠가 잘 팔리거나, 제품을 홍보하는 경우 광고를 집행하여 더 많은 잠재 고객에게 다가갈 수 있다. 광고 예산을 설정하고, 타겟 오디언스를 맞추는 것이 중요하다.

8. 콘텐츠 차별화

- 틱톡에서 다른 크리에이터와 차별화된 콘텐츠를 만드는 것이 매우 중요하다. 틱톡은 창의적이고 재미있는 콘텐츠가 많은 인기를 끌기 때문에, 기존의 트렌드를 넘어서 독특한 아이디어를 선보이는 것이 중요하다. 유머와 크리에이티브한 아이디어로 팔로워들의 관심을 끌 수 있다. 실험적인 콘텐츠나 도전적인 콘텐츠도 좋다. 고유한 스타일을 만들어 팔로워들이 쉽게 인식하고 기억할 수 있도록 해야 한다.

9. 팔로워와의 관계 강화

- 틱톡에서 수익을 높이려면 팔로워와의 관계가 매우 중요하다. 팔로워들이 자주 방문하고, 콘텐츠에 반응하도록 유도하는 방법은 여러 가지가 있다. 댓글과 좋아요를 적극적으로 유도해야 한다. 예를 들어, "어떤 내용이 더 궁금해야 한다?" 또는 "이 영상에서 어떤 부분이 좋았나요?" 등의 질문을 던지면 팔로워들이 댓글을 남기기 쉽다. 팬들에게 특별한 혜택(예: 굿즈, 개인적인 답변 등)을 제공하여, 그들의 충성도를 높이는 것도 좋은 방법이다.

10. 틱톡의 기능 적극 활용

- 틱톡은 다양한 기능을 제공하여 크리에이터들이 콘텐츠를 더 다채롭게 제작할 수 있도록 도와줍니다. 예를 들어, 이펙트, 음악, 편집 도구 등을 활용하여 콘텐츠의 퀄리티를 높여야 한다. 창의적인 이펙트나 전환 효과를 사용하여 시청자의 관심을 끌 수 있다. 고유한 음악이나 트렌디한 음악을 활용하면 더 많은 조회수를 얻을 수 있다.

수익자 리뷰

1. 성공적인 틱톡 크리에이터 A의 리뷰 - 크리에이터 A (팔로워 50만 명)

- "처음에는 틱톡을 단순히 재미로 시작했어요. 하지만 시간이 지나면서 팔로워들이 많이 늘고, 브랜드로부터 협업 제안을 받기 시작했죠. 제일 큰 수익은 브랜드 협업과 스폰서 콘텐츠에서 나왔어요. 저는 특히 피트니스 관련 제품을 홍보하는 데 집중했어요. 제품 사용법을 자연스럽게 설명하고, 제 경험을 담은 콘텐츠를 만들어 팔로워들의 신뢰를 얻었죠. 이렇게 팔로워들이 늘어나면서 틱톡의 크리

에이터 펀드로도 수익을 올리게 되었어요." "트렌디한 해시태그를 사용하고, 팔로워들과의 소통을 강화해야 해요. 라이브 방송을 자주 진행하면 팬들과의 관계가 깊어져 스폰서 콘텐츠 제안도 자연스럽게 올 수 있어요."

2. 크리에이터 B의 리뷰: 틱톡 크리에이터 펀드 활용 - 크리에이터 B (팔로워 10만 명)

- "저는 처음에는 잘 모르고 단순히 틱톡에서 재미있는 영상을 올렸어요. 그러다가 크리에이터 펀드에 가입한 후, 콘텐츠에 대한 조회수와 참여율이 늘면서 수익이 생기기 시작했어요. 특히 유행하는 챌린지나 트렌드에 참여하면서 팔로워들이 늘어나고, 그에 따라 제 콘텐츠가 더 많은 사람들에게 노출되었죠. 크리에이터 펀드는 단순히 조회수와 참여율에 따라 수익이 달라지기 때문에, 콘텐츠를 꾸준히 올리며 팬들과의 관계를 강화하는 것이 중요해요." "틱톡에서 수익을 얻기 위해서는 꾸준함이 중요해요. 하루에 한두 개의 영상을 올리고, 팔로워와의 소통을 강화해야 해요."

3. 크리에이터 C의 리뷰: 라이브 방송과 선물 수익 - 크리에이터 C (팔로워 30만 명)

- "틱톡에서 돈을 벌기 시작한 건 라이브 방송에서 받은 선물 덕분이었어요. 처음에는 생각도 못 했는데, 팬들이 제 라이브 방송을 자주 보면서 선물을 보내기 시작했어요. 선물 받은 금액이 꽤 커져서, 결국에는 라이브 방송을 주기적으로 진행하는 것으로 수익을 많이 올리게 되었어요. 또한, 선물 이외에도 팬들과의 실시간 소통이 이루어져서 더 많은 팔로워를 얻을 수 있었어요." "라이브 방송을 자주 진행하면서 팬들과의 관계를 깊이 있게 유지하고, 팬들에게 감사의 마음을 전하는 것도 중요해요. 팬들과의 소통이 늘어나면 자연스럽게 선물을 받게 될 수 있어요."

4. 크리에이터 D의 리뷰: 제휴 마케팅 활용 - 크리에이터 D (팔로워 15만 명)

- "틱톡을 시작하면서 제휴 마케팅을 이용해 돈을 벌 수 있다는 사실을 알게 되었어요. 저는 뷰티 제품을 주제로 콘텐츠를 제작했고, 제휴 링크를 넣어서 제품을 홍보했어요. 팔로워들이 링크를 클릭하고 제품을 구매하면서 수수료가 들어오더라고요. 제가 추천하는 제품들에 대한 피드백도 좋았고, 제휴 마케팅은 틱톡을 통해 안정적으로 수익을 올릴 수 있는 좋은 방법이었어요." "제휴 링크는 콘텐츠와 잘 맞는 제품을 선택해서 홍보하는 것이 중요해요. 또, 제품 리뷰나 사용법을 자세히 보여주면 팔로워들이 구매할 확률이 높아져요."

21 쿠팡 파트너스 Coupang Partners

쿠팡 파트너스는 어떤 곳인가요?

쿠팡 파트너스(Coupang Partners)는 쿠팡에서 제공하는 제휴 마케팅 프로그램으로, 참여자가 쿠팡의 제품을 자신의 블로그, SNS, 웹사이트 등에 홍보하고, 그 링크를 통해 발생한 판매에 대해 수수료를 받는 시스템이다. 즉, 추천인이 되어 쿠팡 제품을 홍보하고, 구매가 이루어지면 수익을 창출하는 방식이다. 쿠팡 파트너스를 통해 수익을 올리려면, 특별한 제휴 링크(추천 링크)를 생성하여 이를 자신의 콘텐츠에 삽입하거나 홍보하는 방식으로 운영된다. 이 링크를 통해 방문자가 쿠팡에서 물건을 구매하면, 추천자는 구매 금액의 일정 비율을 수수료로 받다.

주요 특징

1. **추천인 링크 생성**
   - 쿠팡 파트너스에 가입한 후, 자신이 홍보하고 싶은 제품을 선택하고, 해당 제품의 추천 링크를 생성할 수 있다. 이 링크는 다른 사람들이 클릭하거나 구매했을 때 수익을 발생시키게 된다.

2. **다양한 홍보 채널 사용 가능**
   - 블로그: 쿠팡 파트너스는 개인 블로그를 통해 제품을 소개하고 링크를 걸어 수익을 창출할 수 있다.
   - SNS: 페이스북, 인스타그램, 유튜브 등 다양한 SNS 채널을 통해 쿠팡 제품을 홍보할 수 있다.
   - 웹사이트/홈페이지: 개인 웹사이트나 홈페이지에서 제품을 추천하고 수익을 올릴 수도 있다.

3. **수수료**
   - 수수료는 쿠팡이 제공하는 제품 카테고리별로 다릅니다. 보통 구매 금액의 1%에서 10% 사이의 수수료를 지급한다. 더 많은 사람들이 추천 링크를 통해 구매를 할수록 더 많은 수익을 얻을 수 있다.

4. **추적 시스템**
   - 쿠팡 파트너스는 추천 링크를 통해 발생한 판매를 추적할 수 있는 시스템을 제공한다. 이를 통해 얼마나 많은 판매가 이루어졌는지, 얼마나 수익이 발생했는

지 등을 실시간으로 확인할 수 있다.

5. 상시 보상 지급
- 쿠팡 파트너스는 수익을 월 단위로 정산하며, 일정 금액 이상이 되면 현금으로 지급받을 수 있다.

> 수익화 단계별 가이드

1. 쿠팡 파트너스 가입하기

1) 쿠팡 파트너스 사이트 방문
- 쿠팡 파트너스 공식 웹사이트(https://partners.coupang.com/)에 방문한다.

2) 회원 가입
- 쿠팡 파트너스에 가입하려면 쿠팡 계정이 필요하다. 쿠팡 계정이 없다면 먼저 계정을 만들고 로그인한다. 가입 과정에서 웹사이트, 블로그, SNS 계정 등 본인이 운영하는 플랫폼 정보를 입력해야 한다.

3) 가입 완료 후, 추천 링크 생성
- 가입이 완료되면 대시보드에서 추천 링크를 생성할 수 있다. 이 링크는 자신이 추천하는 제품을 홍보하는 데 사용된다.

2. 추천할 제품 선택하기

1) 카테고리 선택
- 쿠팡 파트너스는 다양한 카테고리의 제품을 제공한다. 자신의 블로그나 SNS에서 다루는 주제에 맞는 제품을 선택하는 것이 중요하다. 예를 들어, 뷰티 블로그를 운영한다면 화장품, 피트니스 관련 콘텐츠를 다룬다면 운동기구나 헬스케어 제품을 추천하는 것이 적합하다.

2) 인기 제품 또는 트렌디한 제품 찾기
- 인기 제품이나 트렌드에 맞는 제품을 추천하는 것이 좋다. 소비자들의 관심을 끌기 쉬운 제품들이 많이 팔릴 가능성이 높기 때문이다.

3) 추천 링크 생성
- 제품을 선택한 후, 해당 제품의 추천 링크를 생성한다. 링크는 쿠팡 파트너스 대시보드에서 쉽게 생성할 수 있다.

3. 추천 링크를 활용한 콘텐츠 제작

1) 블로그 콘텐츠 제작
- 제품 리뷰나 사용기 등을 작성하면서 추천 링크를 삽입한다. 예를 들어, 카메라

를 추천한다면 "이 카메라는 휴대성도 좋고 화질도 뛰어나요. (추천 링크)" 제품에 대한 자세한 설명, 사용 팁, 장단점 등을 포함시켜 신뢰를 높인다.

2) SNS 활용
- 인스타그램, 유튜브, 페이스북, 트위터 등 SNS에서도 추천 링크를 활용할 수 있다. 제품을 사용한 이미지나 영상을 포함시켜 팔로워들의 관심을 끌 수 있다. 예를 들어, 인스타그램에서 제품을 사용한 모습을 올리고, 설명에 추천 링크를 걸면 팔로워들이 자연스럽게 제품을 클릭할 확률이 높아진다.

3) 제품 비교 콘텐츠
- 비교 포스트나 제품 추천 리스트를 만들어 여러 제품을 비교하는 방식으로 추천할 수 있다. 예를 들어, 여름철에 사용하기 좋은 선크림 추천처럼 여러 제품을 나열하면서 링크를 추가하는 방식이다.

4) 콘텐츠와 링크의 자연스러운 통합
- 추천 링크는 강제적이지 않게 자연스럽게 통합해야 효과적이다. 사용자가 불편함 없이 제품을 클릭하고 구매할 수 있도록 유도해야 한다.

4. 꾸준한 콘텐츠 업데이트

1) 정기적인 콘텐츠 업로드
- 추천 링크를 통해 수익을 얻으려면 꾸준히 콘텐츠를 업로드해야 한다. 새로운 제품에 대한 리뷰나 관심을 끌 수 있는 포스트를 계속해서 작성한다. 트렌드나 시즌에 맞는 제품을 추천하여 관련성이 높은 콘텐츠를 작성한다.

2) 콘텐츠의 품질 향상
- 제품에 대한 디테일한 정보와 고품질의 이미지나 영상을 제공하면 팔로워들이 신뢰하고 클릭할 확률이 높아진다. 예를 들어, 제품의 실제 사용 모습을 담은 영상이나 사용 팁을 공유하면 더 많은 관심을 받을 수 있다.

3) SEO 활용
- 검색 최적화(SEO)를 고려하여 블로그 콘텐츠를 작성하면 자연 검색을 통해 더 많은 방문자를 유도할 수 있다. 제품 관련 키워드를 적절히 활용해야 한다.

5. 트래킹 및 성과 분석

1) 수익 분석
- 쿠팡 파트너스 대시보드에서 추천 링크의 클릭 수, 구매 수, 수수료 등을 실시간으로 추적할 수 있다. 가장 많이 클릭된 제품, 수익이 발생한 제품 등을 분석하여, 어떤 유형의 콘텐츠가 더 효과적인지 파악한다.

2) 전환율 개선
- 어떤 제품이 더 잘 팔리는지, 어떤 콘텐츠가 더 효과적인지 분석하여 전환율을 높일 수 있는 방법을 찾는다. 예를 들어, 제품의 할인 혜택이나 특가 정보를 강조하는 콘텐츠를 추가할 수 있다.

3) A/B 테스트
- 여러 가지 추천 링크나 콘텐츠 형식을 시도해 보고, 어떤 방식이 더 높은 수익을 올리는지 실험해 보는게 좋다.

6. 수익 받기

1) 수익 정산
- 쿠팡 파트너스는 매월 정산을 통해 수익을 지급한다. 수익이 일정 금액 이상이 되면 현금으로 지급 받을 수 있다.

2) 지급 조건
- 최소 지급액은 쿠팡 파트너스의 정책에 따라 다를 수 있지만, 월별 수익을 모은 후 지급되는 방식이다.

3) 지급 방법
- 수익은 통장 계좌로 입금되며, 정산 내역은 대시보드에서 확인할 수 있다.

> **TIP**

1. 트렌디한 제품과 시즌에 맞는 제품 추천
- 시즌성 제품: 예를 들어, 여름에는 여름용 의류나 여행용 가방 같은 제품을 추천하고, 겨울에는 히터, 온열 제품 등 계절에 맞는 제품을 추천해야 한다.
- 트렌드 반영: 현재 인기 있는 제품을 선택해야 한다. 예를 들어, 최근 인기 있는 기술 제품이나 홈쇼핑 인기 아이템 등을 추천하면 사람들이 더 관심을 가질 확률이 높다.
- 할인 혜택 활용: 쿠팡의 타임세일이나 쿠팡 와우회원 할인 등 다양한 할인 혜택을 강조하여 소비자들이 제품을 구매하도록 유도한다.

2. 콘텐츠와 추천 링크의 자연스러운 결합
- 자연스러운 리뷰 작성: 제품을 소개할 때 리뷰 형식을 활용해야 한다. 예를 들어, 블로그나 SNS에서 자신이 사용한 제품을 리얼 사용 후기 형태로 소개하면서 자연스럽게 추천 링크를 삽입하는 것이다.
  예: "이 제품을 사용해본 결과 너무 만족스럽고, 이 제품은 현재 쿠팡에서 할인

중이라 더 저렴하게 구매할 수 있어요. [제품 링크]"
- 추천 리스트 작성: 여러 제품을 비교하면서 추천할 때, 하나의 카테고리 내에서 여러 제품을 리스트 형식으로 작성한다. 예를 들어, 여름 캠핑 용품 추천 리스트나 홈트레이닝 용품 추천 리스트를 작성하고, 각 제품에 추천 링크를 넣는다.
- 문맥에 맞는 추천: 콘텐츠에서 다루는 주제와 관련된 제품을 추천해야 한다. 예를 들어, 여행 블로그에서는 여행용 가방이나 여권 케이스 같은 제품을 자연스럽게 추천하는 것이 좋다.

3. 고유의 콘텐츠 제공

- 고유의 콘텐츠를 작성하여 타 경쟁자들과 차별화해야 한다. 단순히 제품 링크를 나열하기보다는, 자신만의 경험이나 독특한 사용 팁을 공유하는 콘텐츠가 효과적이다.
  예: "이 제품을 구매한 후 이렇게 사용해봤는데 정말 유용했어요!"라는 개인적인 경험을 이야기하고, 해당 제품 링크를 첨부하는 식이다.

4. SEO(검색엔진 최적화) 활용

- 키워드 연구: 사람들이 많이 검색할 수 있는 키워드를 고려하여 SEO 최적화된 글을 작성한다. 예를 들어, "여름 필수 아이템", "2024년 인기 제품"과 같이 사람들이 검색할 법한 키워드를 글에 자연스럽게 포함시켜 검색 노출을 높이세요.
- 제목과 설명 최적화: 글의 제목이나 설명을 검색 최적화(SEO)에 맞게 설정한다. 예를 들어, "2025년 봄에 꼭 사야 할 제품 TOP 5" 같은 제목을 사용하고, 관련 키워드를 잘 배치해야 한다.
- 검색 트렌드 활용: 네이버 트렌드나 구글 트렌드를 활용하여 사람들이 무엇을 찾고 있는지 파악하고, 그에 맞는 제품을 추천해야 한다.

5. 다양한 채널을 활용해 링크 배포

- 블로그 활용: 블로그에서 제품에 대한 리뷰나 추천 리스트를 작성하여 추천 링크를 배치해야 한다. SEO를 잘 활용하면 검색을 통해 트래픽을 유도할 수 있다.
- SNS 활용: 인스타그램, 페이스북, 유튜브 등 다양한 SNS 채널에서 제품을 소개하고, 추천 링크를 함께 공유한다. 특히, 인스타그램은 제품 이미지를 활용할 수 있어서 더 많은 클릭을 유도할 수 있다. 예를 들어, 인스타그램 스토리에서 제품을 사용한 모습을 보여주고 링크를 공유하거나, 유튜브 영상에서 제품을 직접 리뷰하면서 링크를 넣을 수 있다.
- 커뮤니티 활용: 네이버 카페, 포털사이트 커뮤니티 등에서 제품 추천이나 리뷰를 작성하고 링크를 삽입한다. 다만, 너무 상업적인 느낌이 들지 않도록 자연스

럽게 소개하는 것이 중요하다.

6. 트래킹 및 데이터 분석 활용

- 어떤 링크가 잘 팔리는지 분석: 쿠팡 파트너스 대시보드에서 어떤 제품이나 어떤 콘텐츠가 클릭을 많이 받았는지 확인해야 한다. 가장 효과적인 콘텐츠 형식이나 추천 제품을 찾고, 해당 스타일을 지속적으로 개선해야 한다.
- A/B 테스트: 여러 가지 방식으로 링크 배치 방법이나 콘텐츠 스타일을 테스트하여, 어떤 방식이 더 효과적인지 실험할 수 있다. 예를 들어, "이 제품을 추천한다"와 "이 제품을 실제로 사용해본 후 추천한다" 두 가지 형식으로 테스트할 수 있다.

7. 사용자 후기와 추천 활용

- 사용자 후기와 제품 리뷰 강조: 제품 추천 시 다른 구매자들의 리뷰나 평가를 강조해야 한다. 사람들이 타인의 경험에 영향을 많이 받기 때문에, 제품의 장점이나 후기를 잘 소개하는 것이 중요하다.
  예: "이 제품은 만족도가 90% 이상인 제품이다" 또는 "사용자들이 '너무 편리하다'고 평가한 제품이다."

8. 꾸준한 콘텐츠 제작

- 정기적인 포스트 업데이트: 한 번의 포스팅으로 끝내지 말고, 꾸준히 제품을 추천하는 콘텐츠를 게시하여 꾸준한 트래픽을 유도할 수 있다. 예를 들어, 매주 주간 추천 제품이나 시즌별 추천 아이템 등을 주제로 포스팅하면 지속적으로 팔로워들을 유입시킬 수 있다.
- 영상 콘텐츠 활용: 유튜브나 인스타그램에 제품을 사용하는 영상을 제작해 추천 링크를 배치하면 영상 콘텐츠로 인한 관심을 유도할 수 있다.

9. 고유의 브랜드 구축

- 신뢰 쌓기: 제품을 추천할 때 정직하고 신뢰성 있는 평가를 해야 한다. 사람들은 리뷰어의 신뢰성에 따라 구매를 결정하므로, 단기적인 수익보다는 장기적인 신뢰 구축에 집중해야 한다.
- 브랜드화: 특정 카테고리나 제품군에 특화된 콘텐츠를 제공하여 자신만의 브랜드를 구축할 수 있다. 예를 들어, 홈 가전만 다루는 블로그나 피트니스 기기만 다루는 인스타그램 계정을 운영하면, 특정 관심사를 가진 팔로워들을 끌어들일 수 있다.

10. 다양한 쿠팡 파트너스 프로그램 활용

- 쿠팡 와우 회원 할인: 쿠팡 와우 회원만을 대상으로 한 할인 혜택을 제공할 때

더 많은 사람들의 관심을 끌 수 있다. "쿠팡 와우 회원 전용 할인"이라는 점을 강조하여 팔로워들이 혜택을 얻을 수 있음을 알려주는게 좋다.
- 쿠팡 제휴사 이벤트: 쿠팡에서 진행하는 특별 이벤트나 프로모션을 활용하여 해당 링크를 통해 소비자가 구매하도록 유도한다.

수익자 리뷰

1. 블로그를 통한 수익화 - 블로거 A

- "쿠팡 파트너스를 시작한 지 6개월 됐는데, 이제 블로그 수익의 30%가 쿠팡 링크에서 나옵니다. 처음에는 소소한 수익이었지만, 추천하는 제품 카테고리를 꾸준히 늘리고, 트렌드에 맞는 제품을 추천하면서 수익이 점차 늘었어요. 특히, 사람들의 관심이 많은 기기 리뷰나 디지털 제품 관련 글에 쿠팡 링크를 넣으니 효과가 컸어요. 구독자가 많지 않아도, SEO 최적화를 잘 해서 트래픽이 유입되면 충분히 수익을 올릴 수 있더군요."

2. 인스타그램을 통한 링크 유도 - 인스타그램 크리에이터 B

- "인스타그램에서 제품을 추천하고 쿠팡 파트너스를 통해 링크를 넣기 시작한 지 3개월 됐다. 팔로워가 많지 않지만, 특정 카테고리에서 유용한 정보를 제공하면서 링크를 추가했더니, 점차 수익이 올라갔다. 특히 피트니스 제품과 홈카페 용품을 추천하는 포스트에서 많은 클릭이 일어났고, 쿠팡 링크로 이어진 구매가 많았어요. 비디오 콘텐츠를 활용하니 팔로워들도 쉽게 반응해줬다."

3. 유튜브 채널을 통한 수익화 - 유튜버 C

- "유튜브 채널에서 쿠팡 파트너스를 통해 돈을 벌기 시작한 후, 제품 리뷰 영상을 올리고 링크를 남기기 시작했어요. 구독자 수가 많지 않았지만, 사람들이 관심을 많이 가지는 가전제품 리뷰와 생활용품을 다뤘더니 링크 클릭이 꾸준히 발생했어요. 특히, 리뷰 영상에서 제품 사용법을 보여주며 추천하니 구매 전환율이 좋았어요. 현재는 구독자 수가 늘어나면서 더 많은 수익을 얻고 있어요."

4. 네이버 블로그로 수익화 - 블로거 D

- "네이버 블로그에서 쿠팡 파트너스를 활용해 제품을 추천하는 글을 쓴 지 1년 정도 됐어요. 처음에는 작은 수익이었지만, 꾸준히 포스팅하고 효과적인 카테고리를 찾으면서 조금씩 수익이 늘었어요. 특히, 실용적인 상품에 대한 정보성 글을 작성하고, 블로그에 구매 링크를 추가하는 방식으로 클릭을 유도했어요. 네이버 검색에서 많은 유입이 이루어지면서 자연스럽게 수익이 늘어났어요."

디지털 노마드 33선

Ⅶ. 쇼핑몰

22. 네이버 스마트스토어

23. 쿠팡 마켓플레이스

24. 아마존

25. 쇼피

#사진 & 동영상　#창작물 & 앱　#디자인 & 이모티콘　#컨텐츠
#블로그　#SNS　**#쇼핑몰**　#글 & 그림　#교육 & 방송

디지털 노마드 33선

22 네이버 스마트스토어 Naver Smartstore

네이버 스마트스토어는 어떤 곳인가요?

네이버 스마트스토어는 네이버에서 제공하는 온라인 쇼핑몰 플랫폼이다. 누구나 쉽게 자신의 제품을 판매하고, 네이버의 다양한 검색 기능과 마케팅 도구를 활용하여 상품을 홍보하고 판매할 수 있는 플랫폼이다. 스마트스토어는 판매자와 소비자를 연결해주는 역할을 하며, 네이버의 검색엔진과 쇼핑 검색 기능을 활용해 판매자는 더 많은 소비자에게 노출될 수 있다.

주요 특징

1. **간편한 개설과 관리**
   - 스마트스토어는 별도의 전문적인 개발 지식 없이도 누구나 쉽게 쇼핑몰을 개설할 수 있다. 초기 설정부터 제품 등록, 배송, 고객 관리까지 스마트스토어 플랫폼 내에서 모두 가능하다.

2. **네이버와의 통합**
   - 네이버 검색에서 노출되기 때문에 검색 유입을 통해 자연스럽게 고객을 유치할 수 있다. 네이버 쇼핑, 네이버 페이, 네이버 블로그 등의 기능과 통합되어 마케팅 효과가 크다.

3. **다양한 판매자 지원 프로그램**
   - 스마트스토어는 판매자에게 다양한 지원 프로그램을 제공한다. 예를 들어, 네이버 광고 도구, 쇼핑몰 디자인 템플릿, 프로모션 기능 등을 활용하여 상품을 홍보하고 판매를 촉진할 수 있다.

4. **네이버 페이 시스템**
   - 스마트스토어에서는 네이버 페이를 통해 안전하고 간편한 결제를 지원하며, 네이버 페이 포인트 시스템을 활용하여 고객에게 추가적인 혜택을 제공할 수 있다. 고객은 네이버 페이 포인트를 적립하고 사용할 수 있다.

5. **상세한 분석 도구 제공**
   - 판매자는 판매 분석 도구를 통해 자신의 매출, 방문자 수, 구매 패턴 등 다양한 지표를 실시간으로 확인할 수 있어, 판매 전략을 개선할 수 있다.

6. 네이버 검색 최적화
- 네이버의 검색 시스템과 통합되어, 네이버 사용자들이 자주 찾는 상품을 더 쉽게 노출시킬 수 있다.

수익화 단계별 가이드

1. 스마트스토어 개설 및 셋업
1) 네이버 스마트스토어 계정 생성
- 네이버 회원가입: 네이버 계정이 없다면 먼저 회원가입을 한다.
- 스마트스토어 가입: 네이버 스마트스토어 사이트에 접속하여 판매자 회원 가입을 진행한다. 사업자 등록증이 필요할 수 있으니 준비한다.

2) 스토어 설정
- 스토어 이름 설정: 브랜드에 맞는 이름을 짓고, 네이버 쇼핑에 적합한 이름을 설정한다.
- 스토어 디자인: 기본 제공되는 디자인 템플릿을 활용해 스토어의 레이아웃을 설정한다. 브랜드 이미지에 맞게 디자인을 조정할 수 있다.
- 판매 상품 등록: 판매할 상품을 등록한다. 상품의 사진, 설명, 가격, 배송비 등을 상세히 입력해야 한다. 고해상도의 상품 이미지를 준비하고, SEO 최적화된 상품 설명을 작성하는 것이 중요하다.

3) 배송 설정
- 배송 방법 선택: 일반 배송, 택배 등 다양한 배송 방법을 선택한다. 무료 배송을 제공하면 고객 유치에 유리할 수 있다.
- 배송비 설정: 고객이 결제하는 배송비를 설정한다.

2. 상품 등록 및 최적화
1) 상품 정보 작성
- 상품 제목과 설명: 고객이 검색할 가능성이 있는 키워드를 포함한 최적화된 제목과 설명을 작성한다. SEO를 고려해 핵심 키워드를 포함하는 것이 중요하다.
- 상품 이미지: 제품을 최대한 잘 보여주는 고해상도 사진을 사용한다. 여러 각도에서 촬영한 사진을 제공하는 것이 좋다.
- 옵션 설정: 사이즈, 색상, 수량 등 다양한 옵션을 설정한다.

2) 가격 설정
- 경쟁력 있는 가격: 경쟁 업체의 가격을 조사하여 시장 가격을 파악하고, 가격을

설정한다.
- 가격 정책: 할인, 쿠폰, 이벤트 등을 통해 고객을 유인할 수 있는 가격 정책을 고민한다.

3) 카테고리와 태그 설정
- 카테고리 설정: 적절한 카테고리를 선택해 고객들이 쉽게 상품을 찾을 수 있도록 한다.
- 태그: 상품과 관련된 다양한 키워드를 태그로 설정하여 검색 결과에 더 많이 노출되게 한다.

3. 마케팅 및 홍보 전략

1) 네이버 쇼핑 광고 활용
- 네이버 쇼핑 광고: 스마트스토어 상품을 네이버 쇼핑에 노출시키기 위한 광고를 집행한다. 검색 광고, 디스플레이 광고 등을 활용할 수 있다.
- 스마트스토어 광고: 네이버의 스마트스토어 광고를 통해 더 많은 소비자에게 상품을 알리고, 노출 기회를 늘릴 수 있다.

2) 이벤트 및 할인
- 쿠폰과 프로모션: 시즌별로 할인 쿠폰이나 프로모션을 제공하여 구매를 유도한다. 예를 들어, 첫 구매 할인이나 특정 금액 이상 구매 시 무료 배송 등의 프로모션을 통해 매출을 증대시킬 수 있다.
- 특별 이벤트: 블랙 프라이데이, 추석 세일, 연말 특가 등의 특별 이벤트를 활용하여 대규모 할인 행사를 진행할 수 있다.

3) 네이버 블로그와 카페 활용
- 블로그 마케팅: 네이버 블로그를 운영하고 있는 경우, 스마트스토어 제품을 홍보하는 포스팅을 작성하여 트래픽을 유도할 수 있다. 리뷰나 사용 후기를 블로그에 작성하면 신뢰도를 높이고, 소비자들의 관심을 끌 수 있다.
- 네이버 카페: 관련 카페나 커뮤니티에 참여하여 자연스럽게 제품을 홍보하거나, 카페 내 이벤트를 통해 프로모션을 진행할 수 있다.

4) SNS 마케팅
- Instagram, Facebook 등 다른 소셜 미디어를 활용하여 스마트스토어를 홍보할 수 있다. 인플루언서와 협업하여 제품을 소개하는 방식도 효과적이다.

4. 고객 서비스 및 관리

1) 빠르고 친절한 고객 응대
- 고객 문의 대응: 고객의 문의에 빠르게 대응하고, 문제가 생길 경우 해결책을

신속하게 제시해야 한다. 긍정적인 후기를 얻기 위해서는 고객 서비스가 중요하다.
- 리뷰 관리: 고객들이 남긴 리뷰에 답글을 달고, 제품에 대한 피드백을 반영하여 품질을 개선한다.

2) 재고 관리 및 배송
- 재고 관리: 실시간으로 재고를 업데이트하고, 품절 상품에 대한 알림을 설정한다. 고객에게 상품이 품절되었을 때 빠르게 대처할 수 있는 시스템을 구축한다.
- 배송 관리: 배송 상태를 정확하게 추적하고, 고객에게 배송 일정을 미리 안내한다. 빠른 배송은 고객 만족도를 높이는 중요한 요소이다.

5. 매출 분석 및 최적화

1) 판매 분석 도구 활용
- 네이버 스마트스토어 분석 도구: 판매 데이터, 방문자 수, 구매 패턴을 분석하여 매출 증대 전략을 세운다. 예를 들어, 어떤 제품이 잘 팔리고, 어떤 광고 캠페인이 효과적이었는지 분석하여 향후 전략에 반영한다.

2) 반복적인 개선 작업
- 상품 페이지 최적화: 고객의 피드백을 바탕으로 상품 페이지를 개선하고, 상품 설명이나 이미지를 업데이트한다.
- 광고 성과 분석: 광고 캠페인의 성과를 분석하고, 효과가 좋은 광고 형식이나 타겟팅 방법을 재조정한다.

6. 고정 고객층 확보

- 고객 데이터 분석: 고객의 구매 이력을 분석하고, 개인화된 마케팅을 진행한다. 예를 들어, 고객이 자주 구매하는 제품에 대한 할인 쿠폰을 제공하거나, 맞춤형 상품 추천을 통해 고객을 유인할 수 있다.
- 리피트 고객 유도: 재구매를 유도할 수 있도록 할인 혜택이나 적립 프로그램을 운영한다.

TIP

1. 상품 등록 최적화

1) 상품 제목과 설명 SEO 최적화
- 검색 키워드 분석: 소비자가 자주 검색할 가능성이 있는 핵심 키워드를 상품 제목에 포함시키세요. 예를 들어, "여성 가방" 대신 "여성 숄더백, 가죽 가방, 캐주얼 가방"처럼 다양한 검색어를 넣다.

- 상세한 설명 작성: 상품의 특징, 사용법, 장점 등을 자세히 설명한다. 고객이 상품을 구매할 때 필요한 정보를 제공해야 신뢰를 얻을 수 있다.
- 핵심 키워드 삽입: 상품 설명에 검색할 가능성이 높은 키워드를 자연스럽게 삽입하여 SEO(검색 엔진 최적화)를 고려해야 한다. 예를 들어, "편안한 착용감", "통기성 좋은", "실용적인" 등의 키워드를 활용한다.

2) 고해상도 이미지 사용

- 다양한 각도에서 촬영: 상품의 다양한 각도에서 찍은 고해상도 이미지를 사용하면 고객이 제품을 더 잘 이해할 수 있다. 여러 이미지를 제공하는 것이 효과적이다.
- 배경 최소화: 배경은 깔끔하게 처리하고, 제품에 집중할 수 있도록 해야 한다.

3) 상세 페이지 및 옵션 설정

- 상세 페이지 추가: 소비자가 제품을 구매하기 전에 궁금해할 수 있는 질문을 상세 페이지에 답변 형식으로 추가한다.
- 옵션 제공: 사이즈, 색상 등 다양한 옵션을 설정하여 소비자가 선택할 수 있도록 한다. 이를 통해 구매를 유도할 수 있다.

2. 효과적인 마케팅 전략

1) 네이버 쇼핑 광고 활용

- 검색 광고: 네이버 쇼핑 광고를 통해 특정 키워드로 노출을 시켜 판매를 촉진할 수 있다. 예를 들어, "여성 가방"을 검색한 고객들에게 광고가 노출되도록 설정한다.
- 스마트스토어 광고: 네이버 쇼핑몰 내에서 노출되는 광고를 활용해 더 많은 소비자에게 노출시킬 수 있다.
- 리타게팅 광고: 이미 스마트스토어에 방문한 고객을 대상으로 리타게팅 광고를 집행해 재방문을 유도한다.

2) 네이버 페이 활용

- 네이버 페이 포인트: 네이버 페이와 통합된 결제 시스템을 통해 결제 시 포인트를 적립하고 사용할 수 있다. 이를 통해 고객의 재구매를 유도할 수 있다.
- 할인 쿠폰 제공: 일정 금액 이상 구매 시 네이버 페이 쿠폰을 제공하여 구매를 유도한다.

3) 프로모션 및 이벤트 활용

- 시즌별 할인: 추석, 설날, 블랙 프라이데이와 같은 주요 시즌에 맞춰 할인 이벤트를 진행해야 한다. 대규모 할인이나 추가 혜택을 제공하면 고객의 구매 욕구

를 자극할 수 있다.
- **특별 프로모션**: "첫 구매 할인", "이벤트 참여 시 추가 할인"과 같은 프로모션을 통해 신규 고객을 유입할 수 있다.

4) 네이버 블로그 및 카페 활용
- **네이버 블로그 마케팅**: 자신의 블로그를 운영하고 있다면, 상품 리뷰나 사용 후기를 블로그에 작성하여 홍보한다. 좋은 후기를 고객과 공유하면 신뢰를 쌓을 수 있다.
- **네이버 카페 활용**: 관련 카페에서 제품을 홍보하거나, 카페 이벤트를 통해 제품을 소개할 수 있다.

3. 고객 관리 및 서비스 개선

1) 고객 대응 속도와 품질
- **빠른 응답**: 고객의 문의나 요청에 신속히 답변하는 것이 중요하다. 24시간 이내 답변을 목표로 해야 한다.
- **친절한 고객 서비스**: 고객이 불편을 겪을 때 친절하게 대응하고, 문제를 해결할 수 있도록 지원한다. 이를 통해 고객의 만족도를 높이고, 긍정적인 리뷰를 유도할 수 있다.

2) 고객 리뷰 관리
- **리뷰에 답변**: 고객이 남긴 리뷰에 답글을 작성하여 피드백을 제공한다. 감사 메시지나 문제 해결에 대한 의지를 표현하는 것이 좋다.
- **긍정적인 리뷰 유도**: 고객이 구매 후 리뷰를 남기도록 유도해야 한다. 리워드나 포인트로 리뷰를 유도할 수 있다.
- **부정적인 리뷰 대응**: 부정적인 리뷰가 달렸을 경우, 신속히 문제를 해결하고 고객에게 사과의 메시지를 전해 문제를 해결한 후 후속 조치를 취한다.

3) 반복 고객 확보
- **쿠폰 제공**: 재구매를 유도하기 위해 고객에게 쿠폰을 제공한다. 예를 들어, "다음 구매 시 10% 할인" 등의 쿠폰을 제공하면 고객이 재구매할 확률이 높아진다.
- **회원제 시스템**: 충성 고객을 위한 회원제 시스템을 도입하여 구매 횟수나 금액에 따라 혜택을 제공한다.

4. 스마트스토어 운영 분석과 최적화

1) 판매 데이터 분석
- **판매 통계 활용**: 스마트스토어 판매 분석 도구를 활용해 방문자 수, 구매율, 장

바구니 이탈율 등을 분석하여 개선점을 찾는다.
- 고객 성향 분석: 어떤 고객이 어떤 상품을 자주 구매하는지 분석하여 타겟 마케팅을 할 수 있다.

2) 판매 최적화
- 상품 페이지 최적화: 분석한 데이터를 바탕으로 상품 페이지를 지속적으로 최적화한다. 예를 들어, 사진을 더 추가하거나, 설명을 더 상세하게 바꾸는 등의 작업을 한다.
- 광고 성과 분석: 네이버 쇼핑 광고와 스마트스토어 광고 성과를 분석하여 효율적인 광고로 변경하고, 타겟팅 전략을 조정한다.

5. 다양한 판매 채널 활용

멀티 채널 판매
- 오프라인 판매와 연계: 오프라인 매장이 있다면, 오프라인 고객을 스마트스토어로 유도할 수 있는 방법을 모색한다.
- 다른 마켓과 연계: 스마트스토어 외에도 쿠팡, G마켓과 같은 다른 온라인 마켓에도 상품을 등록하여 판매 채널을 다각화한다.

수익자 리뷰

1. 상품을 잘 선택한 후 꾸준히 운영하는 것이 중요
- "스마트스토어에서 가장 중요한 것은 상품 선정이다. 경쟁이 치열한 카테고리에서 가격 경쟁력만으로 승부를 보기 어려운 점이 많아요. 저 같은 경우에는 '특정 타겟층'을 설정하고 그들이 원하는 상품을 꼼꼼히 분석한 후 판매하기 시작했다. 그 결과 꾸준히 고객을 확보할 수 있었다. 처음엔 1일 1건 팔리던 것이 점차 5건, 10건으로 늘었고, 6개월 후에는 매출이 크게 늘었다." 자신만의 타겟 시장을 분석하고, 고객의 수요가 높은 상품을 선별해 꾸준히 판매하면, 시간이 지나면서 매출이 증가할 가능성이 크다.

2. 검색 최적화와 마케팅을 적극적으로 활용
- "처음 스마트스토어를 시작할 때는 상품을 올리는 것만 신경 썼어요. 하지만 매출이 예상보다 저조해서 고민하다가, 검색 최적화(SEO)와 네이버 쇼핑 광고를 적극적으로 활용했어요. 그 결과, 검색에 노출되는 횟수가 늘어났고, 광고 효율이 높아지면서 매출이 크게 증가했어요. 특히, 리타게팅 광고와 스마트스토어 내 광고가 효과적이었어요." 검색 최적화(상품 제목과 설명의 키워드 최적화)와 광고 활용은 스마트스토어에서 성공적인 매출을 올리는 데 중요한 요소이다.

3. 고객과의 소통과 빠른 반응

- "고객에게 중요한 것은 신뢰감과 고객 응대이다. 저는 항상 고객의 문의에 빠르게 답변하려고 노력했고, 배송이나 제품에 문제가 생기면 즉각적인 대응을 했다. 그 결과 긍정적인 리뷰와 재구매가 많아졌고, 스마트스토어의 평가도 점차 높아졌다." 고객 응대 속도와 친절한 서비스는 신뢰를 쌓는 데 중요한 요소이다. 고객의 질문에 신속하고 성실히 답변하고, 불만 사항에 대한 빠른 처리가 필요하다.

4. 초기 투자와 지속적인 업그레이드

- "초기에는 상품 등록과 광고비가 많이 들어갔지만, 꾸준한 업그레이드와 상품 다양화를 통해 매출이 점차 성장했다. 처음에는 내가 팔 수 있는 상품을 최대한 등록했고, 그 후에는 고객의 반응을 바탕으로 더 나은 상품을 선택했다. 특히, 리뷰를 통한 피드백이 매우 유용했다." 초기 투자와 자본이 필요하지만, 상품 품질과 고객 피드백을 바탕으로 지속적으로 상품을 개선하고 업그레이드하면, 매출이 증가할 가능성이 크다.

| 사진 & 동영상 | 창작물 & 앱 | 디자인 & 이모티콘 | 컨텐츠 | 블로그 | SNS | **쇼핑몰** | 글 & 그림 | 교육 & 방송 |

23 쿠팡 마켓플레이스 Coupang Marketplace

쿠팡 마켓플레이스는 어떤 곳인가요?

쿠팡 마켓플레이스(Coupang Marketplace)는 쿠팡이라는 대형 전자상거래 플랫폼에서 셀러(판매자)들이 직접 상품을 판매할 수 있는 시스템이다. 즉, 쿠팡 마켓플레이스는 판매자가 자신의 제품을 쿠팡의 플랫폼에 등록하고, 쿠팡의 물류 및 배송 시스템(로켓배송)을 이용하여 고객에게 상품을 판매하는 형태이다. 쿠팡 마켓플레이스는 셀러가 상품을 판매할 수 있도록 돕는 판매자 중심의 마켓플레이스로, 판매자가 직접 상품을 등록하고 판매하는 방식이다.

주요 특징

1. 셀러 중심 플랫폼
- 쿠팡 마켓플레이스는 셀러(판매자)가 제품을 등록하고 판매하는 형태이다. 개인 사업자, 중소기업, 대기업 등 다양한 판매자가 자신의 상품을 등록할 수 있다.

2. 로켓배송과 쿠팡 물류 시스템
- 쿠팡의 대표적인 서비스인 로켓배송(빠른 당일 또는 익일 배송)을 이용할 수 있다. 판매자는 물류창고를 활용하여 상품을 쿠팡의 물류 시스템에 맡기고, 고객에게 빠르게 상품을 배송할 수 있다. 이를 통해 고객의 신뢰를 얻을 수 있다.

3. 강력한 검색 노출
- 쿠팡은 방대한 고객층과 뛰어난 검색 최적화 시스템을 가지고 있어, 제품을 등록하면 쿠팡 내에서 많은 고객들에게 노출될 수 있다. 특히, 로켓배송을 지원하는 상품은 우선적으로 노출될 가능성이 높다.

4. 광고 시스템
- 쿠팡은 스폰서 광고나 타겟팅 광고 등을 제공하여 셀러가 자신의 상품을 더욱 효과적으로 홍보할 수 있도록 도와준다. 판매자는 예산을 설정하고, 광고를 통해 더 많은 고객에게 상품을 노출시킬 수 있다.

5. 간편한 판매 관리
- 판매자 대시보드를 통해 판매자는 실시간으로 매출, 주문 현황, 배송 상황 등을 한눈에 확인할 수 있다. 또한, 상품 등록, 재고 관리, 고객 대응 등 판매를 위한 모든 작업을 간편하게 할 수 있다.

6. 쿠팡 고객층의 신뢰

- 쿠팡은 이미 많은 고객층을 보유하고 있기 때문에, 마켓플레이스에 등록된 상품은 쿠팡 고객들에게 쉽게 신뢰를 얻을 수 있다. 또한, 상품 리뷰나 고객 평가 기능을 통해 판매자의 신뢰도를 높일 수 있다.

수익화 단계별 가이드

1. 판매자 계정 등록 및 설정

- 쿠팡 셀러 센터 (https://sell.coupang.com)에 접속하여 가입한다. 개인 사업자나 법인 사업자라면 사업자등록증, 통장 사본, 신분증 등을 제출해야 한다.
- 상점 설정: 계정이 생성되면 상점 이름, 브랜드 정보 등을 설정한다. 상점 프로필을 설정하여 고객에게 신뢰를 줄 수 있는 정보를 입력한다.

2. 상품 등록

- 상품 기본 정보 입력: 상품 이름, 가격, 브랜드, 카테고리 등을 입력한다. 상품 설명을 간결하고 정확하게 작성하여 고객이 상품에 대해 쉽게 이해할 수 있도록 한다.
- 상품 이미지 업로드: 고해상도 이미지를 사용하여 상품을 최대한 돋보이게 한다. 사진은 상품을 잘 보여주는 다양한 각도에서 찍은 이미지로 준비한다. 배경이 깔끔하고, 조명이 좋은 사진이 중요하다.
- 배송 설정: 로켓배송을 제공하려면 쿠팡의 물류센터에 상품을 맡기면 된다. 직접 배송을 선택할 수도 있는데, 이 경우 고객에게 빠르게 배송되도록 관리해야 한다.
- 옵션 및 재고 관리: 상품에 색상, 사이즈 등 다양한 옵션이 있다면 추가하여 고객이 쉽게 선택할 수 있게 한다. 재고 관리를 철저히 하여 품절 상태가 되지 않도록 주의한다.

3. 가격 전략 설정

- 가격 책정은 매출에 직접적인 영향을 미친다. 경쟁자와 비교하여 적정 가격을 설정한다. 쿠팡 내에서 가격 비교를 통해 경쟁 상품과의 가격 차이를 분석한다. 가격이 너무 비싸면 고객이 구매하지 않을 수 있고, 너무 싸면 마진이 줄어들 수 있으므로 적절한 가격 책정이 필요하다.

4. 배송 관리

- 로켓배송을 활용하면 빠르고 안전한 배송 서비스를 제공할 수 있다. 로켓배송을 통해 고객에게 당일/익일 배송을 제공하면 고객 만족도가 높아지고 판매가 증가

할 수 있다. 직접 배송을 선택할 경우, 고객에게 빠르고 정확한 배송을 위해 신속하게 상품을 발송해야 한다. 배송비 설정도 신경 써야 할 부분이다. 쿠팡에서는 상품 가격에 포함된 배송비나 무료 배송 등을 설정할 수 있다.

5. 판매 촉진을 위한 마케팅

- 스폰서 광고(Sponsored Ads): 쿠팡은 광고 서비스를 제공하여 판매자가 상품을 더 많은 고객에게 노출시킬 수 있도록 돕는다. 스폰서 광고를 통해 관련 상품에 대한 고객의 관심을 끌 수 있다. 광고 예산을 설정하고, 타겟 고객을 지정하여 클릭당 비용(CPC)에 기반한 광고를 집행한다.
- 프로모션 및 할인 이벤트: 쿠팡은 할인 이벤트, 쿠폰 제공 등 다양한 마케팅 도구를 제공한다. 쿠팡 와우 회원을 위한 할인, 한정 시간 동안 진행되는 할인 이벤트 등을 활용해 판매를 촉진할 수 있다.

6. 고객 응대 및 리뷰 관리

- 고객 문의에 빠르게 응답: 쿠팡에서 판매를 하면서 고객의 질문에 빠르고 정확하게 답변하는 것이 중요하다. 고객이 궁금해하는 사항에 대해 친절하게 응대하고, 빠른 답변을 통해 신뢰를 쌓을 수 있다.
- 상품 리뷰 관리: 상품 리뷰는 구매 결정에 큰 영향을 미친다. 고객이 좋은 리뷰를 남길 수 있도록 배송과 상품 품질에 신경을 쓰고 상품을 잘 관리해야 한다. 부정적인 리뷰에는 진지하게 대응하여 문제를 해결하려는 모습을 보인다. 이를 통해 고객의 신뢰를 얻을 수 있다.

7. 주문 및 판매 관리

- 주문 관리: 고객이 주문을 하면 주문 확인 및 배송 준비를 해야 한다. 특히 로켓배송을 이용하면 자동으로 배송이 진행되므로 주문 관리가 간편하다.
- 주문 취소 및 환불: 환불이나 교환을 요청한 고객에 대해 빠르고 원활한 처리를 통해 고객 만족도를 높인다. 반품 정책을 명확히 설정하여 고객에게 불편함이 없도록 해야 한다.

8. 지속적인 상품 분석 및 개선

- 판매 데이터 분석: 판매 대시보드를 통해 실시간으로 판매 현황을 파악하고, 어떤 상품이 잘 팔리고, 어떤 상품이 덜 팔리는지 분석한다.
- 고객 피드백 반영: 상품에 대한 고객 리뷰와 피드백을 반영하여 상품 설명을 개선하거나, 품질을 높일 수 있다.
- 시장 변화에 맞춘 전략 변경: 경쟁 상황이나 시장 변화에 맞춰 가격이나 광고 전략을 계속해서 수정하고, 제품 라인업을 조정한다.

9. 성공적인 운영을 위한 꾸준한 노력

- 트렌드 파악: 시장의 트렌드나 소비자들의 선호 변화를 빠르게 파악하여 상품 라인업을 업데이트한다.
- 고객 관리: 지속적으로 고객의 충성도를 얻기 위해 노력하고, 고객 만족을 우선시하는 서비스를 제공한다.
- 효율적인 광고 전략: 광고 예산을 효율적으로 분배하여 더 많은 노출과 판매를 유도한다.

TIP

1. 로켓배송 활용하기

- 로켓배송을 통해 상품을 고객에게 빠르게 전달하면, 고객 만족도가 높아지고, 구매 전환율도 증가한다. 로켓배송은 쿠팡의 물류센터에서 상품을 보관하고 자동으로 배송을 처리해주는 서비스로, 빠른 배송과 안전한 포장을 보장한다. 로켓배송 상품은 우선적으로 노출되므로 더 많은 고객의 관심을 받을 수 있다. 또한 쿠팡 와우 회원들에게는 빠른 배송을 통해 특별한 가치를 제공할 수 있다.

2. 상품 제목과 설명 최적화

- 상품 제목: 고객들이 상품을 검색할 때 키워드를 정확하게 반영한 상품 제목을 작성해야 한다. 예를 들어, 색상, 크기, 주요 특징을 포함시켜서 검색어와 일치하는 제목을 작성한다.
- 상품 설명: 고객이 궁금해할 수 있는 정보를 최대한 자세하게 작성한다. 사이즈, 사용법, 재질 등 고객이 필요로 하는 모든 정보를 제공한다.
- SEO 최적화: 쿠팡 검색엔진에서 상품을 잘 노출시키려면, 상품 제목과 설명에 핵심 키워드를 적절히 포함시켜야 한다. 이와 함께 상품의 주요 특징과 장점도 강조한다.

3. 고품질의 이미지 활용

- 상품 이미지는 구매 결정에 큰 영향을 미친다. 고해상도의 선명한 이미지를 사용하고, 여러 각도에서 상품을 보여주는 다양한 사진을 준비해야 한다. 배경은 깨끗하고 단순한 배경을 사용하고, 세부 사항을 잘 보여주는 이미지를 추가하여 고객이 상품을 쉽게 이해할 수 있도록 한다. 사용 장면을 보여주는 이미지도 효과적일 수 있다. 예를 들어, 상품이 사용되는 실제 상황을 보여주면 더 실용적이고 친근한 이미지를 전달할 수 있다.

4. 가격 경쟁력 확보

- 시장 조사를 통해 경쟁 상품의 가격을 파악하고, 적절한 가격 책정을 해야 한다. 가격을 너무 높게 설정하면 경쟁력을 잃을 수 있고, 너무 낮게 설정하면 수익이 줄어들 수 있기 때문에, 적정 가격을 설정하는 것이 중요하다. 할인 행사나 쿠폰 제공을 통해 가격을 유연하게 조정하고, 가격 경쟁력을 확보할 수 있다.

5. 고객 리뷰 관리

- 고객 리뷰는 매우 중요한 요소이다. 긍정적인 리뷰는 상품을 더 많이 팔리게 만든다. 리뷰 관리에 신경 써야 한다.
- 적극적인 응대: 고객이 질문하거나 리뷰를 남기면 빠르게 응답하고 문제를 해결하려는 자세를 보여준다.
- 좋은 리뷰 유도: 고객이 상품에 만족할 수 있도록 최선을 다해 서비스를 제공하고, 리뷰를 남기도록 유도한다. 부정적인 리뷰에 대해서도 성실히 답변하고, 문제를 해결하는 모습을 보여주면 오히려 고객 신뢰를 쌓을 수 있다.

6. 스폰서 광고 활용

- 스폰서 광고(Sponsored Ads)는 상품을 더 많은 고객에게 노출시키는 좋은 방법이다. 광고 예산을 설정하여 키워드 광고와 카테고리 광고를 집행할 수 있다. CPC(클릭당 비용) 광고를 사용하여 특정 키워드에 대한 검색결과에 광고를 노출시킬 수 있다. 광고를 잘 활용하면 상품이 더 많이 클릭되고, 그로 인해 매출도 증가할 수 있다.

7. 프로모션과 이벤트 활용

- 할인 이벤트와 쿠폰 제공을 통해 고객의 구매를 유도한다. 예를 들어, 특정 상품을 할인된 가격으로 제공하거나, 쿠팡 와우 회원에게 추가 혜택을 제공하는 방식이다. 한정된 기간 동안의 프로모션은 고객에게 상품을 구매하도록 유도하는 강력한 도구가 될 수 있다. 특별한 할인이나 이벤트를 정기적으로 진행하면 고객의 관심을 끌 수 있다.

8. 정확한 재고 관리

- 재고를 정확하게 관리하고, 품절 상태를 방지해야 한다. 고객이 구매할 때 원하는 상품이 품절이면 다른 상품으로 전환되거나 구매를 포기할 수 있기 때문에 재고 관리는 매우 중요하다.
- 자동 재고 관리 시스템을 설정하여 부족한 재고를 미리 보충할 수 있도록 해야 한다.

9. 배송비와 정책 최적화

- 무료 배송은 고객들이 많이 선호하는 옵션이다. 가능하다면 배송비를 상품 가격에 포함시켜 무료 배송을 제공하는 방식도 고려하는게 좋다. 배송 정책을 명확하게 설정하여 고객이 배송에 대한 불만을 가지지 않도록 한다. 배송 기간이나 반품 정책을 명확히 안내해야 신뢰를 얻을 수 있다.

10. 트렌드 파악과 제품 업데이트

- 시장과 고객의 트렌드를 파악하고 주기적으로 상품 라인업을 업데이트해야 한다. 유행하는 상품이나 계절적인 상품을 빠르게 반영하면 더 많은 고객을 끌어들일 수 있다. 고객들이 자주 찾는 상품군에 집중하고, 트렌드에 맞는 신상품을 추가하여 경쟁력을 높인다.

수익자 리뷰

1. 상품을 잘 선택한 경험담

- "쿠팡 마켓플레이스에 처음 입점한 후, 어떤 상품을 팔아야 할지 고민이 많았어요. 하지만, 제가 실제로 사용하고 좋아하는 제품을 선택하고, 그 제품에 대한 자세한 설명과 고객의 요구를 반영하니 매출이 빠르게 늘었어요. 가장 중요한 건 제품에 대한 진심 어린 열정과 고객의 문제를 해결하려는 마음이에요. 주력 상품을 선정하고, 꾸준히 제품을 개선해 나가면서 안정적인 수익을 얻었어요."
"판매를 시작하면서 니치 마켓을 타겟으로 한 제품을 찾았어요. 내가 잘 아는 분야, 고객들이 정말 원하는 제품을 제공하는 것이 가장 중요하다는 걸 깨달았어요. 경쟁이 적고, 특화된 제품을 찾는 것이 돈을 벌 수 있는 핵심이었어요."

2. 로켓배송을 활용한 판매 전략

- "로켓배송을 도입하고 나서부터 매출이 급증했어요. 고객들이 빠른 배송을 선호하는 경향이 분명했고, 그 덕분에 제 상품이 눈에 띄게 늘었어요. 특히, 쿠팡 와우회원 대상으로 로켓배송을 제공하면 고객 충성도도 높아졌어요. 로켓배송을 통해 배송 속도와 고객 경험을 극대화할 수 있었고, 그 결과 리피트 고객이 많아졌어요." "로켓배송을 통해 배송의 품질을 높여서 고객의 만족도를 올릴 수 있었어요. 빠른 배송 덕분에 반품률도 낮아졌고, 매출 상승에 직접적인 영향을 미쳤어요. 물론 물류비용이 발생하지만, 그만큼 로켓배송의 장점이 크다고 느꼈어요."

3. 스폰서 광고 활용한 성공 사례

- "쿠팡 마켓플레이스의 스폰서 광고를 통해 제품의 노출을 크게 늘릴 수 있었다. 처음에는 조금 부담스러웠지만, 광고 예산을 잘 설정하고 CPC를 조절하며 광고

| 사진 & 동영상 | 창작물 & 앱 | 디자인 & 이모티콘 | 컨텐츠 | 블로그 | SNS | **쇼핑몰** | 글 & 그림 | 교육 & 방송 |

효과를 최적화했더니 판매량이 증가했다. 특히 타겟 키워드를 잘 설정하고 광고를 지속적으로 운영하니, 광고를 진행한 후 구매 전환율이 확연히 올랐다." "스폰서 광고는 초기 투자가 필요하지만, 판매가 빠르게 증가하는 효과를 보고 나서 매우 만족하고 있다. 검색 상위 노출을 노리며 광고를 집행하니, 초기에 판매량 증가를 실감할 수 있었다. 특히, 쿠팡의 광고 시스템은 효율적으로 광고비를 조정할 수 있어, ROI가 좋았다."

4. 고객 관리와 리뷰 유도

- "처음엔 어떻게 고객 리뷰를 유도할지 몰라서 고민했어요. 하지만 고객에게 정확한 정보를 제공하고, 배송 후 추가 문의를 하면서 고객의 신뢰를 얻었더니, 자연스럽게 좋은 리뷰가 많이 달렸어요. 고객이 리뷰를 남기면 반드시 감사 인사를 전하고, 후속 조치를 잘하는 게 중요하다는 걸 깨달았어요. 좋은 리뷰가 더 많은 구매 전환으로 이어졌어요." "고객의 리뷰는 정말 중요해요. 긍정적인 리뷰는 상품을 판매하는 데 큰 영향을 미쳐요. 저는 리뷰 요청 메시지를 정기적으로 보내고, 고객이 문제를 겪을 때 빠르게 대응하려고 했어요. 그 결과, 리뷰 점수가 높아지고 구매자 신뢰도도 증가했어요. 매출도 자연스럽게 따라왔어요."

24 아마존 Amazon

아마존은 어떤 곳인가요?

아마존(Amazon)은 전 세계에서 가장 큰 온라인 쇼핑몰이자 클라우드 컴퓨팅 서비스 제공업체로, 1994년 제프 베조스(Jeff Bezos)가 창립한 미국의 기업이다. 아마존은 전자상거래를 중심으로, 클라우드 서비스(AWS, Amazon Web Services), 디지털 스트리밍 서비스(Prime Video), 전자책(E-Book) 플랫폼(Kindle), 인공지능(Alexa) 등 다양한 사업 영역을 확장하고 있다.

주요 특징과 서비스

1. **전자상거래 플랫폼**
   - 아마존은 온라인 마켓플레이스를 운영하며, 전 세계에서 판매자와 구매자가 상품을 거래할 수 있는 플랫폼을 제공한다. 고객은 전자제품, 의류, 도서, 식품, 가전제품 등 다양한 상품을 구매할 수 있다.

2. **아마존 프라임 (Amazon Prime)**
   - 아마존은 프리미엄 회원 서비스인 아마존 프라임을 제공하며, 프라임 회원은 무료 빠른 배송, 아마존 오리지널 콘텐츠가 포함된 Prime Video, Prime Music 등의 혜택을 누릴 수 있다.

3. **아마존 웹 서비스 (AWS, Amazon Web Services)**
   - AWS는 클라우드 컴퓨팅 서비스로, 기업들에게 서버, 데이터베이스, 스토리지, 머신러닝 및 인공지능(AI) 등을 제공하며, 아마존의 주요 수익원 중 하나이다. AWS는 다양한 기업들이 IT 인프라를 구축하는 데 필요한 클라우드 서비스를 제공한다.

4. **디지털 콘텐츠 제공**
   - 아마존은 디지털 콘텐츠 분야에서도 활발히 활동하고 있다. Prime Video는 영화 및 TV 프로그램을 스트리밍할 수 있는 서비스이며, Kindle을 통해 전자책을 판매하고, Audible을 통해 오디오북 서비스를 제공한다.

5. **아마존 기기**
   - 아마존은 Alexa를 기반으로 한 스마트 스피커, Echo 시리즈를 제공하며, Fire TV나 Kindle 전자책 리더기와 같은 다양한 전자 기기를 출시하여, 자체 생태계를 구축하고 있다.

수익화 단계별 가이드

1. 상품 판매 (Amazon Seller Central)

1) 아마존 셀러 계정 만들기
- Amazon Seller Central에 가입하여 셀러 계정을 생성한다. 계정 종류에는 개인 계정과 전문 계정이 있으며, 판매할 상품의 수가 많다면 전문 계정으로 가입하는 것이 좋다.

2) 판매할 제품 선정
- 제품 리서치: 아마존의 베스트셀러 목록이나 트렌드를 참고하여 사람들이 많이 찾는 제품을 선택한다. 경쟁이 적고, 수익성이 높은 제품을 찾는 것이 중요하다.
- 공급업체 찾기: 제조업체나 도매업체를 찾아 제품을 구매하거나 중국 알리바바 등에서 도매 제품을 구매해 판매할 수 있다.

3) 제품 등록 및 리스팅 최적화
- 제품을 Amazon Seller Central에 등록한다. 제품명, 설명, 가격, 배송 옵션 등을 입력해야 한다.
- SEO 최적화: 아마존의 검색 알고리즘에 맞춰 제품 제목과 설명에 키워드를 적절히 넣어야 한다. 고화질 이미지와 상세한 설명이 중요한 요소이다.

4) FBA(풀필먼트 바이 아마존) 활용
- 아마존의 FBA (Fulfillment by Amazon) 서비스를 활용하면, 아마존이 재고 관리, 포장, 배송, 고객 서비스까지 처리해 줍니다. 이를 통해 시간과 노력을 절약할 수 있다.

5) 마케팅 및 프로모션
- 스폰서 광고: 아마존 내부 광고 시스템을 활용하여 제품을 광고하고 노출을 증가시킨다. 스폰서 제품, 스폰서 브랜드 등 다양한 광고 형태가 있다. 프라임 데이나 블랙 프라이데이와 같은 쇼핑 시즌을 활용한 프로모션도 고려해야 한다.

6) 고객 리뷰 관리
- 긍정적인 고객 리뷰를 확보하는 것이 중요하다. 리뷰를 관리하고, 고객의 피드백을 반영하여 제품을 개선하면 더 많은 구매를 유도할 수 있다.

2. 아마존 어필리에이트 마케팅 (Amazon Associates)

1) 아마존 어필리에이트 계정 만들기
- Amazon Associates 프로그램에 가입하여 어필리에이트 계정을 만든다. 가입

후, 자신이 운영하는 웹사이트나 블로그, SNS에서 아마존 제품을 홍보할 수 있는 링크를 생성할 수 있다.

2) 홍보할 제품 선정
- 블로그나 SNS 계정에서 주제를 정한 후, 관련된 아마존 제품을 선택하여 홍보한다. 예를 들어, IT 블로그라면 전자기기를 홍보하거나, 패션 블로그라면 의류나 액세서리를 추천할 수 있다.

3) 홍보 콘텐츠 작성
- 제품에 대한 리뷰, 추천 리스트, 사용 팁 등을 제공하는 콘텐츠를 작성한다. 클릭 유도형 배너나 텍스트 링크를 활용하여 아마존으로 유입을 유도한다.

4) 트래킹 및 수익 분석
- 아마존 어필리에이트 대시보드에서 클릭수와 매출을 분석하고, 어떤 콘텐츠가 가장 효과적인지 확인한다. 더 많은 트래픽을 유도할 수 있는 전략을 계속 수정한다.

3. 전자책 출판 (Amazon Kindle Direct Publishing, KDP)

1) KDP 계정 만들기
- Kindle Direct Publishing (KDP)에 가입하여 전자책 출판 계정을 생성한다. 계정을 생성한 후, 출판할 책을 등록한다.

2) 전자책 작성
- 전자책을 Word나 Google Docs로 작성한다. 전자책의 표지와 내용을 신경 써서 디자인하고, Kindle에 맞는 포맷으로 변환한다.

3) 책 등록 및 판매 시작
- 전자책 제목, 카테고리, 가격을 설정한 후, KDP 플랫폼에 책을 등록한다. 가격 설정 시, 30% 또는 70% 로열티 옵션을 선택할 수 있다.

4) 마케팅 및 홍보
- 책을 출판한 후에는 SNS, 블로그, 저자 웹사이트 등을 통해 책을 홍보한다. 아마존 광고나 프리미엄 리뷰 등을 활용하여 책의 노출도를 높일 수 있다.

4. 아마존 광고 활용 (Amazon Ads)

1) 아마존 광고 계정 만들기
- Amazon Ads 계정을 만들어 광고 캠페인을 설정한다. 광고 유형에는 스폰서드 제품 광고, 스폰서드 브랜드 광고, 디스플레이 광고 등이 있다.

2) 광고 캠페인 설정
- 스폰서드 제품은 특정 제품에 대해 광고하는 방식이며, 스폰서드 브랜드는 브랜드를 홍보하는 광고이다. 광고 예산과 기간을 설정하고, 타겟 고객을 지정한다.

3) 분석 및 최적화
- 광고 대시보드를 통해 성과를 추적하고, 어떤 광고가 효과적인지 분석하여, 광고 예산을 최적화한다.

5. 아마존 핸드메이드 (Amazon Handmade)

1) 아마존 핸드메이드 계정 만들기
- Amazon Handmade에 가입하여 수제 제품을 판매할 수 있는 계정을 만든다. 제품 카테고리에 맞춰 창작물을 등록한다.

2) 제품 사진과 설명 작성
- 고품질 이미지와 상세한 설명을 작성하여 제품을 매력적으로 만든다. 핸드메이드 제품의 특성상 고객이 신뢰할 수 있도록 제품의 제작 과정 등을 강조하는 것이 좋다.

3) 제품 가격 설정
- 시장 경쟁을 고려하여 합리적인 가격을 설정한다. 가격을 너무 높게 책정하면 경쟁력이 떨어지므로 적절한 마진을 고려해야 한다.

4) 마케팅 및 프로모션
- 아마존 핸드메이드 내에서 자신의 제품을 광고하거나, SNS에서 홍보하는 방법으로 제품 노출을 증가시킬 수 있다.

TIP

1. 아마존 셀러 계정 활용 (Amazon Seller Central)

TIP 1: 시장 조사 철저히 하기

- 아마존 베스트셀러 목록을 살펴보는게 좋다. 인기 있는 카테고리나 제품을 확인하여, 어떤 제품이 시장에서 잘 팔리는지 알아본다. 경쟁 분석을 통해 가격과 제품 차별화 요소를 고려한다. 가격 경쟁이 심한 카테고리에서는 더 창의적인 마케팅이나 제품 개선이 필요할 수 있다.
- 키워드 리서치: 아마존에서 사람들이 검색하는 인기 키워드를 분석하여, 이를 제품 제목, 설명, 검색 태그에 반영한다.

TIP 2: FBA (Fulfillment by Amazon) 사용하기
- FBA를 이용하면 재고 관리, 포장, 배송, 고객 서비스 등을 아마존이 대신 처리해주기 때문에 시간을 절약하고 고객 서비스 품질도 높일 수 있다. 특히 Prime 회원을 대상으로 한 판매는 빠른 배송과 프라임 혜택을 누릴 수 있어 경쟁력이 높다.

TIP 3: 광고 활용하기
- 아마존 내에서 제품 노출을 높이기 위해 스폰서드 제품 광고를 활용해야 한다. 아마존의 광고 시스템은 클릭당 비용(CPC)을 지불하는 방식이므로, 광고 효과를 정확히 분석하고 최적화할 수 있다. 스폰서드 브랜드 광고를 통해 브랜드나 특정 카테고리를 홍보하고, 스폰서드 디스플레이 광고로 고객의 관심을 끌어낸다.

TIP 4: 고객 리뷰 확보하기
- 고객 리뷰는 제품 판매에 매우 중요한 역할을 한다. 긍정적인 리뷰를 얻기 위해서는 고객에게 만족스러운 제품 경험을 제공하고, 리뷰를 남겨달라고 정중하게 요청해야 한다. 좋은 리뷰는 신뢰도를 높여주며, 검색 랭킹에 도움이 된다.

2. 아마존 어필리에이트 마케팅 (Amazon Associates)

TIP 1: 타겟 맞춤형 콘텐츠 생성
- 자신이 운영하는 블로그나 SNS 채널에 타겟 맞춤형 콘텐츠를 제작하여 제품을 추천한다. 예를 들어, 전자기기 리뷰 블로그에서 관련 제품을 홍보하거나, 패션 관련 콘텐츠에서 특정 브랜드를 추천할 수 있다. 콘텐츠는 사용 후기나 비교 분석을 통해 독자들에게 실질적인 정보를 제공하는 것이 좋다.

TIP 2: 고급형 콘텐츠 만들기
- 어필리에이트 마케팅에서는 믿을 수 있는 추천이 중요하다. 따라서 상세한 리뷰, 비교 분석, 사용 팁 등을 제공하여 방문자의 신뢰를 얻는 것이 필요하다. 예를 들어, 특정 제품의 언박싱 영상, 사용법 영상 등을 통해 제품에 대한 관심을 유도하고 구매로 이어질 수 있도록 유도한다.

TIP 3: 링크 최적화
- 아마존 어필리에이트 링크는 적절하게 배치해야 클릭률이 높아진다. 자연스럽게 본문에 링크 삽입하거나, 배너 광고를 활용하여 제품을 홍보해야 한다. 클릭 유도형 텍스트나 하이퍼링크 등을 활용하여 링크를 클릭하도록 유도한다.

TIP 4: 스마트폰 사용자를 타겟팅
- 모바일 사용자들이 점점 늘어나고 있으므로 모바일 최적화된 콘텐츠를 제작하고, 모바일에서 쉽게 클릭할 수 있는 링크나 배너를 배치하는 것이 중요하다.

3. 전자책 출판 (Amazon Kindle Direct Publishing, KDP)

TIP 1: 자신의 전문성 활용

- 자신의 전문성이나 경험을 바탕으로 전자책을 출판하면, 타겟 독자층을 잘 공략할 수 있다. 예를 들어, 자신이 잘 아는 분야에서 가이드북이나 How-to 책을 출판할 수 있다. 짧고 강렬한 전자책을 제작하여 빠르게 판매할 수 있다. 책은 50~100페이지 정도로 간결하고 실용적인 정보 위주로 작성하는 것이 좋다.

TIP 2: 키워드와 카테고리 선정

- 전자책을 출판할 때 키워드를 잘 선정해야 한다. Amazon KDP에 책을 등록할 때, 관련 키워드를 넣어 책을 쉽게 찾을 수 있도록 하고, 인기 있는 카테고리를 선택하여 노출도를 높이는게 좋다.

TIP 3: 표지 디자인 중요

- 전자책의 표지는 첫인상과도 같기 때문에 프로페셔널하게 디자인된 표지를 사용해야 한다. 고급스러운 느낌을 주거나 독자의 관심을 끌 수 있는 표지 디자인을 선택해야 한다. Canva나 Adobe Spark와 같은 무료 툴을 사용하여 표지를 디자인할 수 있다.

TIP 4: 프로모션 활용

- KDP Select에 가입하여 무료 프로모션을 진행하거나, 할인 프로모션을 통해 책의 노출을 늘리고 구매를 유도할 수 있다.

4. 아마존 핸드메이드 (Amazon Handmade)

TIP 1: 고품질 이미지 사용

- 핸드메이드 제품은 품질과 디자인이 중요하기 때문에 고화질 이미지를 사용해 제품을 선보이세요. 다양한 각도에서 찍은 이미지와 상세한 설명을 포함시키는 것이 좋다.

TIP 2: 차별화된 제품 개발

- 핸드메이드 제품은 개성이 중요한 만큼, 시장에서 이미 많이 팔리고 있는 제품과 차별화된 디자인을 제공해야 한다. 제품의 개별성이나 창의성을 강조하는 것이 중요하다.

TIP 3: SNS 홍보

- 아마존 핸드메이드 제품을 홍보하기 위해 SNS를 적극적으로 활용해야 한다. Instagram, Pinterest 등을 통해 핸드메이드 제품을 스타일링하여 노출시키는 것이 좋다. 해시태그를 적절히 활용하여 타겟 고객에게 노출을 높이고, 상품의 신뢰도를 높이는게 좋다.

5. 아마존 광고 활용 (Amazon Advertising)

TIP 1: 스폰서드 광고 활용
- 스폰서드 제품 광고를 통해 자신의 제품을 직접적으로 홍보할 수 있다. 광고 효과를 추적하고, 클릭 수와 판매 전환율을 분석하여 광고 예산을 효율적으로 운영할 수 있다. 키워드 타겟팅을 통해 관심 있는 고객층에게 광고를 노출시킬 수 있다.

TIP 2: 타겟 고객 세분화
- 광고 타겟을 세분화하여, 특정 고객층을 정확히 공략할 수 있다. 예를 들어, 성별, 연령대, 구매 패턴에 따라 세밀하게 타겟팅하는 것이 중요하다.

TIP 3: 리타게팅 광고
- 아마존 광고는 리타게팅 기능을 제공하므로, 이미 당신의 제품을 본 사용자들에게 다시 광고를 노출시켜 구매 전환을 높일 수 있다.

수익자 리뷰

1. "아마존 셀러로 성공한 경험" - 김재성
   - "아마존 셀러로 첫 시작은 어렵게 느껴졌지만, 시장 조사를 철저히 하면서 점점 안정적인 판매를 할 수 있었다. 경쟁 제품을 분석하고, FBA(풀필먼트 바이 아마존) 서비스를 이용해 물류와 배송을 아마존에 맡기면서 판매에 집중할 수 있었다. 가장 중요한 건, 고객 서비스에 항상 신경을 쓰고, 제품에 대한 긍정적인 리뷰를 쌓는 것이었다. 이를 통해 제 제품이 아마존에서 점점 더 많은 노출을 얻게 되었고, 결국은 첫 해에 $10,000 이상을 벌 수 있었다."

2. "아마존 어필리에이트 마케팅으로 첫 수익을 올린 이야기" - Sarah B.
   - "블로그를 운영하면서 아마존 어필리에이트 마케팅을 시작했어요. 처음에는 작은 수익이었지만, 주제별로 키워드를 세밀하게 연구하고, 인기 있는 제품들을 다루면서 점차 수익이 증가했다. 특히 제품 리뷰와 비교 글을 작성했는데, 독자들이 유용하다고 생각하고 클릭을 많이 해주었어요. 이 방식으로 한 달에 $1,000 이상을 벌게 되었고, 이제는 수익이 월 $3,000 이상으로 늘었어요. 키워드 리서치와 SEO 최적화가 정말 중요하다는 것을 느꼈어요."

3. "아마존 FBA로 연매출 $50,000 달성한 방법" - John M.
   - "처음에는 재고 관리와 배송이 어려웠지만, FBA 서비스를 이용하면서 큰 차이를 느꼈다. 제품을 신중히 고르고, 아마존의 트렌드에 맞춰 빠르게 제품을 출시했다. 그 후, 아마존 광고(스폰서드 제품 광고)를 활용하여 제품을 더 많은 사람

들에게 노출시켰다. 첫 해에는 약 $50,000을 벌었고, 그 후 두 번째 해에는 더 많은 제품을 출시하여 수익을 두 배로 늘릴 수 있었다. 중요한 건 시장의 변화에 빠르게 대응하는 것과 꾸준한 광고 투자였다."

4. **"아마존 KDP(Kindle Direct Publishing)로 전자책을 출판해 수익 얻은 방법"** – Mark T.

- "전문적인 책을 쓸 시간이 부족했지만, KDP로 간단한 가이드북을 출판하기 시작했어요. 처음에는 몇 달간 판매가 없었지만, 꾸준히 책의 품질을 개선하고 마케팅을 통해 점차 입소문이 나면서 매달 몇 백 달러씩 수익을 올리게 되었어요. 특히, 책의 제목과 설명에서 SEO를 고려한 키워드 삽입이 중요한 역할을 했고, 무료 프로모션을 통해 많은 독자들이 제 책을 접하게 되었어요."

25 쇼피 Shoppee, Shopee

쇼피는 어떤 곳인가요?

쇼피(Shoppee, Shopee)는 동남아시아와 대만을 중심으로 인기 있는 온라인 쇼핑 플랫폼이다. Sea Group(구 Garena)라는 회사가 2015년에 설립했으며, 쇼피는 모바일 중심의 쇼핑 플랫폼으로, 사용자들이 쉽게 상품을 구매하고 판매할 수 있도록 지원한다. 현재는 동남아시아 여러 나라와 대만, 브라질, 멕시코 등 일부 국가에서 빠르게 확장되고 있다. 쇼피는 다른 글로벌 전자상거래 플랫폼들과 유사하게 온라인 마켓플레이스를 제공하며, 사용자는 쇼피 내에서 상품을 검색하고 구매할 수 있다. 또한, 셀러(판매자)는 쇼피 플랫폼을 통해 상품을 등록하고 판매할 수 있다. 쇼피의 특징적인 점은 모바일 앱에 최적화된 서비스 제공과, 저렴한 가격을 추구하는 점이다. 쇼피는 또한 다양한 프로모션, 할인, 무료 배송 등의 혜택을 제공하며, 사용자와 판매자 간의 상호작용을 더욱 활성화시키고 있다.

주요 특징

1. **모바일 중심의 플랫폼**
   - 쇼피는 모바일 앱을 통해 사용자가 쉽게 쇼핑할 수 있도록 설계되었다. 스마트폰을 사용한 쇼핑 경험에 최적화되어 있다.

2. **국제적인 마켓플레이스**
   - 쇼피는 동남아시아, 대만, 브라질, 멕시코 등 여러 국가에서 서비스를 제공하며, 다양한 언어와 화폐를 지원한다.
   - 무료 배송 및 할인 프로모션: 쇼피는 자주 할인 이벤트와 무료 배송 혜택을 제공하여 소비자들에게 매력적인 쇼핑 환경을 제공한다.

3. **간편한 결제 시스템**
   - 쇼피는 여러 결제 방식을 지원하며, 쇼피페이(ShopeePay)를 통해 결제하는 시스템도 제공하고 있다.

4. **판매자 지원 프로그램**
   - 쇼피는 판매자들에게 다양한 판매 도구와 마케팅 지원을 제공하여, 그들이 더 많은 고객을 유치하고 수익을 올릴 수 있도록 돕는다.

| 사진 & 동영상 | 창작물 & 앱 | 디자인 & 이모티콘 | 컨텐츠 | 블로그 | SNS | **쇼핑몰** | 글 & 그림 | 교육 & 방송 |

5. 쇼피 라이브
- 쇼피는 라이브 방송 기능을 도입하여, 판매자들이 실시간으로 제품을 소개하고 실시간 판매를 유도할 수 있도록 지원한다.

6. 고객 리뷰와 평점 시스템
- 구매한 상품에 대해 리뷰를 남길 수 있으며, 이는 다른 소비자들이 구매 결정을 내리는 데 도움을 준다.

7. 쇼피에서 판매자와 구매자가 얻을 수 있는 이점

판매자)
- 저렴한 수수료: 쇼피는 판매자에게 상대적으로 낮은 수수료를 부과하여, 다른 플랫폼들에 비해 판매자 부담이 적다.
- 간편한 상품 등록: 판매자는 상품을 빠르게 등록하고, 모바일 앱을 통해 관리할 수 있다.
- 쇼피의 마케팅 툴: 쇼피는 판매자에게 프로모션, 광고, 마케팅 도구를 제공하여 제품을 더 많은 사람들에게 알릴 수 있게 한다.

구매자)
- 다양한 상품: 쇼피는 전자제품부터 패션, 뷰티, 가전제품 등 다양한 카테고리의 상품을 한 곳에서 구매할 수 있는 플랫폼이다.
- 특가 할인과 쿠폰: 쇼피는 자주 할인 행사와 쿠폰을 제공하여, 구매자들이 더 저렴한 가격에 상품을 구입할 수 있다.
- 안전한 거래: 쇼피는 거래 중 발생할 수 있는 문제에 대해 고객 보호 정책을 운영하고 있어, 소비자들이 안심하고 쇼핑할 수 있다.

수익화 단계별 가이드

1. 쇼피에 판매자로 가입하기

1) 쇼피 계정 만들기
- 회원가입: 쇼피에서 돈을 벌려면 먼저 판매자로 가입해야 한다. 쇼피 웹사이트나 앱에서 "판매자 등록" 버튼을 클릭하여 계정을 생성한다.
- 사업자 등록: 사업자 등록이 필요한 경우, 관련 서류를 제출해야 할 수 있다. 하지만 일반적으로 개인 판매자로 시작할 수 있다.
- 계정 인증: 가입 후 이메일, 전화번호 등으로 인증 절차를 완료한다.

2) 판매자 대시보드 설정
- 스토어 이름과 로고 설정: 쇼피에서 나만의 스토어를 만들기 위해 스토어 이름과 로고를 설정한다. 브랜드 이미지를 잘 보여줄 수 있도록 심플하고 기억하기 쉬운 이름을 선택해야 한다.
- 스토어 정보 입력: 연락처, 배송 정보, 결제 정보 등을 설정한다. 결제 계좌는 수익을 받을 때 중요하므로 정확하게 입력해야 한다.

2. 상품 등록 및 관리

1) 상품 등록
- 제품 등록: 상품을 등록하려면 제품의 카테고리, 이름, 설명, 가격 등을 정확하게 입력해야 한다. 제품 설명은 상세하게 작성하고, 고객이 궁금해할 사항을 빠짐없이 기재해야 한다.
- 제목: 제품명을 정확하고 간결하게 작성한다. 가능한 한 키워드를 넣어 검색에 노출되도록 한다.
- 상세 설명: 고객이 쉽게 이해할 수 있도록 제품의 특징, 사용 방법, 장점 등을 설명한다.
- 가격 설정: 가격을 경쟁력 있게 설정해야 한다. 비슷한 카테고리의 다른 판매자들과 가격을 비교해 보는게 좋다.
- 사진 업로드: 고화질의 이미지와 여러 각도에서 찍은 사진을 업로드해야 한다. 제품 사진은 고객이 제품을 구매하는 데 중요한 영향을 미친다.

2) 재고 관리
- 재고 관리: 판매자의 대시보드에서 재고 수를 관리하고, 재고가 떨어지지 않도록 지속적으로 모니터링한다. 재고가 부족하면 고객의 주문을 받지 못할 수 있다.

3) 배송 설정
- 배송 옵션 설정: 쇼피는 다양한 배송 옵션을 제공한다. 기본 배송 방법을 선택하고, 무료 배송 이벤트나 할인 배송을 설정할 수 있다.
- 무료 배송: 많은 소비자들이 무료 배송을 선호하므로, 일정 금액 이상 구매 시 무료 배송을 제공하는 것이 효과적일 수 있다.
- 쇼피 물류(Fulfillment by Shopee, FBS): 쇼피에서 제공하는 물류 서비스를 이용하여 제품의 저장, 포장, 배송을 대신할 수 있다. 이 서비스는 시간과 비용을 절약하는 데 유리하다.

3. 판매 촉진 및 마케팅

1) 쇼피 광고 활용

- 스폰서드 광고: 쇼피에서는 광고 상품을 구매하여 상품을 노출시킬 수 있다. 스폰서드 광고를 활용하면 특정 키워드 검색 시 내 제품이 상단에 노출되게 할 수 있다.
- 배너 광고: 쇼피의 배너 광고를 활용하여 상품을 더 많은 사람에게 알릴 수 있다. 쇼피 내부에서 광고를 설정하고 예산을 설정하여 마케팅 캠페인을 진행한다.

2) 프로모션 활용

- 할인 행사 및 쿠폰 제공: 쇼피에서는 할인 쿠폰을 제공할 수 있다. 이를 통해 고객이 구매를 유도할 수 있다. 특정 기간 동안 할인율을 제공하거나, 첫 구매 고객에게 추가 할인을 제공하는 전략도 유효한다.
- 쇼피 라이브: 쇼피에서는 라이브 방송 기능을 통해 실시간으로 제품을 소개하고 판매할 수 있다. 이를 통해 실시간 상호작용을 유도하고 판매를 촉진할 수 있다.

3) 소셜 미디어 활용

- SNS 마케팅: 쇼피에서 판매하는 상품을 인스타그램, 페이스북, 틱톡 등 소셜 미디어에 홍보하여 외부에서 유입되는 고객을 늘릴 수 있다. 특히, 인플루언서 마케팅을 통해 제품을 더 널리 알릴 수 있다.
- 인플루언서와 협업: 인플루언서와 협업하여 제품을 홍보하고, 링크를 통해 쇼피 스토어로 유도할 수 있다.

4. 고객 관리 및 피드백

1) 고객 서비스

- 문의 응답: 고객이 제품에 대해 문의할 때 빠르게 응답해야 한다. 빠르고 친절한 서비스가 좋은 리뷰와 재구매를 이끌어낸다.
- 반품 및 교환 처리: 고객이 반품이나 교환을 요청할 경우, 정책을 명확하게 설정하고 신속히 처리하는 것이 중요하다. 이를 통해 고객 신뢰를 얻을 수 있다.

2) 리뷰 관리

- 리뷰 요청: 제품을 구매한 고객에게 리뷰를 남기도록 유도한다. 좋은 리뷰는 다른 고객의 구매 결정을 돕는다.
- 부정적인 리뷰 대응: 부정적인 리뷰가 있을 경우, 문제 해결을 위한 빠른 대응이 필요하다. 고객의 불만을 해결하려는 노력은 향후 신뢰를 쌓는 데 중요한 역할을 한다.

5. 성장 전략

1) 데이터 분석

- 판매 데이터 분석: 쇼피의 대시보드를 통해 판매 데이터를 분석하여 어떤 제품이 잘 팔리고, 어떤 제품이 인기가 없는지 파악할 수 있다. 이를 통해 재고를 조정하고 마케팅 전략을 최적화할 수 있다.
- 고객 행동 분석: 고객의 검색 패턴과 구매 행동을 분석하여 상품 목록을 최적화하고, 광고 전략을 개선한다.

2) 제품 라인 확장

- 신상품 출시: 판매가 잘 되는 카테고리나 제품을 기반으로 다른 유사한 제품을 추가로 출시할 수 있다. 이로 인해 더 많은 고객에게 접근할 수 있다.
- 특화된 제품 제공: 특정 니치 마켓을 공략하여 경쟁에서 우위를 점할 수 있다. 예를 들어, 특정 스타일의 의류나 독특한 액세서리 등을 제공하는 방법이다.

6. 추가적인 팁

- 쇼피 판매자의 교육 자료: 쇼피는 판매자들에게 판매 교육 및 세미나를 제공한다. 이를 활용하여 판매 기술을 향상시킬 수 있다.
- 고객의 의견을 반영: 고객의 피드백을 적극 반영하여 제품의 질을 개선하고, 고객 만족도를 높여야 한다.

TIP

1. 상품 목록 최적화

1) 키워드 리서치

- 타겟 고객의 검색 패턴을 이해하고, 효과적인 키워드를 사용해야 한다. 제품명을 작성할 때 검색되는 단어를 포함시키면 쇼피 내에서 검색 결과에 더 잘 노출된다. 예를 들어, "여성 청바지"보다 "여성 하이웨이스트 청바지"와 같은 구체적인 키워드를 사용할 수 있다.

2) 고품질 이미지 업로드

- 고화질 이미지는 고객에게 신뢰를 주며 구매를 유도한다. 여러 각도에서 찍은 사진을 사용하고, 배경을 깔끔하게 정리하는 것이 중요하다. 제품 상세 설명도 구체적으로 작성하여, 고객이 어떤 제품인지 명확히 이해할 수 있도록 도와주는 게 좋다.

3) SEO 최적화

- 쇼피의 검색 시스템은 SEO (Search Engine Optimization)에 기반하여 작동

한다. 제품 제목, 설명, 카테고리, 태그 등에 중요한 키워드를 반영해 SEO 최적화를 할 수 있다.

2. 가격 전략

1) 경쟁력 있는 가격 설정

- 쇼피에서는 가격 경쟁이 치열하다. 다른 판매자들과 비교하여 가격을 설정하는 것이 중요하다. 너무 비싸거나 저렴하면 구매 전환율에 영향을 미칠 수 있다. 할인 행사 및 쿠폰 활용: 쇼피에서는 특정 기간 동안 할인을 제공하거나, 쿠폰을 통해 추가 혜택을 제공할 수 있다. 이를 통해 더 많은 고객을 유도할 수 있다.

2) 쇼핑 시즌 활용

- 연말, 명절, 블랙 프라이데이, 세일 기간 등 쇼핑 시즌을 활용하여 특별 할인을 제공하거나, 마케팅을 강화해야 한다. 이러한 특별 이벤트 기간에 할인을 제공하면 더 많은 고객을 유입할 수 있다.

3. 효율적인 배송 관리

1) 무료 배송 제공

- 고객들은 무료 배송을 선호한다. 배송비를 무료로 제공하는 것은 구매 유도에 매우 효과적이다. 쇼피에서는 무료 배송 쿠폰을 제공할 수 있으므로, 이를 활용하여 혜택을 제공해야 한다.

2) 빠르고 안전한 배송

- 쇼피의 Fulfillment by Shopee (FBS) 서비스를 활용하면 상품의 저장, 포장, 배송을 쇼피 측에서 처리해 주기 때문에 시간이 절약된다. 이 서비스를 이용하여 물류 관리의 부담을 덜 수 있다. 배송 시간을 짧게 설정하는 것도 고객 만족도를 높이는 방법이다.

4. 쇼피 광고 활용

1) 스폰서드 광고 (Sponsored Ads)

- 쇼피 내에서 스폰서드 광고를 활용하여 제품을 상위에 노출시킬 수 있다. 광고 예산을 설정하고, 특정 키워드나 카테고리에서 제품이 더 많은 사람들에게 노출되도록 할 수 있다.

2) 프로모션 배너 광고

- 쇼피에서 제공하는 배너 광고 기능을 이용해 마케팅을 강화해야 한다. 배너 광고는 홈페이지나 카테고리 페이지 등에서 사용될 수 있다.

3) 쇼피 라이브 활용

- 쇼피의 라이브 방송을 통해 제품을 실시간으로 소개하고 판매할 수 있다. 라이

브 방송을 통해 실시간 소통을 하고, 고객들에게 특별 혜택을 제공할 수 있다. 이를 통해 빠른 시간 내에 더 많은 제품을 팔 수 있다.

5. 고객과의 관계 강화

1) 고객 서비스 제공
- 빠르고 친절한 고객 응대는 매우 중요하다. 고객이 제품에 대해 문의할 때, 즉시 답변하고 해결책을 제시하는 것이 신뢰를 쌓는 방법이다.

2) 리뷰 관리
- 좋은 리뷰는 판매를 증가시키는 중요한 요소이다. 구매 후 고객에게 리뷰를 남겨달라고 요청하고, 긍정적인 피드백을 얻을 수 있도록 노력해야 한다. 부정적인 리뷰가 있을 경우, 신속하고 성실하게 문제를 해결해 고객의 신뢰를 유지해야 한다.

3) 고객 충성도 프로그램
- 재구매 유도를 위해 적립 프로그램이나 할인 쿠폰을 제공할 수 있다. 고객이 다시 돌아오도록 유도하는 다양한 전략을 구상해 보는게 좋다.

6. 소셜 미디어 마케팅

1) 인플루언서 협업
- SNS 마케팅을 적극 활용해야 한다. 인스타그램, 페이스북, 유튜브 등의 플랫폼에서 인플루언서와 협업하거나, 자신만의 소셜 미디어 계정을 통해 쇼피 제품을 홍보할 수 있다. 제품 후기 콘텐츠나 언박싱 영상 등으로 관심을 끌 수 있다.

2) 타겟 마케팅
- 쇼피에서는 타겟 마케팅을 활용하여 특정 지역, 성별, 나이대, 관심사 등을 타겟으로 마케팅을 할 수 있다. 이를 통해 더 적합한 고객층을 공략할 수 있다.

7. 데이터 분석과 피드백 반영

1) 판매 데이터 분석
- 쇼피의 판매자 대시보드에서 제공하는 분석 툴을 활용하여, 어떤 제품이 잘 팔리고 어떤 제품이 덜 팔리는지 파악해야 한다. 이를 통해 잘 팔리는 제품을 강화하고, 덜 팔리는 제품은 마케팅을 개선하거나 가격을 조정할 수 있다.

2) 고객 피드백 반영
- 고객의 피드백을 적극적으로 반영하여 제품 품질을 개선하고, 더 나은 서비스를 제공해야 한다. 고객이 원하는 점을 반영하면 고객 만족도가 높아지고, 이는 반복 구매로 이어질 수 있다.

8. 기타 팁

1) 재고 관리
- 재고가 부족하지 않도록 재고를 정기적으로 확인하고, 인기 있는 제품은 미리 확보해야 한다. 재고 부족으로 인해 고객의 주문을 거부하는 일이 없도록 한다.

2) 트렌드 파악
- 시장에서 인기 있는 트렌드를 파악하고, 해당 트렌드에 맞는 제품을 빠르게 출시하는 것이 중요하다. 예를 들어, 계절에 맞는 제품이나 핫한 아이템을 빠르게 등록하는 것이 좋다.

3) 타사 판매 채널 활용
- 쇼피 외에도 다른 온라인 마켓플레이스(예: 쿠팡, 11번가, 옥션 등)에서 상품을 판매하여 유입되는 트래픽을 쇼피로 유도할 수 있다.

수익자 리뷰

1. 판매 경험이 좋은 쇼피 셀러 (A씨의 리뷰)
- "쇼피에 처음 입점했을 때, 모든 것이 새로운 도전이었지만, 이제는 매달 2,000,000원 이상을 벌고 있다. 처음에는 제품을 어떻게 노출시킬지, 마케팅은 어떻게 할지 걱정했는데, 쇼피의 스폰서드 광고와 무료 배송 쿠폰을 적극 활용한 결과 매출이 크게 늘었어요. 제품 설명을 SEO에 맞춰 잘 최적화하고, 좋은 이미지를 업로드하는 것이 중요하다는 걸 깨달았어요."

2. 꾸준히 판매하고 있는 셀러 (B씨의 후기)
- "저는 쇼피에서 6개월 동안 판매하고 있어요. 처음 3개월은 매출이 적었지만, 쇼피의 FBS 서비스를 이용하고, 상품의 리뷰를 관리하는 방법을 배운 후 매출이 급증했어요. 저는 주로 패션 아이템을 판매하고 있는데, 라이브 방송을 통해 고객들과 직접 소통하며 제품을 소개하니까 관심도 많고, 구매로 이어지는 비율이 높아졌어요."

3. 글로벌 셀러의 경험 (C씨의 리뷰)
- "쇼피에서 돈을 벌기 시작한 지 1년이 되었는데, 글로벌 시장에서 한국 제품에 대한 수요가 많다는 것을 알게 되었다. 저는 한국에서 생산한 뷰티 제품을 주로 판매하는데, 쇼피의 국제 배송 옵션 덕분에 해외 고객들에게도 쉽게 제품을 판매할 수 있었다. 특히 할인 이벤트와 패키지 판매 전략을 통해 큰 성과를 얻었다."

4. 초보 셀러의 후기 (D씨의 경험)
- "쇼피에 처음 입점했을 때는 판매가 거의 없어서 불안했지만, 제품 페이지 최적

화와 고객 리뷰 관리에 집중한 후부터 상황이 많이 달라졌다. 무료 배송 혜택과 기간 한정 할인으로 고객들의 관심을 끌 수 있었고, 지금은 꾸준한 재구매 고객이 생겨서 안정적인 수익을 올리고 있다."

디지털 노마드 33선

VIII. 글 & 그림

26. 웹소설

27. 브런치

28. 웹툰

#사진 & 동영상 #창작물 & 앱 #디자인 & 이모티콘 #컨텐츠
#블로그 #SNS #쇼핑몰 #글 & 그림 #교육 & 방송

디지털 노마드 33선

26 웹소설

웹소설이란 무엇인가요?

웹소설은 인터넷에서 연재되는 소설의 형태로, 디지털 미디어 플랫폼을 통해 제공되는 글쓰기 장르이다. 웹소설은 종이책이 아닌 온라인 플랫폼에서 연재되며, 주로 연재형식으로 일정한 기간을 두고 이야기가 이어진다. 일반적으로 무료로 제공되지만, 특정 부분에서 유료 결제를 통해 더 많은 내용을 읽을 수 있는 형식도 많다.

주요 특징

1. **연재 형식**
   - 웹소설은 종종 일정한 주기로 업데이트되며, 작가는 독자들의 반응을 실시간으로 확인하고 그에 맞춰 내용을 수정하거나 발전시킬 수 있다. 대개 매일, 매주 일정량의 분량을 연재하는 경우가 많다.

2. **다양한 장르**
   - 웹소설의 장르는 매우 다양하다. 대표적인 장르로는 판타지, 로맨스, 학원물, 역사, SF, 무협, 게임/웹툰 기반 소설 등이 있다. 최근에는 웹툰이나 게임을 원작으로 한 소설들도 많이 등장하고 있다.

3. **유료화 모델**
   - 일부 웹소설은 처음에는 무료로 제공되며, 이후에 중간 부분부터 유료화되거나 선택적인 유료 결제 모델로 전환된다. 예를 들어, '회차별 결제', '미리보기' 형식으로 제공되고, 스톤 또는 캐시를 이용해 추가적인 내용을 열람할 수 있는 방식이 일반적이다.

4. **독자와의 상호작용**
   - 웹소설은 독자들의 피드백을 실시간으로 받을 수 있어 작가와 독자 사이의 상호작용이 중요한 특징이다. 독자들은 댓글을 통해 이야기에 대한 의견을 주고, 작가는 이를 바탕으로 이야기를 수정하거나 확장할 수 있다. 이로 인해 팬덤이 형성되는 경우도 많다.

5. **웹소설 플랫폼**
   - 웹소설은 특정 플랫폼을 통해 연재된다. 대표적인 웹소설 플랫폼으로는 네이버 시리즈, 카카오페이지, 리디북스, 문피아, 조아라, 그리고 최근에는 네이버 웹소

설 등이 있다. 각 플랫폼은 독자들에게 편리한 읽기 환경과 결제 시스템을 제공하며, 작가들에게는 수익을 창출할 수 있는 기회를 제공한다.

장점

1. 접근성
- 인터넷이 연결된 곳이라면 언제 어디서나 웹소설을 읽을 수 있다. 스마트폰이나 PC에서 쉽게 접근할 수 있어 매우 편리한다.

2. 다양성
- 다양한 장르의 웹소설을 쉽게 접할 수 있기 때문에 각자의 취향에 맞는 소설을 선택할 수 있다.

3. 비용 효율성
- 일부 웹소설은 무료로 제공되며, 유료화된 부분도 상대적으로 저렴한 가격에 접근할 수 있다.

4. 글로벌 시장
- 웹소설은 해외에서 번역되어 다른 언어로도 제공되며, 이는 한국 웹소설 작가에게 글로벌한 독자층을 확보할 수 있는 기회를 제공한다.

5. 작가의 창작 자유도
- 웹소설은 작가가 자유롭게 창작할 수 있는 환경을 제공한다. 연재를 통해 지속적으로 이야기를 발전시켜 나갈 수 있고, 독자의 피드백을 받아 수정할 수 있어 창작의 자유도가 높다.

인기 있는 웹소설 플랫폼

- 네이버 시리즈: 네이버에서 제공하는 웹소설 플랫폼으로, 다양한 장르의 웹소설을 유료 및 무료로 제공하며, 인기 웹소설이 많다.
- 카카오페이지: 카카오에서 운영하는 웹소설 플랫폼으로, 회차별 결제 시스템을 제공하며, 다양한 인기 웹소설과 함께 웹툰, 만화 등 다양한 콘텐츠도 제공한다.
- 문피아: 무협 장르가 강세인 웹소설 플랫폼으로, 주로 무협 및 판타지 장르가 인기있다.
- 리디북스: 주로 전자책을 제공하는 리디북스에서는 웹소설도 연재되며, 다양한 장르를 제공하고 있다.

수익화 단계별 가이드

1. 웹소설 창작 준비

- 웹소설을 쓰기 전에 필요한 창작 준비 단계이다. 이 단계에서는 아이디어 구상부터 소재 선정까지 준비한다.

1) 아이디어 구상

- 장르 선정: 어떤 장르의 웹소설을 쓸지 결정해야 한다. 판타지, 로맨스, 무협, 학원물, 역사, SF 등 다양한 장르가 있다. 웹소설 플랫폼에서 인기 있는 장르를 참고하되, 자신이 잘 다룰 수 있는 분야로 선택하는 것이 좋다.
- 독창적인 이야기: 웹소설은 많은 작품들이 있기 때문에 독창성이 중요하다. 기존의 인기 있는 작품을 참고하되, 새로운 설정이나 아이디어를 넣어 차별화를 꾀해야 한다.
- 캐릭터 설정: 매력적인 캐릭터들이 등장하는 이야기가 독자들에게 인기를 끌기 쉽다. 주요 등장인물의 성격, 외모, 목표 등을 잘 설정해야 한다.
- 스토리의 흐름: 웹소설은 연재되기 때문에 스토리의 전개가 중요하다. 첫 번째 회차에서 독자의 관심을 끌 수 있도록 강렬한 시작을 하되, 점차적인 이야기 전개로 독자들을 유지할 수 있어야 한다.

2) 플롯 작성

- 웹소설을 연재하는 동안 플롯을 미리 구상하는 것이 중요하다. 매 회차마다 어떤 내용을 다룰지, 클리셰나 반전을 어떻게 활용할지 고민해야 한다. 연재 기간에 따라 중간 중간 스토리의 전개나 캐릭터 변화에 대한 계획을 세워두는게 좋다.

3) 글쓰기 습관

- 규칙적인 연재를 위해 글쓰기 습관을 들이는게 좋다. 하루에 정해진 분량을 쓰는 것이 중요하다. 초반에는 분량이 적어도 무리 없이 연재할 수 있지만, 후반에 가면 내용이 더 복잡해지고 분량도 많아지기 때문에 일관된 연재 계획이 필요하나.

2. 웹소설 플랫폼 선택

- 웹소설을 연재할 플랫폼을 선정해야 한다. 각 플랫폼마다 운영 정책과 수익화 방식이 다르기 때문에 이를 잘 파악하고 선택하는 것이 중요하다.

1) 인기 플랫폼 선택

- 네이버 시리즈: 다양한 장르와 유료화 모델을 제공하며, 넓은 독자층을 보유한 플랫폼이다.

- 카카오페이지: 주로 유료 회차 결제 시스템을 채택하고 있으며, 웹소설과 웹툰의 인기가 높다.
- 문피아: 무협, 판타지 장르가 강세이며, 이 플랫폼은 무협 소설 작가에게 적합하다.
- 조아라: 주로 로맨스 장르와 판타지 소설이 인기를 끌고 있다.
- 리디북스: 전자책과 웹소설을 모두 제공하는 플랫폼으로, 웹소설 전자책화 가능성도 있다.

2) 플랫폼의 특성 이해
- 각 플랫폼의 수익화 모델을 잘 파악해야 한다. 예를 들어, 카카오페이지는 회차별 유료화 시스템을 사용하고, 네이버 시리즈는 초반 무료, 후반 유료화하는 방식이다. 작가로서 적합한 플랫폼을 선택해야 한다.

3. 유료화 전략 설정
- 웹소설에서 수익을 얻기 위해서는 유료화 전략을 잘 설정해야 한다. 웹소설의 수익화 모델은 대체로 회차별 결제, 전자책 판매, 광고 등을 포함한다.

1) 회차별 결제 모델
- 웹소설의 대부분은 유료화된다. 무료로 일부 회차를 제공하고, 이후 회차부터 유료 결제 모델을 채택한다. 각 회차에 대해 독자들이 결제 후 읽기 형식이다. 초반에 무료로 시작하여 팬층을 형성하고, 점차 유료화된 회차를 판매하는 것이 일반적이다.

2) 전자책 판매
- 연재가 일정 분량 이상 이루어지면, 전자책으로 묶어서 판매할 수 있다. 이를 통해 웹소설 전자책을 구매하는 독자들을 통해 추가적인 수익을 올릴 수 있다. 전자책을 출판하는 플랫폼으로는 리디북스, 교보문고, 알라딘 등이 있다.

3) 광고 수익
- 일부 웹소설 플랫폼에서는 광고 수익을 공유하는 모델이 있다. 웹소설을 무료로 제공하되, 광고 수익을 통해 수익을 올리는 방식이다.

4) 작가 지원 프로그램
- 인기 있는 작가는 플랫폼에서 제공하는 작가 지원 프로그램에 참여할 수 있다. 예를 들어, 카카오페이지에서는 최고의 작가에게 지원금을 제공하는 등 다양한 혜택을 제공하고 있다.

4. 독자와의 소통 및 피드백 활용
- 웹소설은 독자와의 소통이 매우 중요한 요소이다. 댓글을 통해 독자들과 피드백을 주고받으며 작품을 개선하고, 독자의 반응을 실시간으로 반영하는 것이 유리하다.

1) 댓글과 피드백

- 독자들은 종종 댓글을 통해 이야기의 전개 방향이나 캐릭터에 대한 의견을 남긴다. 이를 통해 독자의 요구를 반영하거나, 이야기의 흐름을 조정할 수 있다. 하지만 너무 많은 피드백을 반영하다 보면 원래의 플롯과 맞지 않을 수 있으므로, 자기만의 스타일을 유지하는 것이 중요하다.

2) 팬층 형성

- 독자들과의 관계를 중요하게 생각하고, 팬층을 만들기 위해 노력해야 한다. 일정한 연재 주기와 안정적인 콘텐츠 제공을 통해 팬들을 얻을 수 있다.

5. 꾸준한 마케팅과 프로모션

- 웹소설의 성공을 위해서는 꾸준한 마케팅과 프로모션이 필요하다.

1) 소셜 미디어 활용

- 인스타그램, 트위터, 유튜브 등을 활용하여 자신의 웹소설을 홍보하고 팔로워를 확보해야 한다. 독자들이 소셜 미디어에서 웹소설에 대한 리뷰를 남기게 유도하거나, 홍보 이벤트를 개최할 수도 있다.

2) 이벤트와 기획

- 특정 기념일이나 웹소설의 주요 전개에 맞춰 이벤트를 진행하거나, 독자들에게 혜택을 제공하여 참여를 유도할 수 있다.

6. 지속적인 작품 개선

- 독자들의 피드백을 적극적으로 반영하여 작품을 꾸준히 개선해야 한다. 더 많은 독자들이 지속적으로 읽고 싶어하는 내용으로 발전시킬 수 있다. 작품이 성공적으로 끝난 후에도 후속작이나 스핀오프 등의 연장 작업을 고려할 수 있다.

> TIP

1. 매력적인 웹소설 아이디어 구상

- 웹소설로 돈을 벌기 위해 가장 중요한 것은 독자의 관심을 끌 수 있는 독창적인 이야기이다. 이를 위해서는 다음과 같은 아이디어를 고려할 수 있다.

1) 인기 장르의 선택

- 웹소설에서 인기 있는 장르는 로맨스, 판타지, 무협, 현대물, 역사 등이다. 하지만 너무 흔한 주제에 얽매이지 말고 차별화된 설정이나 독특한 소재를 결합하는 것이 중요하다. 예를 들어, 현대적인 로맨스에 판타지 요소를 추가하거나, 판타지 세계에서의 사랑 이야기를 다룰 수 있다. 그리고 전통적인 무협 소설에 현대적인 설정을 결합하는 등의 혼합 장르를 고려하는게 좋다.

2) 강력한 캐릭터 설정
- 웹소설의 주인공과 주요 캐릭터는 독자들에게 인상 깊게 남아야 한다. 매력적인 주인공을 설정하고, 그들의 목표와 갈등을 중심으로 이야기를 전개해야 한다. 캐릭터의 성격, 배경, 고유한 능력 등을 잘 설정하면 독자들이 몰입하기 쉽다.

3) 탄탄한 플롯과 전개
- 웹소설은 주로 연재 형태로 진행되기 때문에, 이야기의 전개가 중요하다. 초반에 흥미를 유발하고, 중반에는 갈등을 심화, 후반에는 클라max와 결말을 짜임새 있게 만들도록 계획한다. 회차별 반전을 넣어 독자들이 계속 읽게 만드는 것도 중요한 요소이다.

2. 유료화 전략 설정

1) 초반 무료, 후반 유료화
- 초반 몇 회차는 무료로 공개하고, 이후부터는 유료화 하는 방식이 일반적이다. 이렇게 하면 초반에 독자들이 쉽게 접근할 수 있고, 팬층을 형성한 후 유료화를 시작할 수 있다. 무료 회차가 많으면 독자들이 쉽게 접근할 수 있으며, 유료 회차에서 수익을 올릴 수 있다.

2) 회차별 유료화
- 연재되는 웹소설의 각 회차가 유료화 되는 경우가 많다. 인기 있는 웹소설 플랫폼(카카오페이지, 네이버 시리즈, 문피아 등)에서는 회차별 결제 시스템을 제공한다. 독자가 각 회차를 구매할 때마다 수익이 발생한다.

3) 전자책으로 전환
- 연재가 일정 분량이 쌓인 후에는 전자책으로 묶어서 판매할 수 있다. 리디북스, 교보문고, 알라딘 등 전자책 판매 사이트에서 추가 수익을 올릴 수 있다. 전자책으로 판매할 때는 전체적인 책의 퀄리티와 디자인에도 신경 써야 한다.

3. 독자 소통 및 마케팅 전략

1) 독자와의 소통
- 댓글과 피드백을 적극 활용해야 한다. 독자들이 댓글을 달 수 있도록 유도하고, 그들의 피드백을 바탕으로 이야기를 개선할 수 있다. 때로는 독자들이 제시하는 아이디어가 도움이 될 수 있다. 독자들에게 감사의 표시를 자주 해야 한다. 팬층이 생기면 그들과의 관계를 잘 유지하는 것이 중요하다. 팬들이 SNS에 자발적으로 홍보할 수 있도록 유도하는 것도 좋은 방법이다.

2) SNS 활용
- 자신의 웹소설을 홍보하기 위해 인스타그램, 트위터, 페이스북 등 소셜 미디어

를 적극 활용해야 한다. 소설의 일러스트나 캐릭터 스케치, 중요한 장면을 짧게 소개하는 포스트를 올리면 호기심을 유발할 수 있다. 홍보 이벤트를 열어 소셜 미디어에서 활동하는 팬들을 유도하는 것도 효과적이다.

3) 독자 참여 이벤트
- 퀴즈, 투표, 독자 참여형 이벤트를 통해 독자들이 스토리 전개에 참여하도록 유도해야 한다. 예를 들어, "다음 회차에서 어떤 일이 일어날까요?"와 같은 투표를 하면 독자들이 더욱 몰입하고 적극적으로 참여할 수 있다.

4. 꾸준한 업데이트와 일정 관리

1) 규칙적인 연재
- 웹소설은 대부분 연재 형식이기 때문에 꾸준한 업데이트가 중요하다. 매일 또는 주기적으로 일정한 분량을 정해두고 글을 쓰는 습관을 가져야 한다. 독자들은 연재 일정을 알고 기다리기 때문에 일정을 지키는 것이 중요하다.

2) 소설의 질 유지
- 양보다 질이 중요하다. 독자들이 단기적으로 많은 회차를 읽을 수 있지만, 질 높은 글쓰기가 지속되면 충성도 높은 독자를 얻을 수 있다. 글을 쓰는 과정에서 철저한 문법 점검과 스토리 플롯 점검을 거쳐야 한다.

5. 플랫폼 활용과 수익화 극대화

1) 플랫폼 선택의 중요성
- 웹소설을 연재할 플랫폼을 선택할 때 자신의 작품 장르와 맞는 플랫폼을 선택해야 한다. 예를 들어, 로맨스 장르는 카카오페이지가 좋고, 판타지나 무협은 문피아가 잘 맞을 수 있다. 각 플랫폼은 고유의 수익 모델이 다르기 때문에, 연재 조건, 수익 분배 등을 잘 파악한 후 선택하는 것이 중요하다.

2) 작가 지원 프로그램 활용
- 카카오페이지나 네이버 시리즈와 같은 대형 플랫폼은 인기 작가들에게 작가 지원 프로그램을 제공하는 경우가 많다. 이런 기회를 활용하면 더 많은 수익을 얻을 수 있다.

6. 후속 작품 및 추가 수익 모델

1) 후속작과 스핀오프
- 첫 작품이 성공적으로 끝난 후 후속작이나 스핀오프를 고려해 보는게 좋다. 독자들은 자신이 좋아했던 세계관에 대한 추가 이야기를 원할 수 있다. 예를 들어, 인기 캐릭터의 이야기를 따로 풀어내는 스핀오프나, 주인공이 성공적으로 끝난 후의 이야기를 다루는 후속작이 독자들에게 인기가 있을 수 있다.

2) 팬미팅과 굿즈 판매
- 독자들과의 오프라인 또는 온라인 팬미팅을 통해 추가적인 수익을 올릴 수 있다. 팬미팅이나 굿즈 판매는 팬층을 더욱 강화하는 데에도 도움이 된다.

7. 트렌드 파악과 업데이트
- 웹소설의 트렌드는 빠르게 변하기 때문에, 새로운 트렌드나 인기 있는 작품의 특성을 파악하는 것이 중요하다. 예를 들어, 웹소설 플랫폼에서는 종종 인기 장르나 인기 키워드를 제공하므로 이를 참고하여 트렌드에 맞는 이야기를 구상할 수 있다.

수익자 리뷰

1. "영역 확장과 독자와의 소통" – 한 인기 작가의 리뷰
- 작가 A는 웹소설 플랫폼에서 시작해 주요 온라인 출판사로 확장한 작가이다. 그는 웹소설을 처음 시작한 계기에 대해 다음과 같이 이야기한다. "웹소설을 시작한 이유는 단순한 취미였지만, 점차 독자들과의 소통이 중요하다는 것을 깨닫게 되었다. 초기에는 큰 수익을 기대하지 않았지만, 꾸준히 업데이트하고 독자들의 피드백을 반영하면서 점차 팬층을 형성할 수 있었다. 중요한 점은 독자와의 소통과 피드백을 빠르게 반영하는 것이다. 이를 통해 내 이야기가 사람들에게 어떻게 다가가는지를 알 수 있었고, 점차 수익도 늘었다."

2. "장기적인 계획과 시간 투자" – 꾸준히 성공을 거둔 작가
- 작가 B는 웹소설로 첫 수익을 올린 뒤, 그 수익을 바탕으로 더 많은 작품을 쓰기 시작한 작가이다. 그는 성공의 비결을 '장기적인 계획'에 두고 있다. "웹소설로 돈을 벌겠다는 목표를 가지고 시작했지만, 처음엔 정말 많은 시간이 들었다. 하루에 몇 천 원의 수익을 얻는 것이 전부였어요. 그러나 중요한 것은 꾸준함이다. 6개월을 넘어가면서 독자들이 점차 늘어나기 시작했고, 그때부터는 작품의 퀄리티와 스토리 라인을 한층 더 신경 썼어요. 웹소설을 쓰는 일이 직업처럼 느껴지기 시작한 것도 그때부터예요."

3. "장르 선택과 마케팅" – 전략적인 장르 선택
- 작가 C는 판타지 장르에서 웹소설로 큰 성공을 거둔 작가이다. 그는 "어떤 장르를 선택할 것인가"에 대해 중요성을 강조한다. "제가 처음 시작했을 때는 로맨스나 판타지 장르에서의 경쟁이 치열하다는 것을 알았어요. 그래서 더 많은 독자층을 타겟으로 한 독특한 설정이나 세계관을 만들어내려고 했어요. '장르의 트렌드'를 파악하고, 독자들이 좋아할만한 요소를 계속 넣으려고 노력했죠. 그 결과, 독자들이 더 많이 찾게 되었고 수익도 따라왔어요."

| 사진 & 동영상 | 창작물 & 앱 | 디자인 & 이모티콘 | 컨텐츠 | 블로그 | SNS | 쇼핑몰 | **글 & 그림** | 교육 & 방송 |

4. "비즈니스 모델과 플랫폼 선택" - 플랫폼을 활용한 수익 창출

- 작가 D는 여러 플랫폼에서 웹소설을 연재하며 수익을 얻은 작가이다. 그는 다양한 플랫폼을 활용하는 방식에 대해 설명한다. "처음에는 단일 플랫폼에서만 연재했으나, 점차 여러 플랫폼에 작품을 올리면서 수익이 급증했어요. 특히, 웹소설 연재 외에도 유료화 모델을 활용하여 독자들이 더 많은 콘텐츠를 구매하도록 유도했죠. 한편으로는 광고나 후원 시스템을 통해 추가 수익을 얻을 수 있었어요. 다양한 경로를 활용하는 것이 중요하다고 느꼈어요."

27 브런치 Brunch

브런치란 무엇인가요?

브런치(Brunch)는 네이버가 제공하는 글쓰기 및 콘텐츠 공유 플랫폼이다. 작가들이 자신의 글을 작성하고, 이를 다른 사람들과 공유하거나 수익화할 수 있는 공간을 제공한다. 브런치는 글을 온라인으로 자유롭게 발행할 수 있는 플랫폼으로, 글의 퀄리티와 독창성에 중점을 두고 있다. 사용자는 다양한 주제의 글을 정기적으로 게시하거나, 유료 콘텐츠를 통해 수익을 얻을 수 있다. 브런치의 주요 특징은 글쓰기에 집중할 수 있는 정제된 환경을 제공하고, 글을 정기적으로 발행하는 작가들에게는 수익화 기회를 제공한다는 점이다. 또한, 브런치는 기존의 블로그와는 달리 시각적인 디자인이나 편집 기능에 신경을 써서 글 자체에 집중할 수 있게 만들어졌다.

주요 기능, 특징, 장·단점

1. 브런치의 주요 기능 및 특징

1) 글쓰기 및 발행
- 브런치에서는 사용자가 자유롭게 글을 작성하고 발행할 수 있다. 글을 테마에 맞춰 작성하고, 일정 주제로 연재 형식으로 콘텐츠를 올릴 수도 있다. 글의 형식이나 디자인에 있어 자유로운 편집이 가능하고, 텍스트와 함께 이미지를 삽입하여 글을 더욱 풍성하게 만들 수 있다.

2) 디자인 및 편집
- 브런치는 블로그와는 다른 형태의 디자인 중심 글쓰기를 제공한다. 사용자는 편리한 편집 도구를 사용하여 글을 쉽게 작성하고, 시각적으로 잘 구성된 콘텐츠를 만들 수 있다. 각 글의 레이아웃과 타이포그래피가 깔끔하게 디자인되어 독자들이 글에 집중할 수 있도록 돕는다.

3) 추천 시스템
- 브런치에는 추천 기능이 있어, 독자들이 마음에 드는 글을 추천하고 이를 통해 노출이 증가할 수 있다. 글이 많은 추천을 받으면 브런치 메인 페이지에 노출되는 기회가 생기며, 이로 인해 더 많은 독자들이 글을 읽게 된다.

4) 팔로우 및 커뮤니티
- 브런치에서는 작가가 되면 다른 사람들을 팔로우할 수 있고, 팔로워를 만들 수

있다. 이를 통해 서로의 글을 공유하고 소통하는 방식으로 커뮤니티가 활성화된다. 팔로워와의 소통을 통해 더 많은 사람들에게 자신의 콘텐츠를 알릴 수 있다.

2. 브런치의 장점

1) 콘텐츠에 집중할 수 있는 환경
- 브런치는 글쓰기와 콘텐츠에 집중할 수 있도록 도와주는 플랫폼이다. 깔끔한 디자인과 사용자 친화적인 인터페이스 덕분에 글을 쓰는 데 방해받지 않고 창의성을 발휘할 수 있다.

2) 네이버와의 연계
- 브런치는 네이버와 연계되어 있어서 네이버 검색을 통해 자연스럽게 노출될 가능성이 높다. 특히, 네이버 블로그나 네이버 뉴스와 연계된 SEO 최적화 효과를 기대할 수 있다.

3) 다양한 수익화 모델
- 브런치는 다양한 수익화 모델(광고, 유료 콘텐츠, 후원 등)을 제공하여 작가들이 글을 통해 돈을 벌 수 있는 기회를 제공한다. 이는 콘텐츠 제작자가 더욱 자유롭게 활동할 수 있도록 돕는다.

4) 개인 브랜드 구축
- 브런치를 통해 자신의 콘텐츠를 정기적으로 발행하고, 이를 기반으로 개인 브랜드를 구축할 수 있다. 팔로워와의 소통을 통해 자신만의 팬층을 만들 수 있으며, 이들이 콘텐츠의 확산에 큰 도움을 줄 수 있다.

3. 브런치의 단점

1) 경쟁이 치열
- 브런치에는 많은 작가들이 활동하고 있기 때문에, 독자들의 관심을 끌기 위해서는 훌륭한 콘텐츠를 제공해야 한다. 다소 경쟁이 치열할 수 있어 눈에 띄기 위해서는 꾸준한 품질 관리와 차별화된 콘텐츠가 필요하다.

2) 수익화에 시간이 걸릴 수 있음
- 브런치에서 수익화를 시작하기 위해서는 일정 기간 동안 조회수와 팔로워를 늘려야 하므로, 초기에는 수익이 적거나 없을 수 있다. 꾸준한 콘텐츠 제작과 팬층 확보가 중요한 부분이다.

3) 제한된 수익화 기회
- 일부 수익화 방식은 조건이 까다롭거나 특정 기준을 충족해야 하기 때문에, 모든 작가가 쉽게 수익을 창출할 수 있는 것은 아니다.

수익화 단계별 가이드

1. **브런치에 적합한 콘텐츠 기획**
   - 브런치에서 성공하려면 고유한 콘텐츠와 독창성이 중요하다. 글의 품질과 주제가 수익화의 기초가 되므로, 먼저 글의 방향과 주제를 설정해야 한다.

   1) 타겟 오디언스 설정
   - 브런치에서 어떤 독자층을 대상으로 할지 결정해야 한다. 예를 들어, 자기개발, 책 리뷰, IT 기술, 여행, 직장인 이야기, 디자인 등 다양한 주제의 글을 쓸 수 있다. 특정 주제에 대한 타겟 오디언스를 정하고 그들의 관심을 끌 수 있는 글을 작성해야 한다. 예를 들어, 자기개발에 관심이 많은 직장인들을 타겟으로 하면 그들의 필요와 관심을 반영한 콘텐츠를 제공할 수 있다.

   2) 고유한 글 스타일 개발
   - 브런치에서는 독특한 글 스타일이나 목소리가 중요하다. 다른 사람들이 쉽게 따라 할 수 없는 나만의 스타일을 찾아 글을 쓸 때 독창성을 발휘해야 한다. 예를 들어, 유머러스한 문체, 친근한 말투, 전문적인 분석 등을 선택할 수 있다. 어떤 스타일이든지 일관성 있게 유지하는 것이 중요하다.

2. **정기적인 글 게시와 업데이트**
   - 브런치에서 성공하려면 꾸준히 글을 올리는 것이 필수적이다. 정기적인 활동이 팬층 형성에 큰 도움이 된다.

   1) 일정한 주기로 글 게시하기
   - 한 번의 글로 끝내지 않고 주기적으로 글을 올려야 한다. 매주 혹은 매월 일정한 주기로 콘텐츠를 게시하는 것이 중요하다. 예를 들어, 매주 월요일마다 글을 올리는 등의 규칙을 정할 수 있다. 글을 연재 형식으로 제작하거나, 시리즈물을 작성하면 독자들이 지속적으로 관심을 갖고 다시 방문할 확률이 높아진다.

   2) 브런치 커뮤니티 참여
   - 브런치에는 다양한 작가와 독자가 활동하는 커뮤니티가 있다. 댓글이나 공유를 통해 다른 작가와 소통하고 자신의 글을 알릴 수 있다. 특히 다른 사람의 글에 댓글을 달거나 공유하는 것이 상호작용을 유도할 수 있다.

3. **팬층 형성과 독자 관리**
   - 브런치에서 수익을 창출하려면 팬층을 형성하고, 그들과의 지속적인 관계를 유지하는 것이 중요하다.

   1) 팔로워와 소통
   - 글에 댓글을 달거나, SNS에서 독자들과 소통하면서 팔로워를 늘려가야 한다. 팔

로워가 많을수록 글의 노출도 더 많이 이루어지고, 이는 자연스럽게 수익화로 이어진다. 팔로워들에게 개인적인 메시지나 답글을 남겨 독자와의 관계를 강화해야 한다.

2) SNS 활용하기

- 인스타그램, 페이스북, 트위터 등 다양한 SNS 플랫폼에서 자신의 글을 홍보하고 팬층을 넓혀가야 한다. 특히 글 내용에 관련된 이미지나 짧은 클립을 활용해 독자들의 관심을 끌 수 있다. 브런치 채널을 SNS에 연결하여 글을 공유하거나, 특별한 이벤트를 통해 독자들에게 혜택을 제공할 수 있다.

4. 브런치에서 수익 창출하기

1) 브런치 글의 광고 수익

- 브런치는 광고 수익 모델을 제공한다. 특정 기준을 충족한 글에 네이버의 광고를 삽입하여 광고 수익을 얻을 수 있다. 글의 조회수와 팔로워 수가 일정 기준을 넘으면 네이버 광고가 자동으로 배치되며, 이를 통해 수익을 창출할 수 있다. 이 때 중요한 것은 글의 품질과 조회수이다. 광고 수익을 극대화하려면 많은 사람들이 글을 읽을 수 있도록 SEO(검색엔진 최적화)를 고려한 키워드 선택과 홍보가 필요하다.

2) 유료 콘텐츠 제공

- 브런치는 유료 콘텐츠를 제공할 수 있는 기능도 지원한다. 특정 글을 유료로 설정하면 독자가 그 글을 유료로 구매할 수 있다. 예를 들어, 심화 지식이나 특별한 팁 등을 제공하며, 구매로 전환할 수 있는 콘텐츠를 제작할 수 있다. 유료 콘텐츠를 제공할 때는 독자들에게 가치 있는 정보를 제공하는 것이 중요하다. 예를 들어, 전문적인 교육이나 직장 내 고충 해결법 등을 제공할 수 있다.

3) 브런치 스토어와 연계한 상품 판매

- 브런치는 자체적으로 브런치 스토어를 운영하고 있어, 작가가 디지털 상품(e-book, 강의 자료 등)을 판매할 수 있다. 글의 내용과 연관된 디지털 상품을 만들어 판매하면 추가 수익을 얻을 수 있다. 예를 들어, 자신이 쓴 글을 바탕으로 e-book을 작성하거나, 글에서 언급한 템플릿이나 리소스를 유료로 제공할 수 있다.

4) 후원 시스템

- 독자 후원을 통해 수익을 창출할 수 있다. 팬들이 자신의 글을 좋아하고 지지할 경우, 후원 시스템을 통해 일정 금액을 받을 수 있다. 후원은 금전적 지원 외에도 독자들이 지속적으로 콘텐츠를 소비하고 응원하는 형태로 이어진다. 팬들과의 관계를 잘 유지하고 그들이 원하는 가치를 제공하는 것이 중요하다.

5. 글의 노출을 높이기 위한 전략

1) 키워드 및 SEO 최적화
- SEO(검색엔진 최적화)를 고려한 키워드 사용이 중요하다. 자신의 글이 검색 결과에서 잘 노출되도록 효과적인 키워드를 사용해야 한다. 예를 들어, 자기계발, 디지털 마케팅, 프리랜서 팁과 같은 인기 키워드를 중심으로 글을 작성하면 검색엔진에서 더 잘 노출될 수 있다.

2) 브런치 추천 시스템 활용
- 브런치에는 글을 추천받을 수 있는 기능이 있다. 독자들이 글을 추천하거나, 브런치 공식 추천을 받을 경우 더 많은 사람들이 글을 보게 된다. 이를 위해서는 읽기 쉽고 흥미로운 제목과 매력적인 콘텐츠를 작성해야 한다. 또한, 이미지와 주제의 시각적 매력도 중요하므로 글을 더 눈에 띄게 만들 수 있는 방법을 고민해야 한다.

> **TIP**

1. 고품질 콘텐츠 제작
- 브런치에서 가장 중요한 것은 고품질의 콘텐츠이다. 독자들이 자주 방문하고 후원할 수 있는 콘텐츠를 제공해야 한다.

1) 유용하고 깊이 있는 글 작성
- 독자들에게 유익한 정보나 전문적인 조언을 제공해야 한다. 예를 들어, 자기개발, 직장 내 문제 해결, IT 기술, 마케팅 팁 등의 주제로 구체적이고 깊이 있는 콘텐츠를 다루면 독자들이 많이 찾는다. 일반적인 정보보다는 심화 지식이나 독창적인 분석을 제공하면, 더 많은 독자들의 관심을 끌 수 있다.

2) 잘 정리된 글 작성
- 브런치의 독자들은 글의 퀄리티에 민감하다. 따라서 간결하고 명확한 글을 작성하고, 문단 구성이나 스타일을 신경 써서 독자들이 쉽게 읽을 수 있도록 해야 한다. 목차나 서브헤딩을 적절히 사용하여 가독성을 높이고, 시각적으로 보기 좋은 글을 만드는게 중요하다.

2. 정기적인 콘텐츠 업데이트
- 꾸준한 글 업데이트는 팬층을 구축하는 데 필수적이다. 정기적인 발행은 독자들이 계속해서 방문하게 만든다.

1) 주기적인 글 발행
- 일정한 주기(예: 매주, 매월)에 맞춰 글을 작성하고 발행해야 한다. 예를 들어,

| 사진 & 동영상 | 창작물 & 앱 | 디자인 & 이모티콘 | 컨텐츠 | 블로그 | SNS | 쇼핑몰 | **글&그림** | 교육 & 방송 |

매주 월요일마다 새로운 글을 발행하는 습관을 들이면 독자들이 그 날에 맞춰 글을 읽으러 올 가능성이 높다. 연재 형식으로 글을 게시하면 독자들이 다음 내용을 기다리게 할 수 있다.

2) 다양한 주제 다루기

- 다양한 주제를 다루되, 본인의 전문성을 살릴 수 있는 주제에 집중해야 한다. 예를 들어, 마케팅을 다룬 글이라면 디지털 마케팅, 소셜 미디어 전략, 브랜드 전략 등을 시리즈로 다룰 수 있다. 시리즈 글을 작성하면 독자들이 각 시리즈의 다른 글도 읽고 싶어 하며, 지속적인 방문을 유도할 수 있다.

3. 브런치 내에서 수익화 방법 활용하기

1) 광고 수익화

- 브런치에서는 일정 기준을 충족한 글에 네이버 광고가 삽입되어 수익을 얻을 수 있다. 조회수와 팔로워가 일정 기준을 넘으면 자동으로 광고가 삽입된다. 이 광고는 클릭이나 조회에 따라 수익을 발생시킵니다. 따라서 질 높은 콘텐츠와 대중적인 주제를 다루면 자연스럽게 광고 수익을 얻을 수 있다. 브런치에서 광고 수익을 올리려면 많은 독자가 글을 읽도록 유도해야 하므로, 키워드 최적화와 SEO 전략을 잘 활용해야 한다.

2) 유료 콘텐츠 제공

- 브런치는 유료 콘텐츠 시스템을 통해 작가들이 특정 콘텐츠를 유료화할 수 있도록 지원한다. 유료 구독 콘텐츠나 강의, 전문 지식 등을 유료로 제공해 수익을 창출할 수 있다. 예를 들어, 일반적인 글은 무료로 제공하되, 심화 학습 자료나 고급 팁은 유료로 제공할 수 있다. 구독형 모델을 도입할 수도 있다. 예를 들어, 월간 구독료를 받아 독자들이 매달 콘텐츠를 볼 수 있도록 설정할 수 있다.

3) 후원 시스템 활용

- 브런치에서는 독자들이 직접 작가를 후원할 수 있는 시스템을 제공한다. 후원은 정기적일 수도 있고, 일회성으로 이루어질 수도 있다. 후원 페이지를 통해 독자들에게 후원을 요청하거나, 특별한 감사의 메시지를 전달하는 것도 좋은 방법이다. 팬들이 주는 후원은 콘텐츠 제작에 지속적인 동기부여를 제공하며, 일정한 수익을 보장할 수 있다.

4) 브런치 스토어에서 디지털 상품 판매

- 브런치에서는 디지털 상품을 판매할 수 있는 기능도 제공한다. 이를 통해 e-book, PDF 자료, 템플릿 등을 판매할 수 있다. 자신의 글을 e-book으로 엮어서 판매하거나, 특정 주제에 대해 디지털 자료를 만들어 판매할 수 있다. 예를 들어, 자기개발 관련 글을 모아 e-book으로 만들어 팔거나, 디자인 관련 강의

의 자료를 판매하는 방식이다.

4. SEO 최적화 및 키워드 활용

- 브런치에서 글을 더 많은 사람들이 읽도록 하려면 검색엔진 최적화(SEO)가 필수적이다.

1) 키워드 연구 및 활용

- 브런치에서 글이 검색에 잘 노출되려면 검색어 최적화가 중요하다. 글 제목, 본문, 태그 등에 인기 있는 키워드를 적절히 사용해야 한다. 예를 들어, 디지털 마케팅에 관한 글을 작성한다면, SEO 최적화를 고려하여 "SEO", "디지털 마케팅", "온라인 광고" 등 관련 키워드를 잘 활용해야 한다.

2) 메타 태그 활용

- 글을 작성할 때 메타 태그를 활용하여 검색엔진에서 잘 노출될 수 있도록 한다. 메타 태그는 검색 결과에서 글의 제목이나 설명을 보강하는 역할을 한다. 특히, 짧고 강렬한 제목을 사용하여 클릭을 유도할 수 있도록 한다.

5. SNS 활용하기

- 브런치 외에도 SNS(인스타그램, 페이스북, 트위터 등)를 통해 자신을 홍보하고 글을 널리 퍼뜨릴 수 있다.

1) SNS에서 글 공유하기

- 인스타그램, 페이스북 등에서 글의 링크를 공유하고, 짧은 요약이나 흥미로운 인용을 제공하여 독자들의 관심을 끌 수 있다. 예를 들어, 인스타그램 스토리에 글의 하이라이트나 흥미로운 부분을 공유하여 독자들에게 클릭을 유도할 수 있다.

2) SNS와 브런치 연계

- 브런치에서 글을 게시할 때, SNS와 연계하여 바로 공유할 수 있다. 이를 통해 팔로워들에게 글을 소개하고, 더 많은 독자가 유입되도록 유도할 수 있다. 해시태그를 사용하여 글의 주제에 맞는 독자층에게 도달하도록 한다.

6. 팬층 형성과 독자와의 소통

- 팬층을 형성하고 독자와 소통하는 것은 브런치에서 성공적인 수익화를 위해 매우 중요하다.

1) 독자와의 꾸준한 소통

- 댓글에 답변을 달고, 피드백을 주고받으며 독자들과 소통하는 것이 중요하다. 독자들이 관심을 가지고 다시 돌아오게 만드는 요소는 소통이다. 글의 내용에 대해 독자들의 의견을 묻고, 그들의 요구사항을 반영하여 콘텐츠를 개선하면 더

욱 강력한 팬층을 만들 수 있다.

2) 팔로워 늘리기
- 팔로워를 늘리면 자연스럽게 콘텐츠의 노출도 증가한다. 팔로워들과의 상호작용을 통해 지속적으로 관심을 끌 수 있도록 노력해야 한다.

> 수익자 리뷰

1. **전문가의 유료 콘텐츠 판매로 수익을 창출한 사례 – 유진 (브런치 작가)**
- "브런치에서 처음에는 무료 콘텐츠만 작성했어요. 그러나 시간이 지나면서 제 글에 대한 독자들의 반응이 좋아지고, 구체적인 전문 지식을 바탕으로 한 유료 콘텐츠를 제공하기 시작했어요. 디지털 마케팅에 관한 심화 자료를 유료로 제공한 후, 수익이 조금씩 발생하기 시작했어요. 특히 꾸준히 발행하는 콘텐츠가 중요하다는 것을 알게 되었고, 점차적으로 팬층이 형성되면서 수익도 증가했어요." "유료 콘텐츠는 단순히 글만 올리는 것보다, 독자들에게 유용한 자료를 제공하는 것이 중요해요. 저처럼 전문성을 갖추고, 구체적인 주제로 다가가면 독자들이 더 많은 가치를 느끼고 구입하게 됩니다."

2. **브런치의 광고 수익화로 월 수백 만 원을 번 사례 – 김지영 (브런치 작가)**
- "처음에는 별다른 기대 없이 글을 시작했어요. 브런치에서 정기적으로 글을 발행하면서 조금씩 조회수가 늘었고, 네이버 광고가 붙기 시작하면서 수익이 발생했죠. 브런치의 광고 수익은 초기에 큰 금액이 아니었지만, 글을 계속 쓰다 보니 월 수백 만 원의 수익을 올리게 되었어요. 꾸준히 팔로워를 늘리고, SEO 최적화도 신경 썼기 때문에 글이 잘 노출되었고, 그 덕분에 광고 수익이 크게 증가했죠." "브런치에서 돈을 벌려면 꾸준함이 가장 중요해요. 글을 자주 올리고 검색 최적화를 고려하여 키워드를 잘 활용하면 광고 수익이 자연스럽게 따라옵니다."

3. **브런치 후원 시스템을 활용한 성공 사례 – 박준형 (브런치 작가)**
- "브런치에서는 독자들의 후원도 받을 수 있어서 매우 유용해요. 처음에는 글을 쓰면서 후원 버튼을 활성화했는데, 작은 팬들이 한 달에 몇 번씩 후원해 주더라고요. 특히 팬들과의 소통이 중요했어요. 독자들이 글에 대해 질문하거나 의견을 남기면 최대한 답변을 해주며 친밀감을 쌓았죠. 그 결과 후원이 점차 늘어나게 되었어요. 지금은 제 글을 통해 정기적인 후원을 받으며 안정적인 수익을 얻고 있어요." "후원은 팬들과의 소통에서 시작된다. 글에 대한 의견을 주고받으며 관계를 강화하고, 후원자들에게 특별한 콘텐츠나 감사의 메시지를 전하는 것도 좋은 방법이다."

4. 브런치에서 강의와 책 출판으로 수익을 얻은 사례 - 이수연 (브런치 작가)

- "저는 브런치에서 자기개발에 관한 글을 쓰고 있어요. 브런치에서 글을 쓰면서 점차 온라인 강의와 책 출판을 하게 되었고, 그 결과 큰 수익을 얻을 수 있었어요. 강의는 브런치에 게재된 콘텐츠를 확장한 형태였고, 책 출판은 글에서 다룬 내용을 더욱 구체적으로 풀어낸 것이었죠. 이 모든 과정에서 브런치에서의 글쓰기가 기초가 되었어요. 브런치에 글을 쓸 때 출판사와의 협업 기회도 생겼고, 책을 내고 나서는 수익이 크게 증가했어요." "브런치에서 글을 쓰는 것 자체로도 수익화가 가능하지만, 글의 내용을 확장하고 다양한 형태로 제공하는 것도 좋은 방법이에요. 강의나 책 출판을 통해 추가적인 수익을 올릴 수 있어요."

28 웹툰 Webtoon

웹툰은 무엇인가요?

웹툰은 인터넷을 기반으로 연재되는 디지털 만화로, 주로 스마트폰이나 컴퓨터를 통해 읽을 수 있는 만화 형식이다. 전통적인 종이 만화와 비교할 때 웹툰은 온라인 플랫폼에서 연재되며, 세로 스크롤 형식으로 읽는 것이 특징이다.

주요 특징

1. 세로 스크롤 형식
- 웹툰은 주로 세로로 길게 이어지는 형식을 따른다. 이는 스마트폰에서 한 손으로 스크롤하며 쉽게 읽을 수 있도록 설계된 것이다. 각 에피소드는 보통 수십 장에서 수백 장의 패널로 이루어져 있으며, 화면을 아래로 스크롤하며 이야기가 진행된다.

2. 디지털 기반의 연재
- 웹툰은 주로 웹사이트나 모바일 앱을 통해 연재된다. 네이버 웹툰, 카카오웹툰, 레진코믹스와 같은 플랫폼에서 무료 혹은 유료로 제공된다. 일부 웹툰은 유료 콘텐츠를 포함하고 있어, 독자들은 더 많은 내용을 보려면 유료 결제를 해야 하는 경우도 많다.

3. 다양한 장르와 스타일
- 웹툰은 다양한 장르(로맨스, 판타지, 액션, 스릴러, 드라마 등)를 포괄하며, 그 스타일도 다양하다. 기존의 종이 만화에서는 보기 어려웠던 다양한 실험적인 스타일이나 서사적 접근 방식도 시도된다. 또한, 웹툰은 대중적인 취향을 반영하여 여러 세대와 연령층을 타겟으로 제작되는 경우가 많다.

4. 간편한 접근성과 빠른 소비
- 웹툰은 무료로 제공되는 경우가 많고, 짧은 시간에 한 편을 다 읽을 수 있어 빠르게 소비할 수 있다. 그래서 하루 한 편씩 연재되는 형식이 일반적이며, 독자들이 매일 꾸준히 읽을 수 있도록 유도한다.

웹툰의 발전
- 웹툰은 2000년대 초반에 등장하여 급격히 인기를 끌었고, 특히 스마트폰 보급과 함께 모바일 웹툰 시장이 성장하면서 더욱 많은 독자들을 끌어들이게 되었

다. 이제는 전 세계적으로 큰 인기를 얻고 있으며, 일부 인기 있는 웹툰은 드라마나 영화로도 제작되어 더 큰 파급력을 얻고 있다.

웹툰과 만화의 차이점

- 형식: 웹툰은 기본적으로 세로 스크롤 형식인데 반해, 전통적인 만화는 가로 스크롤 방식이다.
- 연재 방식: 전통적인 만화는 종이책이나 잡지 형태로 연재되거나 출판된다. 반면, 웹툰은 인터넷을 통한 연재가 일반적이다.
- 대상과 접근: 웹툰은 모바일 기기나 웹사이트를 통해 쉽게 접근할 수 있어 젊은 층을 중심으로 인기가 많다. 반면 종이 만화는 여전히 특정한 독자층에게 주로 소비된다.

대표적인 웹툰 플랫폼

- 네이버 웹툰: 가장 큰 웹툰 플랫폼 중 하나로, 다양한 장르와 스타일을 가진 웹툰을 제공한다.
- 카카오웹툰: 카카오에서 제공하는 웹툰 서비스로, 많은 인기 웹툰들이 연재되고 있다.
- 레진코믹스: 주로 유료 웹툰을 제공하며, 성인층을 겨냥한 다양한 웹툰들이 포함되어 있다.
- 웹툰 플랫폼 외에도 모바일 앱을 통해 제공되기도 하며, 그림체나 스토리에 따라 유료 콘텐츠도 포함되곤 한다.

인기 웹툰과 글로벌 영향력

- 웹툰의 글로벌 인기는 이제 한국을 넘어서 전 세계로 퍼져 나갔다. 예를 들어, "이상한 나라의 앨리스", "나 혼자만 레벨업", "유미의 세포들"과 같은 인기 웹툰은 드라마나 애니메이션으로도 제작되어, 글로벌 팬들을 형성하고 있다. 이러한 웹툰들은 다양한 언어로 번역되어 다른 나라에서도 소비되고 있다. 웹툰은 디지털 시대의 대표적인 문화 콘텐츠로 자리 잡았으며, 기존 만화의 경계를 넘어 더 많은 사람들이 즐길 수 있는 매체로 발전했다.

수익화 단계별 가이드

1. 아이디어 구상 및 기획

- 웹툰을 시작하려면 먼저 어떤 이야기를 만들지에 대해 생각해야 한다. 이 단계에서 중요한 것은 독자들의 취향을 반영하는 것이며, 이를 위해 다음 사항들을 고려해야 한다.
- 장르 선택: 웹툰은 다양한 장르가 존재한다. 로맨스, 판타지, 액션, 드라마, 공포

등 어떤 장르를 선택할 것인지 결정해야 한다. 현재 인기 있는 장르를 조사하거나, 자신이 잘 할 수 있는 분야를 고르는 것이 좋다.
- 독자 타겟 설정: 자신이 쓸 웹툰이 어떤 연령대, 성별, 취향을 가진 독자에게 적합할지를 고민한다. 예를 들어, 어린이용 웹툰과 성인용 웹툰은 내용과 스타일이 다를 수 있다.
- 스토리와 캐릭터 기획: 웹툰은 스토리가 중요하다. 전개가 긴 웹툰일 경우, 여러 에피소드와 등장인물을 어떻게 배치할지 미리 구상해야 한다. 캐릭터의 개성도 중요한 요소이다. 독자들이 쉽게 공감할 수 있는 매력적인 캐릭터를 만들어야 한다.

2. 작화와 스타일 결정

- 웹툰의 또 다른 중요한 요소는 바로 작화 스타일이다. 이 단계에서는 다음을 고려해야 한다.
- 그림체 결정: 웹툰의 그림체는 독자들에게 큰 영향을 미친다. 그림체가 너무 복잡하거나 간결하게 표현되어야 할지 결정하고, 이를 일정하게 유지하는 것이 중요하다. 웹툰의 독자층에 맞는 스타일을 선택해야 한다. 예를 들어, 로맨스 웹툰은 부드럽고 섬세한 그림체가 선호되며, 액션 웹툰은 강렬하고 역동적인 스타일이 인기가 있을 수 있다.
- 작업 속도와 퀄리티: 웹툰은 매주 또는 격주로 연재되는 경우가 많다. 따라서 일정한 퀄리티를 유지하면서 빠르게 작업할 수 있는 능력이 중요하다. 초기에는 퀄리티를 높이려고 노력하되, 작업 속도도 고려해야 한다.
- 편집과 레이아웃: 웹툰의 레이아웃은 세로 스크롤 형식에 맞춰야 한다. 패널의 크기와 배치를 어떻게 할지 계획하고, 페이지 전환이나 클로즈업, 각도 등 다양한 연출을 통해 독자가 재미있게 읽을 수 있도록 해야 한다.

3. 플랫폼 선택 및 연재 시작

- 웹툰을 만들었다면, 이제 그것을 온라인 플랫폼에 올려야 한다. 어떤 플랫폼에서 연재할 것인지 결정하는 것이 매우 중요하다.
- 웹툰 플랫폼 선택: 여러 웹툰 플랫폼에서 작품을 연재할 수 있다. 대표적인 플랫폼은 네이버 웹툰, 카카오웹툰, 레진코믹스, 웹툰 플러스 등이 있다. 각 플랫폼은 수익 모델과 타겟 독자층이 다르므로, 자신에게 맞는 플랫폼을 선택하는 것이 중요하다.
- 네이버 웹툰: 대중적이고 독자층이 많지만, 경쟁이 치열하고 입소문을 타야 성공에 도움된다.
- 카카오웹툰: 카카오는 대중적인 플랫폼을 갖추고 있고, 다양한 장르가 인기를 끌고 있다.

- 레진코믹스: 유료 모델을 채택하고 있으며, 성인용 웹툰이나 더 성숙한 장르에 유리하다.
- 연재 시작: 대부분의 웹툰 플랫폼은 1회 차를 무료로 제공하고, 이후 유료화 모델을 채택한다. 연재를 시작하면서 독자들의 반응을 빠르게 체크하고, 이를 기반으로 스토리와 스타일을 개선해 나간다.

4. 마케팅 및 독자 확보
- 웹툰을 연재한다고 해서 바로 많은 독자가 찾아오는 것은 아니다. 효과적인 마케팅이 필요하다.
- SNS 활용: 웹툰을 홍보하기 위해 인스타그램, 페이스북, 틱톡 등 다양한 소셜 미디어를 활용할 수 있다. 웹툰의 캐릭터, 에피소드의 중요한 장면, 팬아트를 공유하거나 팬들과 소통하는 것도 독자를 확보하는 방법이다.
- 커뮤니티 활동: 웹툰 관련 팬 커뮤니티나 관련 포럼에 적극적으로 참여해 자신의 작품을 알릴 수 있다. 또한, 웹툰에 대해 토론하거나 댓글을 달 수 있는 기능을 제공하는 웹툰 플랫폼에서는 독자들과의 소통을 통해 더 많은 관심을 끌 수 있다.
- 하이라이트 제공: 연재 중 중요한 전개나 클리프행어(다음 회차를 궁금하게 만드는 장면)를 만들어 독자들이 계속 찾아올 수 있도록 유도한다. 각 에피소드를 흥미롭고 긴장감 있게 끝내면, 독자들이 자연스럽게 다시 방문하게 된다.

5. 수익화 전략
- 웹툰을 통해 돈을 벌기 위한 다양한 방법이 있다. 주로 유료화 모델이나 광고 수익을 통해 수익을 창출한다.
- 광고 수익: 일부 웹툰은 무료로 제공되며, 그 대신 광고를 삽입하여 수익을 얻는다. 광고는 웹툰을 본 독자들에게 노출되며, 작가에게 일정 부분의 수익을 제공한다.
- 유료화 모델: 독자들이 특정 에피소드를 유료로 구매하는 방식이다. 웹툰의 연재가 진행됨에 따라 후원이나 유료 콘텐츠를 제공해 수익을 창출할 수 있다. 예를 들어, 독자들이 월정액을 결제하거나 특정 챕터를 구매할 수 있도록 유도하는 방법이다.
- 상품화 및 파생 콘텐츠: 인기 웹툰이 되면 굿즈나 애니메이션, 드라마 등으로 확장될 수 있다. 이로 인해 별도의 수익을 창출할 수 있으며, 웹툰의 인지도와 수익을 한층 더 높일 수 있다.

6. 피드백 반영 및 지속적 개선
- 웹툰 연재를 시작한 후, 독자들의 피드백을 적극적으로 수용하는 것이 중요하다. 독자들이 주는 댓글이나 리뷰는 작품을 개선할 수 있는 좋은 기회가 된다.

- 독자 반응 분석: 독자들이 선호하는 캐릭터, 전개 방식, 스타일 등을 파악하고, 그에 맞춰 작품을 조정한다. 또한, 비판적인 피드백도 잘 받아들이고 개선하려는 태도가 필요하다.
- 작품의 지속적 개선: 웹툰의 스토리, 캐릭터, 그림체 등을 주기적으로 개선하고 새로운 아이디어를 반영하는 것이 중요하다. 독자들이 계속 관심을 가질 수 있도록 창의적인 전개나 새로운 시도가 필요하다.

TIP

1. 연재 일정의 일관성 유지
- 웹툰은 정해진 일정에 맞춰 꾸준히 연재하는 것이 가장 중요하다. 독자들은 매주 또는 격주로 정해진 날짜에 새로운 에피소드를 기대하며 기다립니다. 일정이 불규칙하거나 연재가 중단되면 독자들의 관심이 떨어질 수 있다. 처음부터 연재 일정을 주간 혹은 격주로 고정하는 것이 좋다. 만약 일정이 바쁠 경우, 미리 몇 회분을 준비해 두고 일정에 맞춰 업로드하는 것도 좋은 방법이다.

2. 스토리텔링에 신경 쓰기
- 웹툰의 가장 중요한 요소는 스토리이다. 매력적인 스토리와 캐릭터는 독자들이 계속 돌아오게 만드는 핵심이다. 독자들은 웹툰의 이야기에 몰입하고, 그로 인해 반복적인 방문을 유도한다. 강렬한 시작과 흥미진진한 전개로 독자들의 관심을 끌고, 클리프행어(다음 이야기를 궁금하게 만드는 전개)를 활용하여 독자들이 계속해서 돌아오도록 유도한다. 웹툰의 중반부와 후반부는 예측할 수 없는 전개로 독자들의 관심을 끌어야 한다. 반전이나 충격적인 사건을 넣어 스토리를 다채롭게 만들어야 한다.

3. 플랫폼을 적극 활용하기
- 웹툰을 연재하는 플랫폼에서 제공하는 다양한 수익화 모델을 잘 활용하면 수익을 극대화할 수 있다. 대부분의 플랫폼은 광고 수익이나 유료화 시스템을 통해 수익을 공유한다. 무료 vs 유료화 전략: 초반에는 웹툰을 무료로 제공하여 많은 독자를 확보하고, 후반부나 중요한 에피소드는 유료화하는 전략을 사용할 수 있다.
- 광고 수익: 일부 플랫폼은 광고 수익을 공유한다. 유료 모델이 아닌 무료 웹툰이라도 광고를 통해 수익을 얻을 수 있다.
- 프리미엄 콘텐츠: 인기 웹툰은 팬들이 선호하는 프리미엄 콘텐츠나 특별한 에피소드를 제공하여 수익을 올릴 수 있다.

4. SNS와 커뮤니티 활용
- 웹툰의 인기를 높이기 위해서는 소셜 미디어와 팬 커뮤니티를 적극적으로 활용

하는 것이 필수이다. SNS를 통해 웹툰을 알리고, 독자들과의 소통을 늘려나가면 자연스럽게 더 많은 사람들에게 웹툰이 노출된다. 인스타그램, 트위터, 틱톡 등 SNS를 이용해 웹툰의 캐릭터, 중요한 장면, 팬 아트 등을 공유하며 독자들과 소통해야 한다. 독자들이 댓글을 남기거나, 웹툰에 대해 토론할 수 있는 팬 커뮤니티를 운영하거나 참여하여 웹툰의 충성도를 높여야 한다.

5. 팬서비스와 독자와의 소통 강화

- 독자들은 작가와의 소통을 원한다. 팬 아트나 팬 이벤트를 통해 독자와의 관계를 더욱 깊게 만드는 것이 중요하다. 또한, 댓글이나 피드백에 적극적으로 답변하는 것도 독자들의 충성도를 높이는 방법이다. 팬 아트 이벤트: 독자들이 자신이 좋아하는 캐릭터를 그리거나, 팬 아트를 만들어 공유하는 이벤트를 여는게 좋다. 작가의 댓글: 독자들의 댓글에 답하거나, 작가 노트를 통해 작품의 배경이나 비하인드 스토리를 공유하면 팬들이 더욱 열광할 수 있다.

6. 다양한 수익 모델 활용

- 웹툰 작가는 기본적인 연재 수익 외에도 여러 방법으로 수익을 창출할 수 있다. 수익 모델을 다양화하면, 안정적인 수익을 올릴 수 있다.
- 굿즈 판매: 인기 캐릭터를 활용한 굿즈(티셔츠, 액세서리 등)를 판매할 수 있다. 굿즈는 웹툰 팬들에게 매우 매력적인 상품이 될 수 있다.
- 웹툰 외부 콘텐츠 제작: 웹툰이 인기를 끌면, 애니메이션, 드라마, 영화로 확장될 기회가 생깁니다. 이에 대한 저작권 계약을 통해 큰 수익을 얻을 수 있다.
- 후원 시스템: 팬들이 작품을 지원할 수 있는 후원 시스템을 도입할 수 있다. 일부 플랫폼에서는 독자들이 유료로 후원을 하고, 이에 대한 보상을 제공하는 방법을 지원한다.

7. 트렌드와 독자 취향 파악

- 웹툰의 인기를 얻기 위해서는 현재 트렌드를 파악하고, 독자들이 좋아하는 스타일이나 요소를 잘 반영하는 것이 중요하다. 웹툰의 트렌드는 빠르게 변하기 때문에, 최신 트렌드를 놓치지 않도록 해야 한다. 유행하는 장르나 주제를 파악하여 웹툰에 반영해야 한다. 예를 들어, 로맨스 웹툰, 판타지 웹툰 등 최근 인기 있는 장르를 분석하는게 좋다. 독자 피드백을 자주 읽고, 어떤 부분에서 더 개선이 필요한지 파악하여 작품을 꾸준히 개선하는 것이 중요하다.

8. 독자 맞춤형 콘텐츠 제공

- 독자들의 반응을 분석하여, 더 많은 관심을 받을 수 있는 콘텐츠를 제공하는 것이 중요하다. 예를 들어, 특정 캐릭터나 특정 장면에 대해 독자들이 큰 반응을 보였다면, 이를 중심으로 에피소드를 추가하거나 스핀오프를 만들 수 있다.

- 독자 투표: 중요한 전개나 결말에 대해 독자들이 참여할 수 있는 투표 시스템을 도입하여, 그들의 의견을 반영하는 방법도 효과적이다.
- 스핀오프: 인기 있는 캐릭터나 설정을 중심으로 스핀오프 웹툰을 제작하여 독자들의 관심을 끌 수 있다.

9. 저작권 관리와 계약

- 웹툰을 통해 얻는 수익은 단지 연재료에 그치지 않는다. 웹툰이 인기를 끌면, 애니메이션화나 굿즈화 등의 기회가 생긴다. 이때 저작권 관리가 중요하다.

TIP:
- 저작권 계약: 웹툰이 잘 팔리기 시작하면, 이를 애니메이션, 드라마로 확장하는 과정에서 저작권 계약을 통해 추가적인 수익을 얻을 수 있다.
- 저작권 보호: 웹툰의 저작권을 철저히 관리하고, 불법 복제를 막기 위한 노력을 기울여야 한다.

10. 웹툰의 IP 확장

- 인기 웹툰은 IP(지적 재산권)로서 다른 미디어로 확장할 수 있는 가능성이 크다. 웹툰이 성공을 거두면, 이를 애니메이션, 드라마, 영화 등으로 제작하여 추가적인 수익을 올릴 수 있다.
- 애니메이션/드라마화: 웹툰의 인기가 일정 수준 이상 올라가면, 이를 애니메이션이나 드라마화하여 넷플릭스, 방송사 등과 계약을 체결할 수 있다.
- 게임화: 웹툰의 세계관을 기반으로 게임을 제작해 추가적인 수익을 창출할 수도 있다.

수익자 리뷰

1. "웹툰 작가가 되기까지, 꾸준함과 도전"

- 김지은, 웹툰 작가 (네이버 웹툰 연재작 '작은 것들의 신' 작가)
  김지은 작가는 웹툰을 시작할 때, 처음에는 작품이 잘 팔리지 않았다. 그러나 꾸준히 작업을 이어가면서 점차 독자들을 확보할 수 있었다. 그녀는 웹툰 작가로서 "작품을 꾸준히 연재하는 것이 가장 중요하다"고 강조한다. 처음에는 작품의 퀄리티나 독자 수에 대한 고민이 많았고, 심지어 몇 회 연재 후 포기하고 싶을 때도 있었다고 고백한다. 하지만 그녀는 포기하지 않고 매일 한 편씩 연재하며 독자들과 소통을 강화하고, 결국 인기작가로 자리매김할 수 있었다. 김지은 작가는 "작품의 퀄리티가 중요하지만, 결국 가장 중요한 것은 꾸준함과 독자와의 소통"이라고 말한다. 팬들의 피드백을 반영하면서 지속적으로 개선하는 것이 성공의 핵심이라고 한다.

2. "성공의 비결은 재미와 트렌드 파악"

- 박은혜, 웹툰 작가 ('입덕할래?' 작가)

  박은혜 작가는 웹툰 연재 초기부터 트렌드를 반영한 주제와 개성 있는 캐릭터로 인기를 끌었다. 그녀는 특히 "독자들이 원하는 요소"를 정확하게 파악하고 이를 반영하는 것이 중요하다고 강조한다. 웹툰을 시작하면서 독자들의 반응을 얻지 못하는 시기도 있었고, '무슨 이야기를 해야 할까?'라는 고민을 많이 했다고 전한다. 박 작가는 인기 있는 로맨스 웹툰을 선보이며 독자들의 반응을 끌어냈다. 특히, "주인공의 매력적인 성격"과 "트렌디한 내용"이 독자들에게 큰 인기를 끌었다. 그녀는 웹툰 작가로서 "독자가 무엇을 좋아하는지 파악하고, 그에 맞는 스토리와 캐릭터를 만들어"라고 말한다. 트렌드를 따라가되 자신의 색깔을 잃지 않는 것이 중요하다고 덧붙인다.

3. "웹툰의 수익 모델과 창작의 균형"

- 이용훈, 웹툰 작가 ('나 혼자만 레벨업' 원작 소설 작가)

  이용훈 작가는 '나 혼자만 레벨업'이라는 웹툰을 원작 소설로 시작해, 웹툰의 대작을 만들며 큰 인기를 끌었다. 그는 웹툰이 단순히 창작물뿐만 아니라 비즈니스 모델이기도 하다는 점을 강조한다. 초기에는 웹툰의 수익 모델이나 마케팅에 대해 잘 몰랐고, 수익을 창출하는 방법에 대해 많은 고민을 했다. 웹툰이 IP(지적 재산권)를 활용한 수익화 전략으로 확대되었을 때, 웹툰을 애니메이션과 게임으로 제작해 큰 성공을 거두었다. 그는 "웹툰은 단순한 만화가 아닌, IP 비즈니스로 확장 가능하다"고 말한다. 그는 웹툰이 단지 창작물이 아니라 비즈니스라는 점을 강조하며, "창작과 수익 모델의 균형을 맞추는 것이 중요하다"고 조언한다. 특히 IP 확장을 고려해 작품을 만들면 더 많은 수익을 창출할 수 있다고 말한다.

4. "작가로서의 자기 관리와 집중력"

- 김소영, 웹툰 작가 ('여신강림' 작가)

  김소영 작가는 '여신강림'이라는 작품으로 유명해졌다. 그녀는 웹툰 작가로서의 생활과 자기 관리의 중요성에 대해 자주 언급한다. 김소영 작가는 작품의 퀄리티를 높이기 위해 초반에 오랜 시간과 노력을 들였고, 종종 과중한 작업에 시달리기도 했다. 이로 인해 건강 문제도 생겼다. 결국 그녀는 자기 관리와 집중력을 중요시하며 일정을 체계적으로 관리하기 시작했다. 웹툰을 만드는 것에 있어서 스트레스 관리와 시간 관리가 매우 중요하다는 것을 깨달았다고 전한다. 김소영 작가는 "작가로서 성공하려면 자기 관리가 필수적"이라고 강조한다. 창작의 기술적인 부분뿐만 아니라, 체력 관리와 정신적 안정을 유지하는 것이 중요하다고 덧붙인다.

디지털 노마드 33선

IX. 교육 & 방송

29. 유데미

30. 디치블

31. 온라인 한국어튜터링

32. 스푼 라디오

33. 오디오 클립

#사진 & 동영상 #창작물 & 앱 #디자인 & 이모티콘 #컨텐츠
#블로그 #SNS #쇼핑몰 #글 & 그림 **#교육 & 방송**

디지털 노마드 33선

29 유데미 Udemy

유데미는 어떤 곳인가요?

유데미(Udemy)는 전 세계적으로 인기 있는 온라인 교육 플랫폼으로, 다양한 주제에 대한 강의를 제공하는 웹사이트이다. 개인이나 기업이 특정 기술, 직무, 또는 관심 있는 분야를 배우기 위해 활용할 수 있는 수많은 자기 주도 학습 자료를 제공한다. 유데미는 초보자부터 전문가까지 다양한 수준의 강의를 제공하고 있으며, 학습자들이 자신에게 맞는 속도와 스타일로 교육을 받을 수 있는 유연성을 제공한다.

주요 특징

1. **광범위한 강의 주제**
   - 유데미는 프로그래밍, 데이터 분석, 마케팅, 디자인, 음악, 자기 개발, 비즈니스, 사진 등 수천 개의 강의를 제공한다. 거의 모든 분야에서 강의를 찾아볼 수 있다.

2. **전문 강사들에 의한 강의**
   - 유데미 강의는 전문 강사나 업계 전문가들이 제공하며, 이들은 각자의 분야에서 풍부한 경험을 가진 사람들이 많다. 강의는 텍스트, 비디오, 퀴즈, 과제 등 다양한 형식으로 제공되어 다양한 학습 스타일을 지원한다.

3. **자기 주도 학습**
   - 유데미는 자유롭게 학습할 수 있는 온라인 학습 환경을 제공한다. 강의를 구매하면 무기한 접근이 가능하여, 자기 주도적으로 학습할 수 있다. 즉, 시간과 장소에 구애받지 않고 학습할 수 있다.

4. **가격과 할인**
   - 유데미는 강의를 개별 구매하는 방식이다. 강의마다 가격이 다르지만, 자주 할인 행사가 진행되므로 할인된 가격에 강의를 구입할 수 있는 기회가 많다.

5. **인증서 제공**
   - 대부분의 유데미 강의는 완강 후 수료증을 제공하며, 이를 학습의 성과로 기록할 수 있다. 일부 기업에서는 유데미 인증서를 취업에 활용하기도 한다.

장점

1. 다양한 강의 선택지
- 거의 모든 주제에 대한 강의를 찾을 수 있으며, 강의의 난이도나 목표도 다양하여 초보자부터 고급 사용자까지 모두 학습할 수 있다.

2. 자유로운 학습
- 학습자는 원하는 시간에 원하는 속도로 강의를 수강할 수 있어 자기 주도 학습이 가능하고, 특히 바쁜 일정을 가진 사람들에게 유리하다.

3. 할인과 가격 접근성
- 유데미는 강의 가격이 다소 유동적이며, 정기적인 할인 이벤트와 프로모션이 있어 저렴한 가격에 강의를 구매할 수 있다.

단점

1. 강의 질의 차이
- 유데미에는 강의마다 질 차이가 있을 수 있다. 모든 강사가 똑같은 수준의 전문가가 아니므로, 강의 리뷰와 평점을 잘 살펴봐야 한다.

2. 강의 업데이트의 불규칙성
- 일부 강의는 오래된 자료를 사용하고 있을 수 있으며, 특히 빠르게 변화하는 기술 분야에서는 업데이트가 부족할 수 있다.

3. 수료 후 활용 한계
- 유데미의 수료증은 대부분 직접적인 학위나 자격증으로 인정되지 않으며, 일부 기업에서는 이 증명서를 중요하게 여기지 않을 수 있다.

수익화 단계별 가이드

1. 주제 선정 및 시장 조사 – 수요 있는 주제 선택
- 유데미에서 성공적으로 수익을 창출하려면 수요가 많은 주제를 선택하는 것이 중요하다. 주제가 유망하고 사람들이 배우고 싶어 하는 것이어야 한다.
- 자신의 전문성 확인: 자신이 잘 알고 있는 분야나 전문 지식을 바탕으로 강의를 제작하는 것이 좋다. 예를 들어, IT 기술, 비즈니스 전략, 디자인, 언어 학습 등 여러 분야에서 수요가 많다.
- 시장 조사: 유데미에서 이미 제공되는 강의들을 살펴보고, 어떤 강의들이 인기

있는지 리뷰와 평점을 참고해야 한다. 또한, Google Trends나 SNS에서 사람들이 자주 찾고 있는 키워드를 파악해 수요가 높은 주제를 선택하는 것이 좋다.

2. 강의 계획과 구조 설계 - 효과적인 강의 계획 수립

- 강의를 만들기 전에 구체적인 강의 계획을 수립해야 한다. 유데미 강의는 대개 비디오 강의로 구성되며, 이를 통해 학습자들에게 정보를 전달한다.
- 목표 설정: 강의를 통해 학습자들이 무엇을 배울 수 있는지 명확한 목표를 설정해야 한다. 예를 들어, "3개월 내에 Java 프로그래밍 기초 마스터" 또는 "디지털 마케팅 전략 수립 방법 배우기"와 같은 목표를 설정할 수 있다.
- 강의의 흐름: 강의를 논리적으로 구성해야 한다. 초급부터 고급까지 학습할 수 있도록 단계별로 내용을 구성하고, 각 섹션의 목표와 내용을 미리 정리해야 한다.
- 교재 및 보조 자료: 강의 외에도 학습을 돕는 PDF 자료, 퀴즈, 과제 등을 준비하면 더 효과적인 학습 경험을 제공할 수 있다.

3. 강의 제작 (비디오 촬영 및 편집) - 고퀄리티 비디오 제작

- 유데미 강의는 비디오 강의로 제공되기 때문에, 비디오의 품질이 매우 중요하다. 좋은 콘텐츠를 만들었다면, 영상과 오디오 품질도 신경 써야 한다.
- 촬영 장비 준비: 좋은 카메라와 마이크를 사용하는 것이 중요하다. 기본적인 촬영 장비만으로도 충분히 고품질의 비디오를 제작할 수 있다. 특히 오디오 품질이 중요하므로, 좋은 마이크를 사용해야 한다.
- 편집 및 후반 작업: 강의 비디오는 편집이 필수이다. 불필요한 부분을 잘라내고, 중요한 부분은 강조해 비디오의 흐름을 좋게 만들어야 한다. 스크린 캡처나 슬라이드쇼를 활용한 강의도 유용하다.
- 짧고 간결한 영상: 각 비디오는 10~20분 내외로 유지하는 것이 좋다. 너무 길면 학습자의 집중력이 떨어질 수 있다.

4. 강의 업로드 및 가격 설정 - 강의 업로드

- 유데미에 강의를 업로드하는 과정은 간단하다. 유데미에서 제공하는 강의 제작 도구를 통해 강의를 업로드하고, 제목, 설명, 카테고리 등을 설정할 수 있다.
- 강의 제목 및 설명 작성: 강의 제목은 간결하고 명확하게 작성해야 한다. 학습자가 바로 어떤 강의인지 알 수 있도록 작성하는 것이 중요하다. 강의 설명은 수업의 내용을 잘 전달하면서도 흥미를 유발할 수 있는 방식으로 작성해야 한다.
- 강의 이미지와 썸네일: 썸네일 이미지는 첫인상을 결정짓는 중요한 요소이다. 고품질의 썸네일 이미지를 만들고, 학습자들이 강의를 클릭하고 싶어 하도록 유도해야 한다.

- 태그와 키워드: 강의와 관련된 태그와 키워드를 잘 설정하면 검색 시 상위에 노출되어 더 많은 학습자들에게 보일 수 있다.

- 가격 설정
- 유데미에서는 자유롭게 가격을 설정할 수 있다. 강의 가격은 일반적으로 $10~$200 사이로 설정되며, 자주 할인 이벤트가 진행되므로 가격 책정 시 이를 고려해야 한다.
- 가격 전략: 처음에는 저렴한 가격으로 설정해 많은 사람들의 관심을 끌고, 이후 강의를 개선하거나 추가 콘텐츠를 제공하면서 가격을 올리는 전략을 사용할 수 있다.
- 할인 및 프로모션: 유데미에서 자주 진행되는 할인 프로모션에 참여하면 더 많은 수익을 얻을 수 있다. 예를 들어, 50% 할인 등의 이벤트를 통해 학습자들이 더 많이 구매하게 유도할 수 있다.

5. 강의 마케팅 및 홍보 - 마케팅 전략
- 강의를 업로드했다고 해서 바로 수익이 발생하지 않다. 적극적으로 마케팅을 해야 한다.
- 소셜 미디어 활용: 페이스북, 인스타그램, 트위터, LinkedIn 등 다양한 소셜 미디어 플랫폼에서 강의를 홍보해야 한다. 강의 내용과 관련된 가치 있는 정보를 공유하여 관심을 유도할 수 있다.
- 블로그 및 유튜브: 자신의 블로그나 유튜브 채널을 통해 관련된 무료 콘텐츠를 제공하고, 이를 통해 유데미 강의를 홍보할 수 있다.
- 이메일 마케팅: 이메일 구독자를 확보하고, 할인 쿠폰이나 새로운 강의 업데이트를 알리는 방법으로 수요를 창출할 수 있다.

- 고객 리뷰와 피드백 활용
- 유데미에서 강의가 성공하려면 학생들의 리뷰와 피드백이 중요하다. 긍정적인 리뷰는 새로운 학습자를 유도할 수 있다. 학생 피드백을 수용하고 강의를 개선하는 노력을 기울여야 한다. 긍정적인 리뷰를 유도하기 위해 강의를 완료한 학습자에게 리뷰를 요청하는 방법도 있다.

6. 지속적인 강의 업데이트 - 강의 내용 업데이트
- 유데미에서 강의를 판매하며 수익을 지속적으로 창출하려면 강의 내용을 지속적으로 업데이트해야 한다. 특히 기술 분야에서는 최신 정보를 제공하는 것이 중요하다.
- 강의 보강: 강의를 주기적으로 보강하거나 새로운 강의 자료를 추가하여, 이미

수강한 학생들에게 업데이트된 내용을 제공할 수 있다.
- 새로운 강의 개설: 기존 강의와 관련된 후속 강의를 개설하거나, 새로운 주제를 추가하여 판매 기회를 확장할 수 있다.

> TIP

1. 강의 콘텐츠의 질을 우선시 해야 한다

- 유데미에서 성공적인 수익을 창출하려면 고퀄리티 강의가 필수이다. 단순히 정보만 제공하는 것이 아니라, 가치 있는 콘텐츠를 만들어야 한다.

- 명확하고 실용적인 목표 설정
- 학습자가 어떤 결과를 얻을 수 있을지 분명히 제시해야 한다. 예를 들어, "이 강의를 수강하면 Python 프로그래밍을 마스터할 수 있다"와 같은 구체적인 목표를 설정하는 것이 좋다.

- 시청각 자료를 활용
- 강의에서 영상뿐만 아니라 스크린샷, 애니메이션, PDF 자료, 퀴즈 등을 활용하여 학습 경험을 풍부하게 만들어주세요. 다양한 방식의 자료 제공은 학습 효과를 높이고, 학습자의 만족도를 증가시킬 수 있다.

- 쉬운 이해를 위한 분할
- 강의는 짧고 간결하게 만들어야 한다. 각 비디오는 10~20분 이내로 유지하며, 너무 길지 않도록 유의해야 한다. 긴 강의는 집중력 저하를 일으킬 수 있다.

2. 강의 마케팅 전략

- 강의가 아무리 훌륭하더라도, 이를 잘 홍보하지 않으면 수익을 극대화하기 어렵다. 유데미의 내부 마케팅 툴과 외부 채널을 모두 활용해야 한다.

- 강의 최적화 (SEO)
- 강의 제목, 설명, 키워드를 잘 설정해야 한다. 검색 최적화(SEO)를 고려해 강의가 검색 결과 상위에 노출되도록 해야 한다. 예를 들어, "2024년 최신 웹 개발 강의"와 같이 현재와 관련된 키워드를 사용하면 좋다.

- 비디오 썸네일과 소개 이미지
- 강의의 썸네일 이미지는 첫인상을 결정짓는 중요한 요소이다. 시각적으로 매력적이고 클릭을 유도할 수 있도록 눈에 띄는 썸네일을 만들어야 한다.
- 강의 소개 영상을 만들어 강의의 핵심 내용과 학습 목표를 간략하게 소개해야 한다.

- 소셜 미디어 활용
- 페이스북, 인스타그램, 트위터, LinkedIn 등 다양한 소셜 미디어 플랫폼에서 강의를 홍보해야 한다. 예를 들어, 유튜브에 관련된 무료 콘텐츠를 제공하고, 링크를 통해 유데미 강의를 유도할 수 있다.
- 블로그나 이메일 마케팅
- 자신의 블로그를 운영하거나, 이메일 구독자를 확보한 경우, 이를 통해 강의를 홍보하고 할인 코드나 특별 혜택을 제공하여 구매를 유도할 수 있다.

3. 가격 전략을 잘 설정해야 한다
- 유데미에서 강의를 판매할 때는 가격 전략이 매우 중요하다. 가격 책정은 강의의 가치와 경쟁력을 반영해야 한다.
- 초기 가격 저렴하게 설정
- 강의를 처음 출시할 때는 가격을 낮게 설정하여 초기 학습자들을 유치해야 한다. 할인 이벤트와 함께 강의를 제공하면 수강생을 더 쉽게 끌어들일 수 있다.
- 할인 프로모션 활용
- 유데미는 자주 할인 프로모션을 진행한다. 강의를 등록할 때 이와 같은 프로모션을 고려하여 가격을 설정하거나, 스스로 할인 쿠폰을 제공해 더 많은 학습자에게 다가갈 수 있다.
- 중간 가격대 유지
- 강의가 일정 수준 이상으로 인기를 얻으면 가격을 천천히 인상할 수 있다. 유데미의 트렌드와 같은 방식으로 가격을 변경하는 것도 고려하는게 좋다.

4. 학생과의 소통 강화
- 학생들과의 소통은 매우 중요한 요소이다. 리뷰와 피드백을 통해 강의 품질을 개선하고, 학생들의 만족도를 높여 지속적으로 수익을 창출할 수 있다.
- 리뷰와 피드백 적극적으로 수렴
- 강의를 수강한 후 학생들에게 리뷰를 요청하고, 받은 피드백을 토대로 강의를 개선해야 한다. 리뷰가 많고 긍정적인 평점을 받을수록, 강의의 인기도 올라가게 된다.
- 질문 답변 및 댓글 관리
- 강의에 대한 질문이 올라오면 빠르게 답변을 달고, 학습자의 의문을 해결해 주세요. 댓글을 통해 학생들과 소통하면서 커뮤니티를 활성화할 수 있다.
- Q&A 세션 추가

- 자주 묻는 질문들을 정리해서 FAQ 섹션을 추가하거나, 특정 시간에 라이브 Q&A 세션을 진행할 수 있다. 이는 학생들에게 더 큰 가치를 제공하며, 신뢰를 쌓는 데 도움이 된다.

5. 지속적인 강의 개선 및 업데이트

- 학생들은 최신 정보를 원하므로, 강의를 지속적으로 업데이트해야 한다. 기술이나 트렌드가 빠르게 변하는 분야에서는 특히 중요하다.

- 강의 내용 보강 및 업그레이드

- 강의를 수시로 업데이트하거나, 새로운 모듈을 추가해 최신 정보와 기술을 반영해야 한다. 이는 기존 수강생의 만족도를 높이고, 새로운 수강생을 유치하는 데도 도움이 된다.

- 피드백을 반영한 개정

- 학습자들의 피드백을 바탕으로 강의를 수정하고 보강하는 것도 중요하다. 예를 들어, 특정 개념이 어렵다고 피드백을 받았다면 그 부분을 더 자세히 설명하는 등의 수정을 할 수 있다.

6. 학생들에게 추가 가치를 제공하기

- 강의를 팔기만 하는 것이 아니라, 학생들에게 추가 가치를 제공하여 강의의 가치를 높일 수 있다.

- 보너스 콘텐츠 제공

- 수업에 대한 보너스 자료(예: 실습 파일, 템플릿, 체크리스트)를 제공하여 강의에 대한 가치를 높이고, 학습자들의 참여도를 높일 수 있다.

- 후속 강의 또는 관련 강의 연결

- 학생이 기초 강의를 마친 후 고급 강의나 후속 강의를 수강하도록 유도해야 한다. 후속 강의나 관련된 강의를 구매할 수 있도록 추천 시스템을 활용하는 것도 좋다.

7. 다양한 강의 형식 제공

- 강의 형식은 영상뿐만 아니라, 퀴즈, PDF 자료, 실습 파일 등 다양한 방식으로 제공하면 학생들의 학습 효과를 높일 수 있다.

- 혼합형 학습 제공

- 강의 내용에 대해 다양한 학습 방식(비디오, 읽기 자료, 실습)을 혼합하여 제공하면, 다양한 학습 스타일을 가진 학습자들이 더욱 효과적으로 학습할 수 있다.

수익자 리뷰

1. 프로그래밍 강의로 성공한 강사

- "유데미에서 강의를 시작한 지 1년 만에 월 평균 2,000달러 이상의 수익을 올리고 있어요. 처음에는 프로그래밍 초보자들을 위한 간단한 강의부터 시작했어요. 강의는 꾸준히 업데이트했고, 처음에는 가격을 낮게 설정했지만 점차 강의의 퀄리티가 높아지면서 가격을 올렸어요. 학생들의 피드백을 반영해 강의를 개선하는 과정을 거쳤고, 점점 더 많은 수강생을 확보하게 되었죠. 가장 중요한 것은 학생들의 피드백을 적극적으로 반영하여 강의를 계속 발전시킨 점이에요." "유데미의 추천 시스템을 활용해야 한다. 좋은 강의는 자동으로 추천되기 때문에, 강의의 퀄리티가 높아질수록 더 많은 학습자들에게 노출된다."

2. 마케팅 강의로 성공한 강사

- "저는 온라인 마케팅과 소셜 미디어 마케팅에 대한 전문 지식을 가지고 있어요. 처음 유데미에서 강의를 개설한 뒤, 첫 달에 1,500달러 정도 벌었죠. 제 강의는 디지털 마케팅 입문자들에게 유용한 정보를 제공하는 것을 목표로 했어요. 강의를 처음 개설할 때는 가격을 저렴하게 설정하고, 강의의 소개 영상을 매력적으로 만들어서 학생들의 관심을 끌었어요. 그리고 제 강의가 잘 팔리자 학생들의 리뷰와 피드백을 통해 강의의 퀄리티를 꾸준히 개선했어요." "강의의 성공적인 마케팅을 위해서는 SEO와 키워드 전략이 매우 중요하다. 유데미에서 강의가 검색될 때, 적절한 키워드를 사용하여 노출되도록 해야 한다."

3. 비즈니스 강의로 수익을 올린 강사

- "저는 경영학과 전략적인 비즈니스 계획에 대한 강의를 유데미에 업로드했어요. 처음에는 강의가 별로 판매되지 않았지만, 강의를 조금 더 상세하고 깊이 있게 개선하고, 관련된 사례를 추가하였더니 수익이 급격히 늘었어요. 특히 네트워킹과 인맥 구축, 리더십 개발과 관련된 주제로 강의를 만든 것이 대박이었어요. 유데미 플랫폼이 제공하는 할인 프로모션을 활용해 강의를 할인하여 더 많은 수강생을 끌어들였고, 그 결과 판매 수익이 급증했어요." "비즈니스 관련 강의를 할 때는 실제 사례와 구체적인 전략을 제공해야 학생들이 실질적으로 도움이 된다고 느낍니다. 또한 연관된 주제를 추가하여 한 번에 여러 강의를 판매하는 것이 유리합니다."

4. 디자인 강의로 성공한 강사

- "저는 그래픽 디자인을 전공한 후, 유데미에서 디자인 초보자들을 위한 강의를 시작했어요. 처음에는 강의가 잘 팔리지 않았지만, 강의 내용을 더 직관적이고

쉽게 만들고, 예제를 풍부하게 추가했어요. 그 후 학생들의 피드백을 바탕으로 강의를 자주 업데이트하고, 강의의 구조를 체계적으로 만들었더니 점차 학생들의 평점이 올라갔어요. 첫 6개월 만에 강의로 3,000달러 이상의 수익을 올렸어요." "디자인 강의는 실습이 매우 중요하다. 이론적인 설명보다는 학생들이 즉시 활용할 수 있는 예제를 통해 배울 수 있도록 하는 것이 효과적이다."

30 티처블 Teachable

티처블은 어떤 곳인가요?

티처블(Teachable)은 온라인 코스 플랫폼으로, 개인 강사나 기업이 자신의 온라인 교육 콘텐츠를 만들고 판매할 수 있도록 지원하는 서비스이다. 티처블을 이용하면, 사용자는 자신만의 교육 웹사이트를 구축하고, 강의 콘텐츠를 업로드한 후 수강생에게 판매하는 방식으로 수익을 창출할 수 있다. 특히 프로그램 구성이나 디자인을 쉽게 설정할 수 있어, 온라인 교육 비즈니스를 시작하고 싶은 사람들에게 매우 유용한 도구이다.

주요 특징

1. **온라인 코스 생성 도구**
   - 티처블은 강의 콘텐츠를 업로드하고, 모듈, 퀴즈, 증명서 등을 쉽게 만들 수 있는 도구를 제공한다. 텍스트, 비디오, 오디오, PDF 등 다양한 형식의 콘텐츠를 지원하며, 다양한 강의 형태를 구성할 수 있다.

2. **브랜딩 및 디자인 커스터마이징**
   - 티처블은 강사에게 자신의 브랜드를 구축할 수 있도록 디자인 커스터마이징 기능을 제공한다. 이를 통해 강의 사이트를 자신만의 스타일로 꾸밀 수 있다. 도메인 연결이 가능해 자신의 도메인을 사용하여 브랜드 이미지를 강화할 수 있다.

3. **판매 및 결제 시스템**
   - 티처블은 직접 결제 시스템을 제공하며, 강사들은 가격 설정과 할인 코드 제공 등을 통해 강의를 판매할 수 있다. 정기 구독 모델도 지원하며, 일시불 결제와 구독형 모델을 선택할 수 있다.

4. **자동화된 마케팅 도구**
   - 강사들이 자동화된 이메일 마케팅을 활용할 수 있게 해주는 기능도 제공하며, 이를 통해 수강생을 유치하고 관리할 수 있다. 예를 들어, 자동 이메일 시퀀스를 설정해 신입 수강생에게 온보딩 이메일을 보내거나, 할인 쿠폰을 제공하는 방식이다.

5. **회원 관리 기능**
   - 강사들은 수강생을 관리하고, 강의 진행 상황을 모니터링할 수 있는 기능을 제

공한다. 또한, 포럼이나 커뮤니티 기능을 활용하여 수강생들 간의 상호작용을 증진시킬 수 있다.

6. 온라인 코스 및 콘텐츠 분석 도구

- 티처블은 수강생의 수업 진행 상황이나 판매 분석 데이터를 제공한다. 강사들은 이를 통해 강의의 효과와 수익 성과를 쉽게 분석하고, 개선할 수 있다.

수익화 단계별 가이드

1. 시장 조사 및 강의 아이디어 구상

1) 시장 조사

- 타겟 시장 분석: 어떤 분야에서 수요가 있는지 파악해야 한다. 예를 들어, 기술, 디자인, 비즈니스, 자기 계발 등 여러 카테고리에서 수요가 높은 주제를 분석한다.
- 경쟁 분석: 티처블과 다른 온라인 교육 플랫폼에서 인기 있는 강의를 살펴보고, 경쟁자가 제공하는 콘텐츠를 분석하는게 좋다. 어떤 스타일의 강의가 인기를 끌고 있는지, 가격대는 어떻게 설정되어 있는지 파악하는 것이 중요하다.
- 학생의 문제 해결: 타겟 학생들이 어떤 문제를 겪고 있는지 파악하고, 그 문제를 해결할 수 있는 강의를 제공하는 것이 성공의 열쇠이다.

2) 강의 아이디어 선정

- 시장 조사를 바탕으로 수요가 있고 경쟁이 적당한 주제를 선정한다.
- 핵심 문제 해결: 학생들이 해결하고자 하는 문제를 중심으로 강의의 핵심 목표를 설정한다. 예를 들어, "초보자를 위한 웹 개발", "비즈니스에서 생산성 높이기"와 같이 명확한 목표를 제시해야 한다.

2. 강의 콘텐츠 개발

1) 강의 내용 설계

- 모듈화: 강의를 모듈별로 나누어 학습할 수 있도록 구성한다. 각 모듈은 짧고 핵심적인 내용으로 구성해 학습자의 집중도를 높인다.
- 실습 및 예제 추가: 실습을 통해 학생들이 배운 내용을 즉시 적용할 수 있도록 해야 한다. 강의 내용에 실제 예제와 퀴즈를 추가하면 학습 효과가 높아진다.
- 멀티미디어 콘텐츠: 텍스트뿐만 아니라, 비디오, PDF 자료, 슬라이드, 퀴즈 등 다양한 형태의 콘텐츠를 제공해 학생들이 다양한 방식으로 학습할 수 있도록 한다.

2) 강의 촬영 및 제작
- 영상 품질: 강의를 비디오 형식으로 제공하는 경우, 영상 품질이 중요하다. 좋은 조명과 선명한 오디오는 학생들의 학습 경험을 크게 향상시킬 수 있다.
- 스크립트 준비: 강의를 녹화하기 전에 스크립트를 작성하여 논리적으로 흐름을 만들고 중요한 포인트를 빠뜨리지 않도록 한다.
- 편집: 불필요한 부분은 제거하고, 강의 내용이 더욱 명확하게 전달될 수 있도록 편집한다. 필요한 경우 자막이나 그래픽 효과를 추가하는 것도 도움이 된다.

3. 강의 플랫폼 설정 및 업로드

1) 티처블 계정 생성
- 티처블에 강사 계정을 생성하고, 프로필을 설정한다. 강사의 경험이나 전문성을 명확히 소개하여 신뢰를 줄 수 있다.

2) 강의 페이지 설정
- 브랜딩: 강의 페이지에서 자신의 브랜드 이미지를 반영하는 것이 중요하다. 티처블에서는 로고, 색상, 디자인 등을 자유롭게 커스터마이즈 할 수 있다.
- 강의 제목 및 설명: 강의 제목은 짧고 간결하게 작성하되, 수험생들이 강의를 통해 어떤 이점을 얻을 수 있는지 명확하게 설명해야 한다. 예를 들어, "HTML과 CSS로 나만의 웹사이트 만들기"처럼 구체적이고 유익한 목표를 강조해야 한다.
- 강의 가격: 강의 가격을 경쟁력 있게 설정해야 한다. 비슷한 주제를 다룬 강의의 가격을 참고하고, 첫 번째 강의 할인이나 프로모션 가격 등을 고려할 수 있다.

3) 결제 시스템 설정
- 티처블은 다양한 결제 방법을 지원하므로, 학생들이 편리하게 결제할 수 있도록 결제 시스템을 설정한다.
- 구독형 모델 또는 단기 결제(일시불 모델) 등의 결제 방식을 선택할 수 있으며, 강의에 맞는 결제 방식을 설정한다.

4. 마케팅 및 판매 전략 수립

1) 강의 페이지 최적화(SEO)
- 검색 엔진 최적화(SEO)를 통해 티처블 내에서 강의가 잘 노출될 수 있도록 한다. 강의 제목, 설명, 키워드 등에 관련성과 인기 키워드를 반영하여 검색 결과 상위에 노출되게 한다. 유효한 키워드를 찾아 강의에 적용하고, 추천 강의나 유사 강의와 비교될 수 있도록 한다.

2) 소셜 미디어 활용
- 강의를 소셜 미디어(페이스북, 인스타그램, 트위터 등)에서 홍보해야 한다. 강의의 예시 영상이나 미리보기 콘텐츠를 통해 관심을 끌 수 있다. 강의와 관련된 블로그 포스트나 유튜브 채널을 운영하면 무료 콘텐츠로 구독자를 유도하고, 강의 구매를 유도할 수 있다.

3) 이메일 마케팅
- 이메일 리스트를 구축하여 할인 코드, 새로운 강의 출시, 강의에 대한 업데이트 등을 학생들에게 정기적으로 전송한다. 자동화된 이메일 시퀀스를 설정해 신입 수강생에게 강의를 효과적으로 안내하거나, 기존 수강생에게 추가 강의를 추천할 수 있다.

4) 할인 및 프로모션 활용
- 한정된 시간 동안의 할인이나 프로모션을 활용하여 강의를 구매할 유인책을 제공한다. 예를 들어, "첫 100명 수강생 50% 할인"과 같은 한정된 프로모션을 진행할 수 있다. 할인 코드를 제공하여 학생들이 강의를 더 매력적으로 느끼도록 유도해야 한다.

5. 학생 피드백 및 강의 개선

1) 학생 피드백 수집
- 강의를 수강한 학생들에게 피드백을 요청하고, 리뷰를 받아 강의 개선에 활용해야 한다. 피드백은 강의의 퀄리티를 높이고 더 나은 콘텐츠를 제공하는 데 중요한 역할을 한다. 수업에 대한 긍정적인 리뷰는 새로운 수강생을 유치하는 데 큰 도움이 된다.

2) 강의 콘텐츠 업데이트
- 강의가 오래된 정보를 포함하고 있다면 정기적으로 업데이트하여 최신 정보를 제공해야 한다. 예를 들어, 기술 관련 강의는 새로운 버전의 도구나 언어에 대한 업데이트가 필요할 수 있다. 추가 자료(예: PDF 자료, 예제 코드, 퀴즈 등)를 추가하여 강의를 더욱 풍성하게 만들 수 있다.

6. 지속적인 홍보 및 수익 확대

1) 새로운 강의 개설
- 처음 만든 강의가 성공적이라면, 관련된 주제에 대한 추가 강의를 만들어 수익을 확장할 수 있다. 예를 들어, "기초 웹 개발" 강의를 만든 후 고급 웹 개발이나 프론트엔드/백엔드 개발 관련 강의를 추가하는 방식이다.

2) 제휴 마케팅 활용
- 제휴 마케팅을 통해 강의를 더 많은 사람에게 홍보할 수 있다. 유데미와 같은

플랫폼에서 제공하는 파트너 프로그램을 활용하거나, 블로거나 유튜버와 협력하여 강의를 소개할 수 있다.

3) 정기적인 이메일 캠페인
- 이메일 캠페인을 통해 학생들에게 신규 강의나 특별 이벤트를 지속적으로 알리며 강의 판매를 촉진한다. 예를 들어, 과정 완료 후 후속 강의를 추천하거나, 업데이트된 강의 내용을 알리는 등의 방법을 사용할 수 있다.

TIP

1. 타겟 시장을 정확하게 정의하라
- 세부적인 타겟 설정: 어떤 사람들에게 강의를 제공할지 명확히 정의해야 한다. 예를 들어, 초보 웹 개발자, 마케팅 전문가, 자기 계발을 원하는 직장인 등 특정한 집단을 목표로 강의를 만들면 더 효과적이다.
- 페르소나 분석: 타겟 수험생의 연령대, 직업, 관심사 등을 분석하고, 그들이 가장 필요로 하는 문제를 해결하는 강의를 제공해야 한다.

2. 차별화된 강의 콘텐츠 제공
- 고유한 콘텐츠: 비슷한 강의가 이미 많다면, 차별화된 콘텐츠를 제공하는 것이 중요하다. 개인적인 경험이나 특별한 노하우를 바탕으로 강의를 구성하고, 다른 강의와 비교해 독특한 점을 부각시킬 수 있도록 한다.
- 단계적 접근: 강의를 초급, 중급, 고급으로 나누어 학습자가 자신의 수준에 맞는 콘텐츠를 쉽게 찾을 수 있도록 구성해야 한다.

3. 강의 퀄리티를 극대화하라
- 비디오 품질: 비디오 강의는 고화질로 제작하고, 명확한 오디오가 필요하다. 조명, 마이크 등을 신경 써서 시청자가 불편하지 않도록 해야 한다.
- 자료 제공: 학생들에게 추가 자료(예: PDF, 템플릿, 퀴즈 등)를 제공하여 학습 효과를 높이고, 더 많은 가치를 제공할 수 있다.
- 실습 강조: 학생들이 직접 실습을 통해 배울 수 있도록 강의를 구성하고, 가능한 한 많은 실제 예시를 보여줘야 한다.

4. SEO 최적화로 강의 검색률 높이기
- 키워드 연구: 강의 제목과 설명에 적합한 키워드를 포함시켜 검색 엔진에서 강의가 더 잘 노출되도록 한다. 예를 들어, "HTML과 CSS 배우기"와 같이 사람들이 자주 검색할 수 있는 키워드를 사용해야 한다.
- 강의 설명: 강의 설명에 문법적으로 올바른, 명확한 설명을 담아 학생들이 강의

내용을 쉽게 이해하도록 돕다. 또한, 가능한 한 구체적인 성과나 학생이 얻을 수 있는 혜택을 명시한다.

5. 강의 가격 설정 전략

- **가격 실험**: 처음에는 저렴한 가격으로 강의를 출시하고, 시간이 지나면서 가격을 인상하는 전략을 사용할 수 있다. 이를 통해 초기 수요를 늘리고, 점차 가격을 올리면서 수익을 극대화할 수 있다.
- **할인 및 프로모션**: 강의를 출시할 때 할인 코드나 특별 프로모션을 제공하면 첫 수강생을 유치하기 좋다. 예를 들어, "런칭 1주일 동안 50% 할인"과 같은 방식이다.
- **구독형 모델 고려**: 구독형 모델을 도입하여, 일정 기간마다 지속적으로 정기적인 수익을 창출할 수 있다. 예를 들어, 매달 새로운 강의를 제공하고, 수강생들이 지속적으로 구독하도록 유도하는 방법이 있다.

6. 강의 마케팅 자동화 활용

- **자동 이메일 마케팅**: 티처블은 이메일 마케팅 자동화 기능을 제공하므로, 새로운 수험생에게 환영 이메일, 할인 코드 제공 이메일, 과정 업데이트 이메일 등을 자동으로 보낼 수 있다. 이메일을 통해 학생들과 꾸준히 소통하고, 학습을 유도하는 것이 중요하다.
- **세그먼트화**: 이메일 목록을 세그먼트화하여, 각 학생에게 맞춤형 정보를 제공해야 한다. 예를 들어, 새로운 수험생, 강의 중단 학생, 완강한 학생에게 각각 다른 이메일 캠페인을 제공하는 방법이다.

7. SNS를 통한 홍보

- **소셜 미디어 활용**: 페이스북, 인스타그램, 링크드인 등 소셜 미디어를 적극 활용하여 강의를 홍보해야 한다. 강의에 대한 예고편이나 미리보기 영상을 공유하여 관심을 끌 수 있다.
- **유튜브 채널 운영**: 유튜브 채널을 통해 무료 강의나 팁을 제공하고, 강의와 관련된 채널을 운영해 구독자를 모은 후, 강의를 판매하는 전략을 사용할 수 있다. 유튜브는 검색을 통해 새로운 수험생을 유도하는 데 효과적이다.
- **블로그 운영**: 강의와 관련된 블로그 콘텐츠를 작성하여 검색 엔진 최적화(SEO)를 통해 더 많은 수험생을 유치할 수 있다. 예를 들어, "자기 계발을 위한 5가지 팁"과 같은 블로그 포스트를 통해 관심을 유도하고 강의를 소개할 수 있다.

8. 학생 리뷰와 피드백 활용

- **리뷰 요청**: 강의 수료 후 학생들에게 리뷰를 요청하여 강의의 신뢰성을 높이고,

새로운 수험생을 유도할 수 있다. 긍정적인 리뷰는 강의의 판매를 촉진하고, 학생들에게 신뢰를 줍니다.
- 피드백 반영: 학생들의 피드백을 적극적으로 반영하여 강의를 업데이트하고, 학습자의 요구에 맞는 내용을 추가한다. 이를 통해 강의를 더 개선하고, 학생 만족도를 높일 수 있다.

9. 강의 콘텐츠 지속적 업데이트
- 정기적인 업데이트: 강의를 최신 상태로 유지하기 위해 정기적으로 업데이트해야 한다. 예를 들어, 새로운 기술이나 트렌드가 등장하면 강의 내용을 갱신하여 항상 최신 정보를 제공하는 것이 중요하다.
- 보너스 콘텐츠 추가: 강의에 보너스 자료를 추가하거나, 보충 강의를 제공하여 학생들에게 더 많은 가치를 전달해야 한다. 예를 들어, "Q&A 세션", "심화 강의" 등 추가 자료를 제공할 수 있다.

10. 커뮤니티 구축
- 학생들 간의 상호작용: 강의 내에 포럼이나 Q&A 섹션을 추가하여 학생들 간에 상호작용을 유도한다. 학생들이 서로 질문을 하고 답변을 받을 수 있는 공간을 마련해, 더 깊이 있는 학습을 할 수 있도록 돕는다.
- 커뮤니티 활동: 강의와 관련된 커뮤니티나 페이스북 그룹을 만들어 수험생들이 소통하고, 서로 도움을 주고받을 수 있는 환경을 제공한다.

수익자 리뷰

1. Emily, 디지털 마케팅 강사
- "티처블을 사용한 이후 제 온라인 강의를 통해 첫 해에 5만 달러 이상을 벌었다. 제 강의는 디지털 마케팅 전략과 소셜 미디어 광고에 관한 내용이었고, 티처블의 직관적인 인터페이스 덕분에 쉽게 강의를 제작하고 판매할 수 있었다. 이메일 자동화 시스템과 결제 기능 덕분에 강의 운영이 원활하게 이루어졌고, 마케팅 도구들도 매우 유용했다. 강의를 팔기 위한 여러 방법을 시도했는데, 특히 할인 코드와 구독 모델을 활용한 전략이 효과적이었다. 수익은 첫 해에 5만 달러 이상을 벌었다."

2. John, 개인 브랜딩 전문가
- "저는 티처블을 사용해 비즈니스 코칭 프로그램을 운영하고 있어요. 제 강의는 온라인 비즈니스 구축과 개인 브랜딩에 관한 내용인데, 티처블 덕분에 내 강의 사이트를 쉽게 관리할 수 있었웁ㅅ. 가장 큰 장점은 강의와 관련된 모든 것을

하나의 플랫폼에서 관리할 수 있다는 점이에요. 결제 시스템, 마케팅 도구, 수험생 관리가 모두 잘 통합되어 있어, 비즈니스 운영에 드는 시간이 줄어들었어요. 지금은 매달 안정적인 월수익 창출하고 있어요."

3. Samantha, 건강 및 웰빙 코치

- "저는 티처블을 사용하여 온라인 요가 강의와 피트니스 프로그램을 판매하고 있어요. 처음에는 약간 두려움도 있었지만, 티처블의 간단한 강의 업로드 시스템 덕분에 모든 과정이 훨씬 쉬웠어요. 게다가, 티처블의 강의가 자동화된 이메일 마케팅과 추천 기능을 지원해 주기 때문에, 기존 학생들이 다른 프로그램을 쉽게 구매하도록 유도할 수 있었어요. 요즘은 프로그램을 연간 구독 모델로 제공하면서 지속적인 수익을 얻고 있어요."

4. Liam, 작가 및 창작 워크숍 운영자

- "티처블을 통해 작문 및 창작 워크숍을 개설했는데, 예상보다 훨씬 빠르게 수익을 올릴 수 있었다. 특히 강의를 비디오와 PDF 자료를 결합해 구성할 수 있었고, 제 강의에 대한 수험생들의 긍정적인 피드백 덕분에 더 많은 학생들이 참여하고 있다. 중요한 점은 티처블이 디자인 커스터마이징을 쉽게 해주어서, 내 브랜드 이미지에 맞는 웹사이트를 만드는 데 큰 도움이 되었다는 것이다. 판매와 마케팅은 꾸준히 진행 중이며, 점점 더 많은 사람들이 제 강의를 찾고 있다."

디지털 노마드 33선

31 온라인 한국어튜터링

온라인 한국어튜터링은 무엇인가요?

온라인 한국어 튜터링은 인터넷을 통해 한국어를 배우거나 가르치는 교육 서비스를 말한다. 특히 한국어를 외국어로 배우고자 하는 사람들에게, 원어민 또는 숙련된 한국어 교사가 실시간으로 한국어를 가르치는 방식이다. 이 튜터링은 대면 수업이 아닌 온라인 화상 수업, 채팅, 음성 수업 등의 형태로 이루어진다. 학습자는 집에서 편안하게 인터넷만 있으면 한국어를 학습할 수 있으며, 교사는 온라인 플랫폼을 통해 전 세계의 학습자를 가르칠 수 있다.

주요 특징

1. **실시간 화상 수업**
   - 대부분의 온라인 한국어 튜터링은 Zoom, Skype, Google Meet 등과 같은 화상 회의 소프트웨어를 이용하여 실시간으로 수업을 진행한다. 학생과 교사는 실시간으로 대화하며 한국어를 학습한다.

2. **채팅 기반 수업**
   - 일부 튜터링 서비스는 텍스트나 메시지를 주고받으며 수업을 진행한다. 특히 글쓰기나 문법 교정을 중점적으로 하는 경우가 많다.

3. **음성 기반 수업**
   - 화상 수업을 대신해 음성만으로도 수업을 진행할 수 있다. 이는 귀찮은 카메라 설정이나 인터넷 연결 문제를 피할 수 있는 장점이 있다.

4. **맞춤형 학습 계획**
   - 학습자의 수준과 목표에 맞춘 맞춤형 수업을 제공한다. 예를 들어, 기초 한국어, 회화 중심의 수업, TOPIK (한국어 능력 시험) 준비, 비즈니스 한국어 등을 포함한 다양한 수업이 가능하다.

5. **비용 효율성**
   - 대부분의 온라인 한국어 튜터링은 전통적인 오프라인 수업보다 상대적으로 더 저렴하고, 시간과 장소의 제약을 받지 않기 때문에 학습자에게 유리하다.

6. **다양한 온라인 플랫폼**
   - 온라인 한국어 튜터링을 제공하는 다양한 플랫폼이 존재한다. 대표적으로는

italki, Preply, Tandem, HelloTalk 등이 있으며, 이를 통해 전 세계의 한국어 교사와 수업을 예약할 수 있다.

장점

1. 언제 어디서나 학습 가능
- 인터넷만 있으면 전 세계 어디서든 한국어 수업을 받을 수 있다. 시간과 장소에 구애받지 않기 때문에 바쁜 일정을 가진 사람들에게 매우 유리하다.

2. 다양한 학습 옵션
- 학습자는 자신의 목표와 수준에 맞는 다양한 수업 옵션을 선택할 수 있다. 기초부터 고급, 회화, 문법, 시험 준비 등 다양한 방향으로 수업을 맞출 수 있다.

3. 저렴한 비용
- 전통적인 오프라인 학원보다 비용이 저렴한 경우가 많다. 또한, 패키지나 그룹 수업을 통해 더 합리적인 가격으로 수업을 들을 수 있다.

4. 개인 맞춤형 피드백
- 수업이 1:1로 진행되는 경우가 많기 때문에, 학습자는 자신만의 속도에 맞춰 학습하고 개별적인 피드백을 받을 수 있다. 이를 통해 빠르게 개선할 수 있다.

5. 한국어를 자연스럽게 사용
- 실시간 회화 수업을 통해 언어의 자연스러운 흐름을 배울 수 있고, 언어 환경에 대한 적응을 높일 수 있다. 특히, 실제 한국어 사용에 초점을 맞추는 경우, 말하기 능력 향상에 매우 효과적이다.

수익화 단계별 가이드

1. 한국어 튜터로서의 자격 준비
- 온라인 한국어 튜터로 시작하기 전에, 자신이 제공할 수 있는 강의의 질을 높이기 위한 자격을 갖추는 것이 중요하다.
- 언어 능력: 한국어를 원어민 수준으로 구사할 수 있어야 하며, 문법, 발음, 어휘 등 다양한 부분에서 깊이 있는 지식이 필요하다.
- 한국어 교육 자격증 취득: 많은 온라인 플랫폼에서는 한국어 교육 자격증을 보유한 튜터를 선호한다. 예를 들어, 한국어 교원 2급 자격증을 취득하면 더 신뢰를 얻을 수 있다.
- 대학 전공: 한국어와 관련된 전공(예: 한국어학, 언어학, 교육학 등)이 있다면 유

리하다.
- 교습 경험: 언어 학습에 대한 경험이 없다면, 자원봉사나 친구들을 대상으로 튜터링을 해보는 것도 좋은 경험이 될 수 있다.

2. 온라인 플랫폼에 가입하고 프로필 작성

- italki, Preply, Verbling 등의 온라인 튜터링 플랫폼에 가입해 자신만의 튜터 프로필을 작성해야 한다.
- 자기소개: 자신이 어떤 배경과 경험을 가지고 있는지 설명해야 한다. 예를 들어, "저는 한국어를 원어민처럼 구사할 수 있으며, 한국어 교육 자격증을 보유하고 있다."와 같이 신뢰를 줄 수 있는 정보를 제공해야 한다.
- 특화된 수업: 기초 한국어, 회화 중심, TOPIK 준비, 비즈니스 한국어 등 자신이 제공할 수 있는 수업 유형을 명확히 설명한다.
- 사진 및 동영상: 사진은 프로페셔널하고 친근하게 찍은 것을 사용하고, 자기소개 동영상을 업로드하여 학생들에게 자신감을 줄 수 있다.
- 가격 설정: 초기에는 경쟁력 있는 가격을 설정하여 많은 학생들을 유치하는 것이 좋다. 경험이 쌓이면 가격을 올릴 수 있다.
- 수업 방식과 예약 시스템 설정: 수업 시간과 시간대를 명확히 설정하고, 학생들이 쉽게 예약할 수 있도록 예약 시스템을 설정한다.
- 수업 준비물: 자신이 사용할 교재나 자료가 있으면 공유하고, 학습자에게 제공할 자료를 준비한다.

3. 첫 수업 준비 및 진행

- 첫 수업은 학생에게 자신을 소개하고, 학습 목표를 설정하는 중요한 시간이다. 성공적인 첫 수업을 위해 준비할 사항은 다음과 같다.
- 학생의 목표 파악: 첫 수업에서 학생의 학습 목표와 현재 수준을 파악한다. 예를 들어, 학생이 기초 한국어를 배우고자 한다면, 기초 문법과 회화 중심 수업을 중심으로 진행한다.
- 수업 자료 준비: 학생의 수준에 맞는 맞춤형 교재나 자료를 준비한다. 예를 들어, 초급 학생에게는 기본 문법, 중급 학생에게는 실생활 회화를 중점적으로 가르칠 수 있다.
- 학생과 소통: 수업 중 학생이 궁금한 점이나 어려운 부분에 대해 질문을 유도하고, 적극적으로 피드백을 제공한다.

4. 수업을 통해 학생 유치

- 온라인 튜터링의 성공적인 비결은 학생의 만족도이다. 수업을 진행하면서 학생

들을 계속 유치하기 위한 방법은 다음과 같다.
- 피드백과 개선: 수업 후 학생에게 피드백을 주고, 학생의 학습 진도를 체크한다. 학생이 부족한 부분을 강조하고, 다음 수업에서 보완할 점을 제시한다.
- 학생 리뷰 관리: 많은 온라인 플랫폼에서는 수업 후 리뷰가 매우 중요하다. 학생에게 수업 후 긍정적인 리뷰를 남겨달라고 부탁하고, 리뷰를 잘 관리한다.
- 학습 자료 및 연습: 수업 중에 나온 중요한 포인트를 학생에게 복습할 자료를 제공하고, 과제를 내주는 것도 효과적이다. 학생은 과제를 통해 학습을 강화할 수 있다.
- 지속적인 연락: 수업을 듣는 학생과 계속 연락을 유지하며, 새로운 수업이나 프로모션을 안내한다. 정기적인 수업을 유도할 수 있다.

5. 다양한 수입원 만들기
- 학생 수가 증가하면, 더 많은 수익을 창출할 수 있다. 또한, 독립적인 방식으로 수익을 올릴 수 있는 방법도 있다.
- 단기 집중 강의: 특정 주제나 시험 준비, 예를 들어 TOPIK이나 비즈니스 한국어 같은 난기 집중 강의를 개설하여 더 높은 수익을 올릴 수 있다
- 온라인 강의 제작: 다양한 한국어 학습 콘텐츠를 온라인 강의로 만들어 판매할 수 있다. 예를 들어, 한국어 발음 교정, 한국어 작문 등의 주제로 강의를 제작할 수 있다.
- 자체 웹사이트 운영: 어느 정도 튜터링 경험이 쌓이면, 자신만의 웹사이트나 블로그를 만들어서 학생을 유치하고, 자체 결제 시스템을 구축할 수 있다. 이를 통해 직접적인 수익을 올릴 수 있다.

6. 지속적인 마케팅과 네트워크 확장
- 학생을 꾸준히 유치하고 더 많은 수익을 얻기 위해서는 마케팅과 네트워크 확장이 필요하다.
- SNS 활용: Instagram, YouTube, Facebook 등을 통해 한국어 학습 콘텐츠를 게시하고, 자신의 수업을 홍보한다.
- SEO 최적화: 검색 엔진 최적화(SEO)를 통해 자신의 블로그나 웹사이트를 잘 노출시키고, 자기소개 및 수업을 광고할 수 있다.
- 특별 이벤트와 프로모션: 신규 학생들을 유치하기 위해 할인 이벤트, 추천 프로그램, 친구 추천 프로그램 등을 제공할 수 있다.

> TIP

1. 타겟 학생층을 정확히 설정하라
- 학생의 수준과 학습 목적에 맞춘 맞춤형 수업을 제공하는 것이 매우 중요하다. 초보자를 대상으로 한다면, 기초 한국어, 기본 문법, 발음 교정 등의 수업을 제공해야 한다. 중급자나 고급자를 대상으로 할 경우, 더 복잡한 문법 구조나 상황별 회화, 문화적 배경을 중심으로 수업을 진행한다. 특정 목적 (예: TOPIK 준비, 비즈니스 한국어)을 위한 수업을 제공하는 것도 좋은 방법이다.

2. 자신만의 수업 스타일을 구축하라
- 온라인 수업의 경쟁이 치열하므로, 자신만의 독특한 수업 스타일을 만들어야 한다. 학생들이 다른 튜터와 차별화된 경험을 할 수 있도록 노력해야 한다.
- 개인화된 피드백: 학생에게 맞춤형 피드백을 제공하여 수업의 질을 높이세요. 학생이 어려워하는 부분을 파악하고 그에 맞는 연습 문제를 제공한다.
- 참여형 수업: 학생이 적극적으로 참여할 수 있도록 유도해야 한다. 예를 들어, 학생에게 질문을 던지고 그에 대한 답을 유도하는 방식이다.
- 다양한 학습 자료: 텍스트, 이미지, 동영상 등 다양한 자료를 활용하여 지루하지 않게 수업을 진행해야 한다.

3. 프리미엄 콘텐츠 제공
- 기본적인 한국어 수업 외에도 프리미엄 콘텐츠를 제공하여 부가적인 수익을 얻을 수 있다.
- 온라인 한국어 강의 제작: 기본적인 회화, 문법, 발음 강의 외에도 특화된 강의를 만들어 유료로 제공할 수 있다. 예를 들어, 한국어 발음 교정, TOPIK 대비 강의, 한국어 작문 등의 강의이다.
- 한정판 자료 제공: 학생들에게 특별한 학습 자료(예: 문법 노트, 발음 교정 체크리스트 등)를 유료로 제공할 수 있다.

4. 학생 리뷰 활용
- 학생들이 수업 후 남긴 리뷰는 새로운 학생들을 유치하는 데 큰 도움이 된다. 리뷰는 온라인 튜터링 플랫폼에서 중요한 요소이다.
- 적극적으로 리뷰 요청: 수업이 끝난 후, 학생에게 리뷰를 남기도록 유도해야 한다. "수업이 도움이 되셨나요?" 또는 "후기 남겨주시면 더 좋은 수업을 제공할 수 있다"라고 친절하게 요청한다.
- 리뷰에 대한 피드백: 학생이 남긴 리뷰에 감사의 말을 전하고, 긍정적인 피드백

을 잘 관리해야 한다. 부정적인 피드백은 향후 개선을 위한 기회로 삼고, 이를 통해 더 나은 튜터로 성장할 수 있다.

5. SNS 및 온라인 마케팅 활용

- SNS와 온라인 마케팅은 온라인 튜터링 사업에서 매우 중요한 역할을 한다. Instagram, YouTube, TikTok 활용: 한국어 관련 콘텐츠를 자주 게시하고, 자신을 알리는 계정으로 활용해야 한다. 예를 들어, 짧은 한국어 표현, 유용한 문법 팁, 한국 문화 소개 등의 콘텐츠를 공유한다.
- YouTube 채널 운영: YouTube에서 무료로 제공하는 짧은 강의나 팁 영상을 통해 많은 구독자를 얻고, 유료 수업으로 연결될 수 있다.
- Facebook, X 등: 다양한 온라인 커뮤니티에 참여하고, 한국어 공부와 관련된 그룹에 자신의 수업을 소개하여 학생을 유치한다.

6. 시간과 가격의 유연성

- 온라인 한국어 튜터링의 장점 중 하나는 유연한 시간 관리와 가격 책정이다. 자신만의 전략을 세워 유리한 조건을 만들어 보는게 좋다.
- 시간대 유연성: 세계 각지에서 학생을 만날 수 있으므로 다양한 시간대에 수업을 제공하여 더 많은 학생을 유치할 수 있다.
- 가격 책정 전략: 처음에는 경쟁력 있는 가격으로 학생들을 유치하고, 이후 경험이 쌓이면 가격을 점차 인상하는 전략을 사용할 수 있다.

7. 학습 자료와 추가 리소스 제공

- 학생이 수업 외에도 독립적으로 학습할 수 있도록 추가 자료를 제공하는 것이 유리하다.
- 문법 정리 자료: 수업 중 배운 문법 포인트를 정리한 자료를 학생에게 제공하거나, 온라인 문법 노트를 만들어 제공할 수 있다.
- 음성 및 영상 자료: 발음 교정을 위한 음성 파일이나 학습 동영상을 제작하여 제공해야 한다.
- 과제 및 퀴즈: 수업 중 나온 주제에 대한 간단한 과제를 내주거나, 퀴즈를 만들어 학생이 수업 내용을 복습할 수 있도록 한다.

8. 학생과의 지속적인 관계 유지

- 학생과 지속적으로 관계를 유지하면 재수업률이 높아지고, 장기적으로 더 많은 수익을 올릴 수 있다.
- 정기적인 체크인: 수업 중간에 학생의 학습 진행 상황을 체크하고, 필요한 부분에 대해 피드백을 제공한다.

- 프로모션 및 할인 제공: 일정 수업을 듣고 있는 학생에게 할인 혜택을 제공하거나, 추천 프로그램을 만들어 학생들이 친구를 초대할 수 있도록 유도한다.
- 맞춤형 학습 계획 제공: 학생의 학습 목표에 맞춰 개별적인 학습 계획을 세워주고, 이를 통해 학생이 목표를 달성할 수 있도록 돕다.

9. 튜터링 외 수익 모델 구축

- 튜터링 외에도 추가적인 수익 모델을 구축하는 방법이 있다.
- 온라인 한국어 코스 판매: YouTube, Udemy와 같은 플랫폼에서 유료 한국어 코스를 판매할 수 있다.
- 블로그나 웹사이트: 블로그나 웹사이트를 운영하여, 광고 수익을 얻거나, 자체적으로 수업을 홍보하고 관리할 수 있다.
- 상품 판매: 한국어 관련 도서, 학습 자료, 문법 책 등을 제작하여 판매할 수도 있다.

수익자 리뷰

1. "학생 맞춤형 수업이 성공의 열쇠"

- "온라인 한국어 튜터링을 시작한 지 6개월이 되었어요. 처음에는 두려웠지만, 차근차근 시작해보니 학생들의 다양한 요구를 맞추는 것이 핵심이라는 것을 깨달았어요. 초보자에게는 기초부터 차근차근, 중급자에게는 더 고급 문법과 회화 연습을 제공하니 학생들이 점점 더 많은 수업을 듣고 싶어하더라고요. 특히, 학생 맞춤형 수업을 제공하는 것이 매우 중요하다는 걸 알게 되었고, 이 덕분에 학생들에게 긍정적인 피드백을 받을 수 있었어요. 지금은 꾸준한 학생들이 많아져서 안정적인 수익을 올리고 있어요."

2. "SNS 마케팅 덕분에 학생 유치가 쉬워졌어요"

- "저는 Instagram과 YouTube를 활용하여 한국어 튜터링을 시작했어요. 처음에는 개인 수업을 진행했지만, SNS에 한국어 학습 팁과 작은 강의 영상을 올리기 시작했더니 점차 학생들이 많이 유입되었어요. 특히 Instagram 스토리나 Reels에 짧은 한국어 표현 영상을 올리면 관심을 가진 사람들로부터 DM을 받는 경우가 많아요. 또, YouTube에서 짧은 강의 영상을 올리며 무료로 기본적인 한국어 표현을 알려줬고, 그게 학생들에게 유료 수업으로 전환되는 경우가 많았어요."

3. "학생들과의 관계를 지속적으로 유지한 것이 중요"

- "저는 매 수업마다 학생들에게 개별적인 피드백을 주고, 수업이 끝난 후에도 학

생들의 학습 상황을 체크하고 있어요. 또한, 매달 학생들에게 할인 혜택을 제공하거나, 추천 프로그램을 운영하여 기존 학생들이 친구들을 소개하게 유도했어요. 이 방법 덕분에 학생들과의 관계를 지속적으로 유지할 수 있었고, 재수업률이 매우 높았어요. 개인적인 연결을 만드는 것이 장기적인 수익을 가져다준다고 느꼈어요."

4. **"프리미엄 콘텐츠로 부가적인 수익을 올렸어요"**

- "한국어 튜터링을 시작하고 나서, 기본적인 수업 외에도 프리미엄 콘텐츠를 제공하기 시작했어요. 예를 들어, TOPIK 대비 강의, 한국어 발음 교정 강의, 그리고 한국어로 한국 드라마 분석 같은 강의를 제공했더니 많은 학생들이 유료로 구매했어요. 이런 콘텐츠 덕분에 수익이 두 배로 늘었어요. 강의 자료를 유료로 판매하는 방식도 수익을 증대시키는 좋은 방법이에요."

32 스푼 라디오 Spoon Radio

스푼 라디오는 어떤 곳인가요?

스푼 라디오(Spoon Radio)는 실시간 오디오 방송 플랫폼으로, 사용자가 자신의 목소리로 라이브 방송을 할 수 있는 소셜 오디오 서비스이다. 주로 음성 콘텐츠를 중심으로 한 라이브 스트리밍을 제공하며, 방송자는 실시간으로 청취자와 소통하면서 자신의 이야기를 나누거나 음악을 틀고 다양한 활동을 할 수 있다. 스푼 라디오는 팟캐스트, 라디오 방송과 비슷한 방식으로 운영되지만, 핵심 차이점은 실시간 소통과 인터랙티브한 방송이다. 또한, 방송자는 직접적인 피드백을 받을 수 있고, 청취자는 실시간으로 방송 내용에 참여하거나 댓글을 남길 수 있는 특징이 있다.

주요 특징

1. **라이브 오디오 방송**
   - 스푼 라디오는 라이브 방송을 주제로 한 플랫폼으로, 사용자는 언제든지 방송을 시작할 수 있다. 방송자는 실시간으로 음성 콘텐츠를 송출하고, 청취자는 이를 들으며 댓글을 남기거나 응원할 수 있다.

2. **다양한 콘텐츠 제공**
   - 사용자는 음악 방송, 토크쇼, 게임 방송, 음성 일기 등 다양한 형식의 콘텐츠를 방송할 수 있다. 방송의 주제나 내용은 자유로워서 개인적인 이야기부터 전문적인 지식까지 다양한 범위의 방송이 가능하다.

3. **실시간 소통**
   - 스푼 라디오의 가장 큰 특징은 청취자와의 실시간 소통이다. 방송자는 방송을 진행하면서 청취자의 댓글을 읽고 응답할 수 있고, 청취자는 방송 중에 실시간으로 의견을 나누거나 질문을 할 수 있다. 청취자는 방송 중에 이모티콘이나 댓글을 통해 방송자와 상호작용을 할 수 있으며, 방송자는 이를 통해 청취자들과의 관계를 형성할 수 있다.

4. **구독 시스템**
   - 스푼 라디오는 구독 시스템을 제공하여, 청취자가 마음에 드는 방송자나 채널을 구독하고, 방송이 시작될 때 알림을 받을 수 있다. 방송자는 구독자를 팬으로 만들어 지속적으로 방송을 할 수 있으며, 구독자들과의 친밀한 관계를 유지할 수 있다.

| 사진 & 동영상 | 창작물 & 앱 | 디자인 & 이모티콘 | 컨텐츠 | 블로그 | SNS | 쇼핑몰 | 글 & 그림 | **교육 & 방송** |

5. 보상 시스템
- 방송자는 자신의 방송에 별점을 주거나 아이템을 제공하는 등 팬들에게 보상을 받을 수 있는 시스템이 있다. 이를 통해 방송자는 수익을 창출할 수 있으며, 꾸준히 팬층을 확보하고 상호작용할 수 있다.

6. 다양한 장르와 형식
- 스푼 라디오는 음성 중심의 콘텐츠를 기반으로 하지만, 방송자는 자유롭게 라이브 Q&A, 음악 방송, 인터뷰, 고민 상담 등 다양한 형식의 방송을 진행할 수 있다. 이는 기존의 라디오 방송과는 달리 청취자 참여형 방송에 중점을 두고 있다.

7. 무료 및 유료 서비스
- 기본적인 사용은 무료지만, 유료 구독을 통해 프리미엄 콘텐츠를 제공하거나 특정 기능을 활성화할 수 있다. 일부 방송자는 유료 콘텐츠나 아이템을 제공하여 추가적인 수익을 얻을 수 있다.

8. 스푼 라디오의 활용 사례
- 개인 방송: 개인이 자신의 관심사나 취미를 중심으로 방송을 하며 팬들과 소통할 수 있다.
- 음악 방송: DJ나 음악 애호가들이 자신이 좋아하는 음악을 실시간으로 방송하고, 이를 청취자들과 공유할 수 있다.
- 토크쇼 및 인터뷰: 방송자가 다양한 주제에 대해 토크쇼 형식으로 방송을 진행하며, 청취자들과 의견을 나눌 수 있다.
- 게임 방송: 게임을 하면서 그 과정에 대해 음성 해설을 하고, 게임과 관련된 이야기나 전략을 청취자에게 전달할 수 있다.
- 교육 방송: 학습이나 자기계발 관련 주제로 방송을 하고, 실시간으로 청취자들과 질문과 답변을 주고받을 수 있다.

장점

1. 실시간 소통
- 청취자와 방송자가 실시간으로 의견을 주고받을 수 있어, 소셜 인터랙션이 활발히 이루어진다.

2. 다양한 콘텐츠
- 방송자는 자유롭게 다양한 주제와 형식으로 방송을 할 수 있으며, 고정된 틀에 얽매이지 않고 창의적인 콘텐츠를 제작할 수 있다.

3. 손쉬운 방송 시작
- 스푼 라디오는 사용자 친화적인 인터페이스를 제공하여, 누구나 쉽게 방송을 시작하고 운영할 수 있다.

4. 팬과의 관계 형성
- 방송자는 자신의 팬들과 더 가까운 관계를 형성하고, 지속적인 소통을 통해 충성도 높은 팬층을 만들 수 있다.

수익화 단계별 가이드

1. 자신만의 방송 콘텐츠 계획하기

1) 타겟 청취자 설정
- 누구를 타겟으로 방송할지 정하는 것이 중요하다. 예를 들어, 음악, 게임, 토크쇼, 교육 등 어떤 분야에 대해 방송할 것인지를 결정한다. 타겟 청취자의 연령대, 취미 등 세부적인 특징을 고려해 방송 콘텐츠의 방향을 잡는다. 예를 들어, 게임 방송을 진행할 경우, 게임 관련 팁이나 공략 방송을 하며, 음악 방송을 진행할 경우, 특정 장르의 음악을 전문적으로 다루는 방식이다.

2) 콘텐츠 일정 및 형식 계획
- 정기적인 방송 일정을 설정해 청취자들이 언제 방송을 들을 수 있을지 알 수 있도록 한다. 방송 주제나 형식도 중요하다. 예를 들어, 매일 토크쇼 형식으로 방송하거나, 주간 리뷰 형식으로 방송하는 방법을 고려할 수 있다.

3) 흥미로운 콘텐츠 제작
- 청취자가 관심을 가질 만한 흥미로운 콘텐츠를 제작하는 것이 중요하다.
- Q&A 세션: 청취자들이 실시간으로 질문을 하고, 그에 답하는 방송.
- 라이브 음악 방송: 직접 연주하거나 선곡한 음악을 소개하는 방송.
- 토크쇼: 청취자들과 주제를 가지고 소통하며 이야기를 나누는 방송.

2. 팬층 구축하기

1) 청취자와의 소통
- 라이브 방송 중 청취자와 실시간으로 소통하는 것이 중요하다. 댓글, 이모티콘, 응원 메시지 등을 통해 청취자와의 관계를 맺고 강화한다. 방송 중 청취자의 의견을 반영하거나, 청취자가 참여할 수 있는 활동을 유도하여 참여도를 높이는 것이 좋다.

2) 구독자 확보
- 꾸준히 방송을 진행하고, 구독과 알림 설정을 유도하여 팬층을 형성한다. 구독자는 방송이 시작될 때마다 알림을 받게 되며, 꾸준히 방송을 청취할 수 있다. 팬 커뮤니티를 만들고, 방송 외의 시간에도 팬들과 소통할 수 있는 방법을 고려해야 한다.

3) 특별 이벤트나 보상
- 특별한 방송 이벤트를 개최하거나, 청취자 참여형 방송을 진행해 팬들의 참여를 유도한다. 경품을 제공하거나, 특별 방송을 할 때 팬들에게 보상을 제공하면 충성도 높은 팬을 만들 수 있다.

3. 수익화 방법

1) 별점 시스템 활용
- 스푼 라디오는 별점 시스템을 통해 팬들이 방송자에게 후원할 수 있게 돕는다. 방송 중에 팬들이 별점을 주면 그에 대한 보상으로 일정 금액을 얻을 수 있다. 이를 적극적으로 활용하려면 팬과의 소통을 잘하고, 감사 메시지나 특별한 방송을 제공하는 등의 방법을 고려할 수 있다.

2) 아이템 판매 및 후원
- 팬들이 방송을 지원할 수 있도록 아이템을 판매하는 시스템을 활용할 수 있다. 스푼 라디오에서는 팬들이 방송자에게 아이템을 구매하여 후원할 수 있는 기능을 제공한다. 방송 중에 아이템 구매 유도 메시지를 통해 후원을 유도할 수 있으며, 이때 아이템을 구매한 팬에게는 특별한 혜택을 제공하거나, 감사 메시지를 보내는 등의 방법으로 팬과의 관계를 강화할 수 있다.

3) 프리미엄 콘텐츠 제공
- 프리미엄 콘텐츠를 제공하여 유료 구독자를 모집할 수 있다.
- 특별 방송: 특정 날짜에만 방송되는 유료 방송을 제공하여 수익을 올린다.
- VIP 방송: 일정 금액을 후원한 팬들을 위한 VIP 방송을 제공하여 그들의 충성도를 높이고, 지속적인 후원을 유도한다.

4) 후원금 받기
- 방송에서 후원금을 받는 방법도 있다. 팬들이 방송에 대해 좋아하는 만큼 후원할 수 있도록 유도하는 방법이다. 팬들이 후원을 할 수 있도록 유도하려면 방송의 퀄리티와 꾸준한 소통이 중요하다. 후원금을 통해 더 나은 장비나 방송 콘텐츠를 제작할 수 있도록 한다.

5) 광고 및 스폰서십
- 만약 방송이 충분히 인기를 끌면, 스폰서나 광고주와 협력하여 광고를 삽입하거

나 스폰서십 계약을 체결할 수 있다. 특정 브랜드나 상품을 방송 중에 언급하거나, 광고를 삽입하여 수익을 올리는 방법이다.

4. 마케팅 및 홍보

1) 소셜 미디어 활용
- 인스타그램, 트위터, 유튜브 등 다른 소셜 미디어 채널을 통해 자신의 방송을 홍보한다. 방송 예고, 하이라이트 영상 등을 통해 사람들의 관심을 끌고, 방송을 홍보할 수 있다.

2) 협업 방송
- 다른 방송자와 협업 방송을 진행해 서로의 팬층을 공유하고, 더 많은 청취자를 유입시킬 수 있다. 협업을 통해 시너지 효과를 얻을 수 있고, 팬층 확대에 유리하다.

3) 광고 활용
- 유료 광고나 협찬 광고를 통해 자신의 방송을 홍보할 수 있다. 예를 들어, 스푼라디오 내에서 광고를 진행하거나, 외부 광고 플랫폼을 활용해 더 많은 사람들에게 방송을 알릴 수 있다.

5. 지속적인 방송 관리 및 개선

1) 콘텐츠 품질 향상
- 방송의 품질을 지속적으로 향상시켜 청취자들이 다시 찾을 수 있도록 한다. 예를 들어, 음향 장비를 업그레이드하거나, 방송 형식을 다양화하는 방식이다.

2) 팬 피드백 반영
- 청취자 피드백을 적극적으로 반영하여 방송의 퀄리티와 콘텐츠의 방향성을 개선한다. 피드백을 통해 청취자들이 원하는 내용을 파악하고, 그에 맞는 방송을 제공하면 팬들의 충성도가 높아진다.

3) 개인 브랜딩 강화
- 자신의 브랜드나 개성을 명확히 하고, 개인적인 스타일을 강조하여 팬들에게 강한 인상을 남긴다. 팬들은 방송자와의 개인적인 연결을 중요하게 여기므로, 자신만의 특별한 캐릭터나 목소리를 강조하는 것이 좋다.

TIP

1. 꾸준한 방송 스케줄 유지
- 일관된 방송 일정을 유지하여 청취자들이 언제 방송을 들을 수 있는지 알 수 있

도록 해야 한다. 예를 들어, 매일 같은 시간에 방송을 진행하거나 주간 방송 일정을 세울 수 있다. 정기 방송을 통해 팬층을 형성하고, 청취자들이 지속적으로 다시 찾게 만든다. 팬들은 예측 가능한 시간에 방송이 시작되면 더 쉽게 방송을 듣게 된다.

2. 팬들과의 소통 강화

- 방송 중에 팬들과 적극적으로 소통해야 한다. 청취자들의 댓글이나 메시지를 읽고 반응하면서 팬들과의 관계를 강화하는 것이 중요하다. 팬들이 더 많이 참여하도록 유도할 수 있다. 팬들 요청을 반영해 방송의 내용을 구성하거나 청취자들의 의견을 적극적으로 반영하는 방법이 좋다. 팬들이 방송에 참여할 수 있는 기회를 제공해야 한다 (예: 실시간 Q&A, 의견을 반영한 콘텐츠 제작 등).

3. 수익화 기능 활용

- 별점 시스템을 적극적으로 활용해야 한다. 방송 중에 팬들이 별점을 주면 후원이 이루어지고, 이별점은 실제 현금으로 변환할 수 있다. 방송 중에 별점을 주는 방법을 설명하고, 팬들에게 감사 메시지를 보내며 후원을 유도해야 한다. 아이템 판매를 통해 후원 받을 수 있다. 팬들은 아이템을 구매하고 그 아이템은 방송자에게 후원으로 전환된다. 아이템을 통해 후원하는 방식은 게임의 아이템과 유사하며, 팬들의 참여도를 높일 수 있다.

4. 프리미엄 콘텐츠 제공

- 유료 방송이나 프리미엄 콘텐츠를 제공하여 수익을 창출할 수 있다. 예를 들어, 구독자나 후원자가 원하는 특별 방송을 제공하거나 1:1 상담 방송, VIP 방송 등을 열어 유료 콘텐츠를 제공한다. 유료 방송을 통해 더 많은 청취자와의 직접적인 상호작용을 할 수 있고, 그들이 더 많은 후원을 할 가능성도 커진다.

5. 팬 참여형 방송 진행

- 팬들이 직접 참여할 수 있는 참여형 방송을 진행해야 한다. 예를 들어, 청취자들이 보내는 사연이나 질문에 답하는 방송을 만들거나, 팬들이 제안한 주제에 맞춰 방송을 하는 것이다. 팬들의 의견을 방송 내용에 반영하면 그들이 더 적극적으로 방송에 참여하고, 후원이나 별점 등의 후원 활동으로 이어질 수 있다.

6. 다양한 방송 콘텐츠 제공

- 다양한 방송 형식을 시도하여 다양한 청취자를 끌어들일 수 있다.
- 음악 방송: 자신이 좋아하는 음악을 소개하거나, 청취자들의 요청을 받아 음악을 틀어주는 방송.
- 토크쇼 형식: 일상적인 이야기나 주제를 가지고 토크쇼 형식으로 방송.

- 게임 방송: 게임을 하면서 그에 대해 해설하거나 팁을 주는 방송.
- Q&A 방송: 청취자들이 질문을 보내고 방송자가 답변하는 형식으로 진행.
- 교육적인 콘텐츠: 자기계발, 학습, 직업 관련 팁 등을 제공하는 방송.

7. 소셜 미디어 홍보
- 소셜 미디어(Instagram, X, YouTube 등)에서 자신의 방송을 홍보하여 더 많은 사람들에게 스푼 라디오 방송을 알릴 수 있다. 방송 시작 전에 예고를 게시하거나, 방송 하이라이트를 편집하여 공유하여 새로운 청취자를 끌어들일 수 있다. 자신의 브랜드를 강화하고, 팬과의 소통을 통해 자연스럽게 스푼 라디오로의 유입을 유도해야 한다.

8. 청취자와의 관계 강화
- 청취자들이 방송을 듣고 참여하는 만큼, 그들의 기여도와 참여에 대해 감사를 표하는 것이 중요하다. 팬들이 아이템이나 별점을 주었을 때, 그들에게 특별한 감사 메시지나 리워드를 제공하면 팬들이 지속적으로 후원할 가능성이 커진다. 개인적인 이야기를 나누거나, 팬들에게 고마움을 표현하면서 감동을 줄 수 있는 방송을 진행하는 것도 좋다.

9. 청취자 피드백 반영
- 청취자들의 피드백을 방송에 반영하는 것은 팬들과의 관계를 더욱 돈독히 하는 방법이다. 방송 내용에 대해 설문조사나 청취자 의견을 물어보고 그에 따라 방송을 수정하거나 개선하면 팬들의 충성도를 높일 수 있다. 라이브 방송 중에 실시간 피드백을 수집하고, 그 피드백을 바탕으로 더 나은 방송을 진행한다.

10. 협업 방송
- 다른 인기 방송자와 협업 방송을 진행하여 서로의 팬층을 공유하고 상호 홍보할 수 있다. 협업 방송은 두 사람의 팬들이 동시에 방송을 청취하게 되어 팬층 확대에 유리하다. 다른 방송자와의 협업을 통해 새로운 아이디어를 얻고, 더 다양한 팬들을 유입시킬 수 있다.

11. 광고 및 스폰서십 기회 활용
- 스폰서십이나 브랜드 협업을 통해 추가적인 수익을 창출할 수 있다. 방송이 일정 규모 이상의 청취자를 확보하면 브랜드 광고를 받을 수 있는 기회가 생긴다. 방송 내용에 스폰서 광고를 포함시키거나, 특정 제품 리뷰를 방송하면서 수익을 올릴 수 있다.

12. 라이브 이벤트 또는 특별 방송
- 특별 방송을 계획하여 팬들이 참여하고 후원할 수 있는 기회를 제공한다. 예를

| 사진 & 동영상 | 창작물 & 앱 | 디자인 & 이모티콘 | 컨텐츠 | 블로그 | SNS | 쇼핑몰 | 글 & 그림 | 교육 & 방송 |

들어, 특별한 날에 라이브 이벤트, 경품 추첨 등을 진행하고 팬들에게 참여를 유도할 수 있다. 이벤트나 라이브 방송을 통해 팬들이 후원할 수 있는 기회를 제공하면 수익을 높일 수 있다.

수익자 리뷰

1. **"소규모 방송자에서 수익을 올리기까지" - 사용자 A (2023년 9월)**
   - "처음에는 정말 아무것도 몰랐고, 그냥 일상적인 이야기나 음악을 틀었어요. 그런데 팬들이 점차 늘면서 별점을 주기 시작했죠. 제가 팬들에게 항상 감사 메시지를 보내고, 방송 중에 그들의 댓글을 읽어주면서 소통을 강화했어요. 별점이 조금씩 쌓이더니, 어느 순간엔 매달 꽤 큰 수익을 올리게 되었어요. 물론 시작은 정말 어렵고, 청취자가 적을 때는 힘들었지만, 꾸준한 방송과 소통 덕분에 돈을 벌 수 있었어요." "아이템을 판매하거나 별점을 주는 방식이 아니라면 사실 큰 수익을 얻기 어려워요. 후원은 자주 받는 것도 아니고, 팬들과의 관계가 중요해요."

2. **"소셜 미디어와의 연계로 수익 증대" - 사용자 B (2023년 6월)**
   - "처음에는 친구들한테만 방송을 했는데, 소셜 미디어를 통해 방송을 홍보하기 시작하면서 팬들이 조금씩 늘었어요. 저는 게임 방송을 하면서 게임 팁을 제공하거나, 리뷰 방송을 통해 게임을 소개했죠. 그때부터 사람들이 저에게 후원을 하기 시작했어요. 특히 유료 구독 시스템을 제공하니까, 일부 팬들은 매달 일정 금액을 후원해 주기도 했어요." "후원을 통해 수익을 올리면서도, 팬들과의 관계가 핵심이에요. 팬들은 돈을 보내면서도 그만큼의 가치를 원하기 때문에, 항상 팬들의 의견을 반영하고 소통하려고 노력했어요." "광고는 방송을 일정 규모 이상으로 성장시키면, 방송 내에서 광고주와 협업할 수 있는 기회도 생깁니다. 이는 수익을 크게 올릴 수 있는 방법 중 하나입니다."

3. **"팬들과의 소통으로 꾸준히 성장한 방송자" - 사용자 C (2024년 3월)**
   - "저는 처음에 큰 기대 없이 방송을 시작했어요. 그런데 자기계발과 라이프 해킹 주제를 다루는 방송을 하나 보니, 점차 청취자가 늘기 시작했어요. 저는 아이템을 통해 수익을 올렸고, 방송 중간중간에 팬들이 아이템을 사면서 후원을 해주었어요." "가장 중요한 점은 팬과의 소통이었어요. 팬들이 보낸 질문이나 의견을 방송에서 다루고, 그들과 소통하는 방식으로 방송을 만들었더니 팬들이 더 많은 아이템을 구매하고 후원을 해줬어요. 이게 결국 수익으로 이어졌죠." "또한, 프리미엄 방송도 효과적이었어요. 유료 구독자만을 위한 특별 방송을 만들고, 그들에게 개인적인 상담이나 고급 정보를 제공하니, 그들이 매달 일정 금액을 후원해주면서 수익이 꾸준히 증가했어요."

4. "게임 방송으로 처음에 적은 수익을 올린 사람" - 사용자 E (2024년 1월)
- "저는 게임을 하면서 방송을 시작했어요. 처음엔 게임 진행을 하며 아무도 제 방송을 보지 않아서 걱정이 많았죠. 그런데 제가 실시간으로 청취자와 소통하고, 게임에 대해 이야기하면서 점점 팬들이 모였어요." "제 방송의 특징은 게임을 하는 동안 팬들과 실시간으로 대화하는 것이었어요. 그래서 팬들이 게임에 대한 질문을 하거나 의견을 주면 즉시 반응하면서 소통했어요. 그렇게 하다 보니 아이템을 구입해 후원하는 팬들이 생겼고, 그 후원 덕분에 어느 순간부터 수익이 꾸준히 발생하게 되었어요." "후원은 정말 팬들의 충성도에 달려 있다고 생각해요. 소통을 많이 했더니, 그들이 저를 위해 아이템을 구매하거나 별점을 주기 시작했어요."

33 오디오 클립 AudioClip

오디오 클립은 어떤 곳인가요?

오디오클립(AudioClip)은 음성 콘텐츠를 중심으로 한 플랫폼으로, 사용자가 음성 파일을 업로드하거나 실시간 음성 방송을 진행할 수 있는 서비스이다. 이 플랫폼은 주로 개인 방송, 음악, 팟캐스트와 같은 오디오 기반 콘텐츠를 제작하고 공유할 수 있는 곳으로, 특히 개인적인 음성 콘텐츠를 만들고 공유하는 데 유용하다.

주요 특징

1. 오디오 기반 콘텐츠 공유 플랫폼
- 오디오클립은 음성 콘텐츠를 만들고, 이를 다른 사용자들과 공유하는 플랫폼이다. 사용자는 자신의 목소리나, 음악, 인터뷰 등 다양한 음성 콘텐츠를 업로드하고 청취자들과 소통할 수 있다.

2. 주요 기능
- 음성 파일 업로드: 사용자들은 오디오 파일을 플랫폼에 업로드하여, 다른 사람들이 이를 청취할 수 있도록 한다. 이는 팟캐스트 형식이나 음악, 인터뷰, 토크쇼 등 다양한 형태로 제공될 수 있다.
- 실시간 방송: 일부 오디오클립 서비스는 실시간 방송 기능을 지원하여, 청취자와 실시간 소통할 수 있는 기회를 제공한다.
- 구독 시스템: 청취자들이 좋아하는 콘텐츠를 구독하고, 새로운 방송이 올라올 때마다 알림을 받는 기능이 제공된다.
- 팬과의 소통: 방송자와 청취자들이 댓글이나 리액션을 통해 소통할 수 있으며, 이는 방송자의 팬층을 만들고 유지하는 데 중요한 역할을 한다.
- 수익화: 오디오클립은 후원 또는 광고를 통해 수익을 창출할 수 있는 기능을 제공하기도 한다. 방송자는 팬들로부터 후원을 받거나, 일정 규모 이상의 청취자를 확보한 경우 광고를 삽입하여 수익을 올릴 수 있다.

3. 오디오클립의 사용 사례
- 개인 방송자: 일상적인 이야기나 주제에 대해 청취자들과 소통하며 방송을 진행하는 개인 방송자들.
- 팟캐스터: 뉴스, 인터뷰, 교육적인 내용을 담은 팟캐스트를 제공하는 사용자들.

- 음악 아티스트: 자신의 음악을 공유하고 팬들과 소통하는 음악 아티스트들.
- 강사나 교육 콘텐츠 제공자: 교육적인 내용을 오디오 형식으로 제공하는 강사들.

4. 오디오클립의 장점

- 쉬운 콘텐츠 제작: 오디오클립은 음성 콘텐츠를 만드는 데 큰 장비나 복잡한 기술적 지식이 필요하지 않다. 스마트폰이나 간단한 녹음 장비만 있으면 누구나 쉽게 방송을 시작할 수 있다.
- 실시간 소통: 청취자와 실시간으로 소통할 수 있는 기능을 통해 방송자와 청취자 간의 관계를 더욱 가까이 유지할 수 있다.
- 수익화 가능성: 많은 팔로워나 팬을 확보하면 후원 시스템이나 광고를 통해 수익을 창출할 수 있다.
- 편리한 사용: 텍스트나 비디오 콘텐츠와 비교할 때, 오디오 콘텐츠는 상대적으로 제작이 간단하고 듣기 편하므로 청취자가 보다 쉽게 접근할 수 있다.

5. 오디오클립과 경쟁 서비스

- 팟빵, 스푼 라디오, 클럽하우스 등 다양한 오디오 콘텐츠 플랫폼이 존재하며, 각 플랫폼은 특징이 다르다. 오디오클립은 주로 오디오 기반의 콘텐츠 공유에 초점을 맞추고 있지만, 스푼 라디오나 클럽하우스는 실시간 방송과 소셜 요소를 강화하는 반면, 팟빵은 좀 더 편리한 팟캐스트 업로드와 공유 기능을 제공한다.

수익화 단계별 가이드

1. 콘텐츠 기획 및 준비

1) 타겟 오디언스 설정

- 오디오클립에서 성공하려면 타겟 오디언스를 먼저 정의해야 한다. 예를 들어, 일상 토크, 교육 콘텐츠, 음악 방송, 팟캐스트 등 특정한 주제에 집중하여 그 주제에 관심 있는 사람들을 끌어들일 수 있다. 일상적인 토크나 Q&A 방송: 친근한 느낌을 주고 소통을 강조할 수 있다.
- 교육 콘텐츠: 자기개발, 직업 관련 팁, 기술 교육 등 청취자에게 가치를 줄 수 있다.
- 음악 방송: 자신의 음악을 소개하거나 팬들과 함께 듣는 음악 방송을 할 수 있다.

2) 고유한 콘텐츠 제작

- 오디오클립에서 차별화된 콘텐츠를 제작해야 한다. 고유한 목소리나 스타일을 활용하고, 청취자가 지속적으로 찾을 수 있는 특화된 주제를 설정해야 한다. 청

취자들이 쉽게 구독하고 다시 찾을 수 있도록 정기적인 방송을 계획해야 한다. 예를 들어, 매주 일정 시간에 방송을 한다거나, 시리즈물로 이어지는 콘텐츠를 제공할 수 있다.

3) 장비 및 환경 준비

- 품질 좋은 음성을 제공하기 위해 마이크와 녹음 소프트웨어를 준비해야 한다. 청취자들은 음질에 민감할 수 있기 때문에, 배경 잡음이 없는 깔끔한 음성을 제공하는 것이 중요하다. 또한, 녹음 환경은 조용한 곳에서 진행하는 것이 좋다. 이를 통해 청취자들에게 더 나은 방송 경험을 제공한다.

2. 팬층 형성 및 소통

1) 정기적인 방송 및 소통

- 정기적인 방송을 통해 팬들과의 관계를 지속적으로 이어나가야 한다. 매주 특정 시간에 방송을 진행하거나, 일정한 주제로 매회 콘텐츠를 제공하는 것이 좋다. 방송 중 팬들과 소통하는 시간이 중요하다. 팬들의 댓글이나 메시지를 읽고 반응함으로써 팬들의 참여를 유도하고, 그들의 관심을 끌 수 있다.

2) 사회적 미디어 활용

- SNS(Instagram, X, Facebook 등)를 통해 방송을 홍보해야 한다. 방송 시작 전에 예고를 하거나, 방송 후 하이라이트를 공유하는 등의 방법으로 새로운 청취자들을 유입시킬 수 있다. 팬 커뮤니티를 형성하여 소통을 강화하고, 청취자들에게 지속적인 관심을 끌 수 있도록 해야 한다.

3. 수익화 방법 활용

1) 후원 시스템 활용

- 후원은 오디오클립에서 가장 중요한 수익 모델 중 하나이다. 청취자들이 좋아하는 방송자에게 금전적 지원을 제공하는 시스템이다. 방송 중 후원 요청을 하거나, 팬들에게 감사 메시지를 보내 후원 요청을 유도할 수 있다. 후원 시스템을 활용하려면 팬들과의 관계가 매우 중요하다. 그들이 기여하고 싶은 가치를 느낄 수 있도록 방송의 품질을 유지하고, 꾸준한 소통을 이어가야 한다.

2) 광고 수익

- 일정 수 이상의 청취자를 확보한 경우, 오디오클립 내에서 광고를 삽입하여 수익을 올릴 수 있다. 광고주는 일정 청취자 수를 보유한 방송자에게 광고를 요청할 수 있기 때문에, 규모를 키우는 것이 중요하다. 광고는 방송 내에서 자연스럽게 삽입할 수 있으며, 청취자들에게 불편함 없이 진행할 수 있다. 또한, 브랜드 협업을 통해 협찬을 받을 수 있는 기회가 생길 수 있다. 브랜드와 협업하여 제품이나 서비스를 홍보하는 콘텐츠를 제공할 수 있다.

3) 프리미엄 콘텐츠 제공

- 오디오클립에서는 일부 콘텐츠를 유료화하거나 구독 시스템을 도입할 수 있다. 예를 들어, 팬들에게 특별한 방송이나 1:1 소통 방송을 제공하는 등의 방법으로 유료 방송을 운영할 수 있다. 프리미엄 콘텐츠를 제공하려면, 먼저 팬들이 가치를 느낄 수 있도록 방송의 품질을 높이고, 팬들이 특별한 혜택을 받는다고 생각할 수 있게 해야 한다.

4) 팬 구독 서비스

- 일정 금액을 지불하는 팬들에게 구독 서비스를 제공할 수 있다. 구독자들은 특별한 콘텐츠나 혜택을 제공받고, 방송자는 꾸준한 수익을 얻을 수 있다. 유료 구독자만을 위한 방송을 제공하거나, 전용 콘텐츠를 만들어 구독자들에게 독점적인 콘텐츠를 제공할 수 있다.

4. 팬과의 관계 강화

1) 팬 감사 이벤트

- 팬들이 방송을 후원하거나 구독할 때 감사 이벤트를 진행하는 것이 좋다. 예를 들어, 후원자나 구독자들에게 특별 방송이나 개인적인 소통 기회를 제공하는 등의 방법으로 팬들의 참여를 유도할 수 있다. 팬들에게 감사 메시지를 전달하고, 그들이 보내준 메시지나 요청을 방송에 반영하는 것도 좋은 방법이다.

2) 팬 의견 반영

- 팬들이 보낸 댓글, 피드백, 요청사항을 방송 내용에 반영해야 한다. 팬들은 자신이 보내는 의견이 방송에 반영될 때 더 큰 애정을 느끼고 후원하게 된다. 방송 중에 팬들의 의견을 실시간으로 반영하거나, Q&A 세션을 진행하여 팬들이 참여할 수 있는 기회를 주는게 좋다.

5. 지속적인 성장과 마케팅

1) 네트워크 확장

- 다른 방송자와 협업하여 서로의 팬층을 공유할 수 있다. 협업 방송을 진행하면서 청취자를 늘리고, 서로의 콘텐츠를 홍보할 수 있는 기회를 만드는데 좋다. 크로스 프로모션을 통해 더 많은 사람들에게 자신의 방송을 알릴 수 있다.

2) 통계 분석

- 오디오클립의 통계 도구를 사용하여 어떤 콘텐츠가 인기가 있는지, 어떤 청취자가 주로 참여하는지를 파악해야 한다. 이 정보를 통해 더 나은 방송 계획을 세울 수 있다. 팬들의 반응을 분석하여, 그들이 가장 좋아하는 콘텐츠 스타일을 이해하고, 이를 반영하여 방송을 조정할 수 있다.

TIP

1. 팬층 형성 및 소통 강화

1) 꾸준한 방송으로 충성도 높은 팬 만들기
- 팬들은 꾸준하고 일관된 방송에 더 많은 관심을 가지며, 반복적으로 방송을 찾아옵니다. 매주 특정 시간에 방송을 하는 등의 정기적인 방송 일정을 만들어 팬들이 언제 방송을 들을 수 있을지 예측할 수 있도록 해야 한다. 방송의 주제나 포맷을 일정하게 유지하여, 팬들이 어떤 방송을 기대할 수 있을지 예측하게 만들면, 충성도 높은 청취자를 얻을 수 있다.

2) 실시간 소통 강화하기
- 오디오클립에서 방송하는 동안 팬들과 실시간으로 소통을 강화해야 한다. 팬들이 남긴 댓글이나 질문에 답하면서 소통하는 것이 중요하다. 방송 중에 청취자들의 의견을 반영하거나, 청취자 참여형 방송을 만들어 그들이 방송에 적극적으로 참여하도록 유도할 수 있다. 실시간 피드백을 통해 팬들이 무엇을 원하는지 파악하고, 그들의 관심사에 맞는 콘텐츠를 제공하는게 좋다.

3) 개인화된 감사 메시지 보내기
- 팬들이 후원하거나 구독을 해줄 때, 감사 메시지를 보내는 것이 좋다. 개인적인 감사 메시지를 보내면 팬들이 더 큰 애착을 가질 수 있다. 이와 함께 특별한 방송이나 프리미엄 콘텐츠를 제공하면 후원자들이 다시 돌아오게 만들 수 있다.

2. 다양한 수익화 방법 활용

1) 후원 유도하기
- 후원은 오디오클립에서 가장 기본적인 수익화 방법 중 하나이다. 방송 중에 팬들에게 후원을 유도하는 방법을 활용해 보세요. 팬들에게 "이 방송이 유익했으면 후원을 해주세요"라고 간단하게 언급하거나, 후원자에게 특별한 혜택을 제공하는 방법도 효과적이다. 후원자에게 특별 방송이나 1:1 소통 기회를 제공하는 것도 후원을 장려하는 좋은 방법이다.

2) 광고 삽입을 통한 수익 창출
- 일정 청취자 수를 확보한 후, 광고를 방송에 삽입하여 수익을 창출할 수 있다. 오디오클립 내에서 광고를 삽입할 수 있는 기회가 주어지며, 광고주는 일정 청취자를 확보한 방송자들에게 광고를 요청할 수 있다. 방송 중에 광고를 자연스럽게 삽입하거나, 제품이나 서비스에 대한 리뷰 형식으로 광고를 진행할 수 있다. 광고 내용이 청취자들에게 유용하거나 흥미롭다면, 청취자들이 광고에 대해 긍정적으로 반응할 수 있다.

3) 프리미엄 콘텐츠 제공
- 유료 구독자를 위한 프리미엄 콘텐츠를 제공할 수 있다. 예를 들어, 특별한 방송, 비하인드 콘텐츠, 1:1 소통 방송 등을 유료 구독자만 볼 수 있게 만드는게 좋다. 유료 구독 모델을 통해 팬들에게 추가적인 가치를 제공하고, 그들이 매달 구독료를 지불할 이유를 만들어준다. 프리미엄 방송을 통해 고급 콘텐츠를 제공하면, 팬들이 독점적 콘텐츠를 제공받고 있다고 느끼면서 만족도가 높아질 수 있다.

4) 상품화 및 굿즈 판매
- 자신만의 굿즈나 상품을 만들어 판매하는 방법도 있다. 예를 들어, 방송과 관련된 아이템(티셔츠, 머그컵 등)을 제작하여 팬들에게 판매하는 방법이 있다. 팬들이 선호하는 디자인을 만들고, 자신만의 브랜드를 확립하여 굿즈를 판매할 수 있다. 오디오클립과 연계한 디지털 상품 (예: 방송에서 사용한 음원, 독점 콘텐츠 등)도 판매할 수 있다.

3. 소셜 미디어 및 외부 채널 활용

1) SNS 활용하여 방송 홍보하기
- SNS(Instagram, X, Facebook, YouTube 등)를 통해 방송을 홍보해야 한다. 방송 시작 전 예고를 하거나, 방송 후 하이라이트를 공유하는 등의 방법으로 새로운 청취자를 유입시킬 수 있다. 방송 예고나 방송 후 감상 포인트를 SNS에서 공유하여 오디오클립 외부에서도 관심을 끌 수 있도록 한다.

2) 다른 방송자와 협업
- 다른 인기 방송자와 협업하여 서로의 팬층을 확장할 수 있다. 협업 방송을 진행하거나, 서로의 방송을 홍보하는 형식으로 네트워크를 넓혀야 한다. 협업을 통해 상호 홍보가 이루어지므로, 자연스럽게 더 많은 청취자를 유입시킬 수 있다.

3) 크로스 프로모션
- 유튜브, 팟캐스트, TikTok 등 다른 멀티미디어 플랫폼을 활용하여 오디오클립의 방송을 홍보해야 한다. 유튜브에서 간단한 비디오 콘텐츠를 올리거나, TikTok에서 짧은 클립을 만들어 오디오클립 방송을 홍보할 수 있다. 이런 방법으로 더 많은 청취자를 유입시킬 수 있다.

4. 데이터 분석 및 최적화

1) 청취자 피드백 및 반응 분석
- 오디오클립 내 청취자 피드백이나 댓글을 분석하여 방송의 방향을 최적화해야 한다. 청취자들이 어떤 주제에 더 반응하고 있는지, 어떤 형식의 방송을 선호하

| 사진 & 동영상 | 창작물 & 앱 | 디자인 & 이모티콘 | 컨텐츠 | 블로그 | SNS | 쇼핑몰 | 글 & 그림 | **교육 & 방송** |

는지 파악하는 것이 중요하다. 청취자들의 의견을 수집하고 그들의 관심을 반영한 콘텐츠를 제공하는 것이 핵심이다.

2) 청취 데이터 분석
- 오디오클립의 통계 분석 도구를 사용하여 어떤 방송이 더 많은 청취자를 얻고 있는지, 어느 시점에서 청취자가 이탈하는지 등을 분석해야 한다. 이를 바탕으로 콘텐츠 형식이나 방송 주제를 개선할 수 있다. 예를 들어, 청취자가 많이 참여한 방송을 분석하여 그와 유사한 방송을 만들어낼 수 있다.

5. 팬 감사 이벤트 및 리워드 시스템

1) 팬 감사 이벤트
- 팬 감사 이벤트를 통해 팬들의 충성도를 높이고, 후원을 유도해야 한다. 후원자나 구독자들에게는 특별 방송이나 개인적인 소통 기회를 제공할 수 있다. 예를 들어, 후원한 팬들 중 일부를 추첨하여 특별 방송 초대나 1:1 상담 등의 혜택을 제공할 수 있다.

2) 리워드 시스템 도입
- 리워드 시스템을 도입하여 팬들이 후원하거나 구독할 때마다 일정한 혜택을 제공해야 한다. 예를 들어, 구독 기간에 따라 배지나 특별 아이템을 제공할 수 있다. 팬들이 지속적으로 방송을 후원하고 구독할 이유를 제공하는 것이다.

수익자 리뷰

1. 콘텐츠 제작과 후원 시스템을 통한 수익화: "저는 주로 자기계발과 관련된 팟캐스트를 제작하고 있어요. 처음에는 소규모로 시작했지만, 꾸준히 방송을 하면서 팬들이 후원을 하게 되었어요. 제 팬들은 제가 제공하는 정보와 조언을 유용하게 생각하고, 저를 지지하고 있어요. 후원은 제게 중요한 수입원이 되었고, 팬들이 많아지면서 점점 더 많은 후원을 받게 되었어요."

2. 프리미엄 콘텐츠로의 전환: "처음에는 무료 방송을 진행했지만, 점차 팬들이 특별한 콘텐츠나 심화 학습을 원한다고 느꼈어요. 그래서 프리미엄 콘텐츠를 도입하기로 결심했어요. 일부 콘텐츠는 유료로 제공하고, 유료 구독자들에게는 독점적인 팟캐스트나 1:1 상담 기회를 제공하였어요. 그 결과 수익이 확실히 증가했어요."

3. 광고와 협업을 통한 수익화: "제가 만든 오디오 방송이 인기를 끌자, 브랜드 광고를 제시한 회사들이 있었어요. 방송 중에 자연스럽게 광고를 넣고, 브랜드와 협업하여 홍보 콘텐츠를 만들어 수익을 창출할 수 있었어요. 또한, 다른 방송자들과의 협업 방송을 진행하면서 상호 홍보를 통해 팬층을 확장시킬 수 있었어요."

4. 꾸준한 방송과 팬 관리로 돈 벌기: "저는 매일 아침 일찍 방송을 시작했어요. 청

취자들이 아침에 쉽게 들을 수 있도록 정해진 시간에 방송을 시작했고, 고정 팬들이 생기면서 후원과 구독이 점점 늘어났어요. 그들은 제 방송을 일상의 일부로 여겼고, 이런 꾸준한 방송 활동이 후원과 수익으로 이어졌어요. 팬들이 주는 작은 후원들이 모여 큰 수익이 되었어요."

5. 특화된 주제로 유료 구독자를 확보: "제가 영화 리뷰와 관련된 오디오 방송을 시작했을 때, 많은 영화 팬들이 관심을 보였어요. 그래서 제 방송의 콘텐츠 중 일부를 유료화했고, 영화를 좋아하는 팬들은 유료 구독을 통해 저만의 독점 콘텐츠를 즐기기 원했어요. 이 덕분에 구독료로 일정한 수익을 얻을 수 있었고, 구독자들과의 관계도 더 돈독해졌어요."